湛庐CHEERS

与最聪明的人共同进化

HERE COMES EVERYBODY

塞氏企业

[巴西] 里卡多 · 塞姆勒(Ricardo Semler) ◎ 著
师冬平　欧阳韬 ◎ 译

MAVERICK

THE SUCCESS STORY BEHIND THE WORLD'S MOST UNUSUAL WORKPLACE

浙江人民出版社
ZHEJIANG PEOPLE'S PUBLISHING HOUSE

流行的管理与经典的管理

肖知兴

管理学教授，领教工坊创始人，北大汇丰创新领导力中心主任

研究西方管理学的历史后，大家会发现，管理学诞生一百多年来，每隔20~30年，理性主义和人文主义交替成为管理学的主流。交替周期基本与宏观经济周期吻合，萧条期人文主义主导，繁荣期理性主义主导。当企业绩效更多地取决于资本管理时，信奉理性主义；当企业绩效更多取决于劳动管理时，则信奉人文主义。更简单地说，实业界缺什么，理论界就会喊什么。繁荣期容易浪费，所以强调理性，强调控制，节流增效；萧条期预算紧缩，所以强调信任，放手让员工去创新，开源增效。

某种意义上，这种周期性与时尚业的流行趋势没有本质的不同。经济上升期，一般流行短裙子和冷色、中性色，鞋跟偏高。人生苦短、夜夜笙歌、及时行乐等成为各类领导品牌的集体潜意识。经济下行期，则一般流行长裙子和暖色调、粉色调，鞋跟偏矮。梦幻世界、独处空间、庇护港湾等温暖系的话语成为更容易流行的品牌主题。箱底奶奶的裙子突然被翻出来又成为时髦单品，就与这种周而复始的流行性相关。

所以，一种管理理论是否流行更多地取决于当时的经济、社会、政治背景，与这种理论本身是否正确、是否有效、是否适用反而关系不是最大。当然，另一方面，凡是准确地抓住了深层次、本质性问题的管理理论，不管当时是否流行，一般都能够经得起时间的考验，会逐渐成为历代管理者学习和奉行的经典。例如，上述的每 20~30 年的一个流行周期很多都给我们留下了经典的管理理论，理性主义如科学管理学派，人文主义如人际关系学派，都是当时蔚然成风的管理思潮。

因为流行与否更大程度上依赖于对一个阶段的大众情绪的把握（算命先生、媒体主编、蛊惑人心的政客都不同程度地具有这种能力），这就带来了一种炮制流行管理理论的商机。这种人往往首先需要充当一种类似“天气预报员”的角色，努力准确判断社会热点，迎头赶上；然后是用各种商业和非商业手段添油加醋，添柴加火；最终目的是在该理论流行周期结束之前努力收获最大的名利。至于这种理论多大程度上符合严谨的理论和实证的学术逻辑，是否能真正帮助企业人把企业做得更好，就基本不是他们最操心的事情了。

做企业的人很精明，他们为什么会给这种卖蛇油、大力丸、狗皮膏药的人买单呢？智者千虑，必有一失。至智者察人则明，察己则暗。企业人面临的市场竞争越剧烈，变化越大，不确定性越大，他们的焦虑程度越高，对号称能解决你问题的理论的免疫能力就越小，尤其是对那种号称能够立竿见影、一劳永逸地解决你所有的、一切的管理问题的流行理论的免疫能力。当然，另外一方面，不可否认的是，企业人越是缺乏基本的科学素养，越是浮躁，越是急于发财，他们对这种流行理论的需求就越大，上当受骗、花冤枉钱的概率也就越大。

越是流行性的、流行周期越短的管理理论，越是需要用各种装神弄鬼的手段来包装其“管理大师”。道理很简单，只有这样才能提高这种流行管理理论的投资回报率。与这种管理大师关系密切的三个行业是商学院、咨询机构和培训机构。正规商学院一般都是非营利机构，加上商学院教授对学术逻辑的尊重，一般而言，他们努力去包装这种管理大师的动机较弱；咨询机构收款往往稍滞后于服务，所以面对客户的“预算硬约束”，包装这种管理大师的成功率不高；与之相比，培训和类培训行业对这种管理大师的需求量较大。反正光说不练，对企业的危害性相对较小。

明白这个道理，大家对于过去一两年企业界热炒的各种管理概念和管理理论，如颠覆式创新、裂变式创业、事业合伙人等，就应该有个清醒和全面的认识了。**首先，他们不是什么新理论；其次，它们未必能解决你的问题；最重要的是，不要因为盲从这些流行理论而伤害到企业的长期发展。**流行的管理理论的主要作用本来就是抚慰那部分比较浮躁的企业人的，一个愿打，一个愿挨，公平交易。如何让企业更有效、更好，从来就不是他们真正关心的问题。让企业更有效、更好，只能靠掉头离开各种峰会、论坛、大赛，回到企业，回到市场，回到客户，尊重一时一地的各种条件，因地制宜，因时而变，扎扎实实、脚踏实地去做好企业的每一件事情。

塞氏企业的自组织的传奇在20世纪末已经成为经典，作为企业文化的最典型的案例，进入了很多主流的商学院和教科书。他们没有管理制度，没有组织架构，没有正式职位，想什么时候上班就什么时候上班，想什么时候创业就什么时候创业，不仅自己给自己定薪水，连老板的薪水也都由他们定……**中国的“互联网思维大师”想到的，他们做到了；互联网思维大师没想到的，他们也做到了。但是，所有的管理真理都是局部的真理；所有的管理实践都是本地的实践。**仔细阅读，他们这种乌托邦式的管理方式背后其实有很多不可或缺的前提条件，如里卡多•塞姆勒本人的个性和价值观、塞氏企业所处的行业的竞争格局、巴西这个南美国家的历史和文化，等等。新世纪以来，塞氏企业发生的种种变化，也是这些前提条件发生变化的结果。

经历了这波互联网思维大潮洗礼的中国企业人，应该对西方有两个管理学界（大众管理学和学术管理学），且这两个学界甚至老死不相往来的情况多一份理解了。流行的可以成为经典，如果它们确实原创性地抓住了一个深层次的本质问题，其学术逻辑经得住时间和历史的考验，而且大师们自己不那么热衷于名利，没有到处留情，扔下太多的烂摊子的话。但大多数流行的东西，往往是无法满足这几个条件的。

《塞氏企业》这本书的启示也在于此，里卡多·塞姆勒在 20 世纪 80 年代重塑塞氏企业的变革实验，从放弃通过收购做大企业规模开始，回到自己的本心，回到企业的现实，回到人性的根本，而不是在管理概念上追新逐异。所以，在这个日益浮躁和喧嚣的时代，让我们回到当下，关注现实吧！

扫码获取“湛庐阅读”APP，
搜索“塞氏企业”，观看
里卡多·塞姆勒 TED 大会演讲视频。

有趣的管理和无趣的管理

胡　泳

北京大学新闻与传播学院教授，新媒介批评者

现如今的企业管理领域，互联网公司的管理创新层出不穷，从轻松活泼的工作场所到不断试错、迅速进化的业务模式，似乎所有的创新模式都来自于这些成立不久的互联网企业。**此时重读《塞氏企业》的管理变革，看一个来自巴西的企业如何在 30 年前实践如今看起来仍旧非常时髦的管理理念，这让我们可以从长远的视角上来思考企业管理中更深层的问题。**

哈佛商学院教授理查德·泰德罗，在其著作《自欺》里，列举了 10 家世界级公司的成败来说明一个问题——领导者的“自欺”是企业前进路上的陷阱。

泰德罗对自欺的解释，借用了弗洛伊德的“有意识和无意识”的研究成果。所谓自欺，就是视而不见，拒绝承认现实对自己的威胁。这是一种有意识的无意识活动，“有时候，我们把某些信息引到知觉范围以外，因为它们让人过于痛苦或紧张。这种自欺如同麻醉剂。更常见的原因是令人不快的信息与让我们感到自在的假设相抵触，而排斥这些信息比更改我们的假设更加容易”。

心理分析之所以很长时间一直没有被列入科学范畴，是因为其无法被证伪。泰德罗在解释“自欺”的现象时，将落脚点设置在了心理层面，意味着这是一个终极问题。除非你主动改变心智，否则一定会遭遇“自欺”的黑洞。

企业的本质是企业家，这是一个永恒的真理。但个人的行为是无法被准确预测的，所以，解决“自欺”的问题似乎不可能。安迪·格鲁夫这样的天才级 CEO 说过，每个组织都应该有一个“卡桑德拉”。卡桑德拉是希腊神话中的预言家，她曾经准确地预言了特洛伊的覆灭。格鲁夫认为，组织中层中应该会有这样一位预言家，因为中层比高层更能敏锐地感受市场的风吹雨打。避免自欺的一个方法就是，高层要勤于倾听来自于中层、甚至基层的声音。

可是，这种基于管理者独有心智的偶然性并非方法论。有的 CEO 会倾听，有的则完全不会，比如亨利·福特就曾把鼓足勇气谏言的小舅子炒了鱿鱼。按照泰德罗的分析方法，最后拯救公司的很可能是 CEO 的私人心理医生。显然，这并不现实。

事实上，德鲁克在 20 世纪 40 年代就已经给出了答案。他在《公司的概念》中有一句极具洞穿力的话:“大规模生产的基础不是流水线、传送带，也不是机械装置或技术等其他东西，而是人与人之间、人与机械工艺之间自觉的、有意识的、有计划的和有序的关系。”这句话是他对“人的组织”这一概念的精确解释。

《公司的概念》来自于德鲁克对通用汽车的观察。他在这本书里将“管理”定位在了“组织”的层面，即管理是组织最核心的问题。对组织的不同观点，导致了通用汽车董事长斯隆对德鲁克的不满。他们之间的暗中角力也成为了美国商业史上的一段传奇。

斯隆对通用汽车的组织变革开启了工业时代“管理”的大门，纷繁复杂的事业部架构，对股东和利润负责的公司价值观，让德鲁克产生了不适感。他认为通用汽车代表的大公司不是人的组织，而是机器的组织。在这台机器中，基层员工无法完全释放活力，其命运最终要被掌握在“职业经理人”的手中。而职业经理人的个人偏好使然或者一时兴起，很可能就导致一个公司走向末路。其中，当然包括了“自欺”现象的产生。

亨利·福特“斩杀信使”，这个案例被泰德罗放在了《自欺》的第一篇。显然，在这位教授眼中，作坊式的非现代管理方法是最可能滋生“自欺”现象的温床。问题是，斯隆带来的承载现代工业特征的大公司组织架构，就可以避免“自欺”吗？当然不是。

层级组织并没有从制度上解决领导者心智盲目的问题，或者说，领导者的心智问题是无法在个人身上得到根除的。唯一的方法是将其个人心智和组织心智适度分离。就像达特茅斯大学塔克商学院的詹姆斯·奎恩在《创新爆炸——通过智力和软件实现增长》中所言，组织的智力存在于系统之中，而不是在某一个人的大脑里。

可这在层级组织中非常难以实现。格鲁夫希望看到的“卡桑德拉”在中层中出现的概率并不高，中层的活力反而最为不足，他们日渐成为层级组织被诟病的核心。野中郁次郎很可能是世界上最后一位将组织创新的希望寄托在中层的管理大师。在他的知识创新理论中，中层扮演着核心的角色，实现前提是中层必须能理解野中倡导的“禅”的意味。这又是一条希望从偶然生发出必然的路径。

我们在理解时下的“去层级”、“消灭中层”和“平台组织”的时候，要看清楚的是，这是一次组织制度的转变，而不仅仅是管理方法。让组织回归到人，这是德鲁克在斯隆时代就发出的呐喊。颇具讽刺意味的是，我们一边在理念上奉其为管理大师，一边在行动中无限向斯隆靠拢。这种精神分裂就像是后现代社会的隐喻，充满悲剧色彩。

管理是无趣的，这是管理演变成为管理学之初就命中注定的，因为机器是无趣的。半个多世纪以来，人之独有的趣味性的消解，机械力量的无限增长，也让我们误以为“创新”只是属于少数人的行为。这些少数人的存活，还取决于领导者灵机一动的恩赐。

很多时候，我们在理解加里·哈默尔那句“把硅谷带进公司里”时，常常停留在设立一个类似于创新特种部队的超组织机构上，但这类机构的存在常常无法得到延续，即使延续下来，也要经历难以逃脱的组织内部争斗。短期内，这可能会带来创新效率，可从长远来看，效率的损耗并没有降低。

管理中的趣味不是娱乐，而是人的愿景和当下行为的高度一致性，说白了，就是其自然生发的志趣和市场目标之间不存在摩擦。在传统的组织架构中，这样的理想断然无法实现。

这就是为什么像巴西的塞氏企业和国内的海尔受追捧的原因。虽然两者在平台化的表现上存在差异，但目的是一致的，它们把人作为组织运转的核心。塞氏的特色是员工自定薪酬，海尔更进一步，长期坚持用户付薪。这两种制度上的创新恰恰可以解决泰德罗总结的领导者“自欺”的问题。

高管不再制定一个看似长期可行的战略，而是转而交给员工，让他们根据自己的能力和兴趣去和市场匹配，这不是故意的反其道而行之，而是在创新大爆炸时代里的必选动作。高层的战略往往会看到五年、十年以后，而在一个时空被充分挤压的新宇宙观里，五年十年足够一家卓越的公司速朽为化石。

人的变化速度就是市场变化的速度，而人却恰恰是最多变的动物，尤其是在新媒体日渐加重情绪化的今天。没有任何由传统组织架构支撑的战略可以追上情绪的光速，唯一的方法恐怕就是让人满足人，让员工自己来满足自己。

序言

MAVERICK

the success story behind the world's most unusual workplace

如何设计更睿智的未来

每周一和周四，我都要学习如何死去，我将此称为终结日。妻子费尔南达不喜欢这个词，但是我的家族中很多人（包括我的父母与祖父母）都死于黑色素瘤。总有一天我也会去见医生，他看着我的检验结果，也许会说："里卡多，情况看起来不太好，你只剩下半年到一年的时间了。"

换作是你，大概就会开始思考要如何利用余下的时间。你可能会说："我得花更多时间在孩子身上，要去很多地方，翻山越岭、走南闯北，完成之前一直没做成的事。"当然，我们都知道这些将会成为苦乐参半的回忆，而且很难做到。你可能会花大量的时间痛哭一场。我还是做点别的事情吧。

每个周一和周四，我都会好好利用我的终结日。如果得到了那个（不幸的）消息，我就会在余下的那些天里去完成自己想做的事。

提到工作的反义词，很多人会想到"休闲"。不过，休闲实际上是个非常累人的过程。你要去打高尔夫球和网球、见朋友、吃午饭，还要赶着去看电影，事情多得让人应接不暇。其实，工作的反义词是"无所事事"。很少有人知道怎么才能做到这一点。很多人都会遇到这样的尴尬：有钱的时候没有什么时间；有时间的时候，却没什么钱，身体也出了问题。

过去 30 年中，我在运营公司的同时也在思考这个问题。这是家结构复杂的公司，拥有几千名雇员以及几亿美元的火箭燃料推进系统的生意，还在巴西运营着 4 000 台 ATM 机，为几万人准备收入税材料。所以，这不是一门简单的生意。

我们看着这一切说：不如把业务下放给员工吧，让他们自己运营，把董事会所有的条条框框去掉。30 年前我们就这样做了。在如何分配生命的问题上，与其等到 82 岁的时候再去登山，为什么不下周就动身呢？我们的做法是，以你工资 10% 的价格把你的周三返卖给你。这样一来，如果想成为一个小提琴家，你就可以在周三去练习。这个项目第一批参与者的平均年龄是 29 岁。

我们想：为什么要知道你的上下班时间之类的信息呢？难道不能以此为交换签署一个合同，从你那里购买点什么？为什么要建立这么多总部，还不是因为我们自己想要让公司更大更强吗？但每天让你花两个小时从城那头跑过来干活儿能达到这个目的吗？

更睿智的公司

招人的时候我们这样说：到塞氏企业工作，并不是进行几次面试，然后你就要一辈子为我们效力——这不是利用余生的方式。来参加面试吧！欢迎任何对面试感兴趣的人来，看看我们之间会产生什么反应？传统的面试流程不会在塞氏出现。

我们不想让任何还没有被未来的下属面试和肯定的人成为公司的领导，所以每半年，每个人都要以领导的身份接受匿名评估，多数情况下都是情景面试。这决定了他们是否应该继续在领导层任职。如果得不到百分之七八十的肯定，那他们就得走人。

员工能不能自己定薪水？如果答案是肯定的，那么他们需要什么？

他们只需要知道三件事：员工在公司内部创造了多少价值？员工在业界其他

公司能创造多少价值？我需要付出多少努力才配得上这些薪水？

我们提供给人们这三样信息。公司就餐区有一台电脑，任何人都可以去查询某个岗位的员工花了多少钱，他们有多少收入，他们创造了多少利润，公司盈利了多少，等等。这事儿发生在25年以前。

我们对员工的成本报告没有兴趣，不想知道他们休了多少天假，也不想知道他们在哪里办公。曾有一度塞氏企业在一个城市有14个不同的办公室，我们说：去那个离你家最近的，或者离你今天要见的客户最近的地方上班。不用告诉我们你在哪儿。还有，即便我们有几千名雇员（5 000人左右），但HR部门只有两个人，谢天谢地，其中一个已经退休了。

我在经营公司时和终结日里重点探索的东西，是怎样让公司以更睿智的方式运作。我们已经走过了工业革命、信息时代、知识时代，但是从未走进过睿智时代。如何才能更智慧地设计和组织一切？很多时候最聪明或者最明智的决定并不能让组织"起舞"。这时我们就跟大家来做一个约定：你每周要售出57个器件，如果在周三前卖完了，那就赶紧去休假吧。不要再制造问题了，否则我们就得买新的公司，甚至把竞争对手买下来。就因为你卖得太多了，我们忙得不可开交。赶紧去休假吧，周一再回来继续干活儿。

这就是我们找到的智慧。让员工了解每件事，在一切行动中都做到真正的民主。董事会有两个具有相同表决权的空位，最早过来应征的人就能得到。于是董事会会议上出现了投票的清洁工阿姨，其他的都是西装革履的位高权重之人。事实上，就是这样的人让我们始终保持坦诚。

我们开始关注来应聘的人。他们会说：我要坐在哪儿等呢？我要怎么工作？工作5年之后我的职业发展是什么样子？这让我们意识到得早点行动。从哪儿开始呢？幼儿园看起来是个不错的地儿。

更睿智的学校

我们设立了一个基金，11 年里开设了 3 所学校。问题是同样的：如何重新设计出更睿智的学校？我们的教育已经完全过时了，教师的角色也完全过时了。上完数学课，去上生物课，再了解一下 14 世纪的法国，这太傻了。那么新式的学校应该是什么样子？

我们创立了 Lumiar，其中一所是公立学校。在这里教师分为两种。其中一种叫家庭教师，古希腊语为 paideia，也就是照看孩子的人，主要负责家中杂事以及陪伴孩子度过生命中的重要时刻。但是，不要教课！因为你知道的那点东西跟谷歌比起来根本不算什么。现在，我们主要招募的是具备如下两个条件的人：有热情，并且具备专业能力，不过未必要跟他们从事的职业相关。我们雇用一些年长的人，跟他们说：教会这些孩子你们所信仰的东西。于是小提琴家在教授数学。我们还会说：不要再担心教学材料了。我们大概有 10 种针对 2~17 岁孩子的绝佳设想，例如，作为人类，我们要如何定位自己？于是就有了一个教授数学和物理等学科的地方。再比如说，我们要如何表达自己的想法和感受？于是一个教授音乐、文学和语法的地方就出现了。

我们还做了一些几乎所有人都忘记了的事，这些可能是生命中最重要的。我们完全不了解爱和死亡，不知道自己为什么会在这里。所以需要学校提供一些思路，告诉我们那些不知道的事。这就是学校的主要工作。

为什么我们需要斥责孩子们，告诉他们坐下、过来、做那个。我们决定让孩子们每周会面一次。“你们自己制定规则，然后自己来决定怎么做。你们能每周想出一个点子吗?”“当然，花一周的时间试试看。”他们想到了跟我们制定的规则一样的规矩，只不过这是他们自己的点子。然后他们就有权力了，也就是说，他们能够决定是否停课甚至开除某位同学，这样一来就不是我们在运营学校，他们才是真正做决定的人。

本着这种精神，我们以 600 块马赛克的形式安排巴西的教育课程，希望这些孩子在 17 岁前能够把它们逐一揭开。我们一直在追踪进度，了解他们表现得如何。如果他们对现在所学的内容不太感兴趣，那就再等一年看看。这些孩子被分成了很多组，但划分标准并不是年龄，于是 6 岁的孩子可以跟 11 岁的孩子上同样的课，这消除了所有的帮派团体，而这些现象在普通学校很常见。我们采取 0 到 100 的评分制度，每隔几个小时就要求他们自己用应用软件给自己打分。如果我们认为他们已经掌握了所要求技能的 37% 左右，就会把他们推到社会上去，因为他们已经对这个社会了解得足够多了。我们提供的课程包括看世界杯足球赛，以及拼装一辆自行车。学生一般都会注册一个 45 天的自行车组装课，尝试在不知道 π 的值是多少的情况下组装一辆自行车——你们做不到吧。试一下用 π 做点什么，你们应该都想不出来了，也就是说这种能力已经丧失了。这正是我们在学校里教的，在学校里寻找智慧。

这就把我们带回了如何设计更睿智的未来，以及如何分配生命的问题。当我想到这两个问题时，已经积累了大量财富。有人会说，现在是时候回馈社会了。不过，如果想到要回馈，那就说明已经拿得太多了。我总是会想到沃伦·巴菲特某天醒来，发现他拥有的资产比之前想象的还要多 300 亿美元。他看着这个数字说："我要拿这些钱干点什么呢？得把它给真正需要的人，把它给比尔·盖茨吧。"我在纽约的财务顾问说："你太傻了，如果你用钱生钱而不是把它们捐出去，那现在就会拥有相当于以前资产 4.1 倍的财富了。"不过我还是更喜欢把它们捐出去。

我曾在麻省理工给 MBA 的学生上课。有一天，我路过奥本山公墓（Mount Auburn Cemetery），这片坐落在剑桥镇的公墓很漂亮。那天是我的生日。第一次看到那些墓碑时我在想：我想要别人因为什么记住我呢？我又在墓地里绕了一圈。第二次，我又想到了一个问题：为什么我要让人们记住我呢？这种想法把我带去了不同的地方。在 50 岁的时候，我和妻子花了一个下午把我过去的所有成就都付之一炬了，包括一本被译成了 38 种语言的书，成百上千的文章和 DVD，以及几乎所有手边的东西。这产生了两个结果：一个是解放了我们的 5 个孩子，他们不需要继承家业，生活在我们的阴影中。他们不会知道我做了什么，这很好。我也不会把他们带去什么地方，跟他们说："有一天这一切都会是你们的。"

另一个结果，我把自己从过去的成就中解放了出来，可以自由地利用那些终结日做些新鲜事，从零开始做决定。我们去过海滩，去了萨摩亚群岛、马尔代夫和莫桑比克，爬过喜马拉雅的山峰，也下潜到过 60 米的深海，见到了锤头鲨。我花了 59 天的时间骑着骆驼从乍得到了延巴克图，还坐着雪橇犬拉的爬犁到过北极。我们一直很忙。我把这叫做空清单。

我一点也没觉得自己已经退休了。我开始写一本新书，过去的两年里又开办了三家公司。我现在正在努力让这种教育系统面向全世界免费开放。我已经尝试了 10 年，想让公共系统接受这种教育理念。但是如果免费，就没有人想要。 所以我们可能要开始收点钱，然后人们就会慢慢接受它。

我们都知道周日晚上如何在家里收发邮件和工作，但很少有人知道如何在周一下午去看电影。如果是在寻找智慧，我们也需要知道如何做到这一点。我们这些年做的事情其实很简单，比如利用一些小技巧，连续问三个为什么。问第一个时你总是有很好的答案，第二个就有点难了，到了第三个，你根本不知道为何要做现在正在做的事。可能如果你这么做了，就会想问：为什么要做这个呢？我现在在做的事是为了什么呢？我希望并期待你们可以得到这样的结果，这会带来一个更睿智的未来。

（根据里卡多·塞姆勒 2014 年 10 月在巴西里约热内卢的 TED 大会上的演讲稿整理而成）

目 录

MAVERICK!

the success story behind the world's most unusual workplace

第二部分
民主企业

第三部分

自治公司

第四部分

合作平台

第一部分

转型探索

MAVERICK

THE SUCCESS STORY BEHIND THE WORLD'S MOST UNUSUAL WORKPLACE

我们只是不相信我们的员工愿意来得晚，走得早，不相信他们为了挣到钱而尽可能地少干活。在塞氏企业，我们把他们当成成年人来对待。我们信任他们。当他们要去洗手间时，不必要求得到准许；当他们离开公司时，也没有保安检查他们。我们为他们让出道路，让他们去做自己的工作。

01 我们的政策就是没有政策

> “我的作用就像催化剂。我努力创造一个环境，让其他人可以做出决策。成功意味着不用我亲自决策。”

每周三下午都会有很多男男女女穿过前门向塞氏企业（Semco Partners）三楼会议室走去，塞氏企业是我领导的公司，位于巴西圣保罗。多年来，世界上最大和最知名的一些公司的经理们都会到圣保罗郊外来参观我们毫无特色的工业建筑群，这些公司包括 IBM、通用汽车、福特、柯达、拜耳（Bayer）、雀巢、固特异（Goodyear）、凡世通（Firestone）、倍耐力（Pirelli）、美铝（Alcoa）、巴斯夫（BASF）、美国大通（Chase Manhattan）、西门子、道氏化学、梅赛德斯 - 奔驰和雅西卡（Yashica）等。

塞氏企业的产品种类繁多，包括能在一夜之间抽空一艘油轮的水泵、一小时洗 4 100 个盘子的洗碟机、使办公大楼里的员工在热浪中感到舒适的空调机制冷器、能搅拌一切东西（从火箭燃料到泡泡糖）的搅拌器，还有生产由 6 000 个部件组成的饼干机、有 25 公里长电缆的饼干厂。但促使经理和管理专家们等待数月来参观我们的工厂和办公室的原因并不是塞氏企业生产什么东西，而是塞氏企业的人生产这些东西的方式。

12 年前，当我从父亲手中接管塞氏企业时，这个公司从各方面来看都是家传统企业，组织结构呈金字塔状，并为每种可能的情况制定了规则。但今天，我们的工人有时候自己设定他们的生产指标，甚至按照他们自己的时间表来完成指标，而不用管理层督促或者付加班费。他们帮忙重新设计产品并制定营销计划，他们的上司也能非常自由地经营各个部门，自己制定战略，无需高级管理层介入。他们甚至可以没有约束地设定自己的薪水，然后所有人都会知道薪水的情况，因为在塞氏企业所有财务信息都是可以公开讨论的。事实上，我们的工人可以自由地查看账簿（我们只有一本）。为了表明我们对这件事是认真的，塞氏企业和代表工人的工会一起开发了一个课程来教大家（甚至包括送信员和清洁工）如何读懂资产负债表和现金流量表。

对于真正重大的决策，比如收购一个公司，塞氏企业每位员工都有投票权。几年前，我们想为一个工厂重新选址。当时我们停产一天，所有人都坐上汽车去考察三个可能的新厂址，然后由工人们来决定。对于他们的选择我们可高兴不起来，因为它紧挨着一个经常搞罢工的企业。虽然管理层中没人希望看到纠纷，但我们到底还是搬过去了。

我们总部那栋 4 层钢筋玻璃混合体的办公楼大厅里有个接待台，但没有接待员。我们的与众不同之处在此已初现端倪。我们没有接待员。我们认为没必要设接待员，虽然所有参观者都不这么想。我们也没有秘书或私人助理。**如果某些岗位令人不满且没什么前途，我们不相信把它们胡乱填进工资名单里有什么用。**塞氏企业的每个人，甚至高层经理，都自己接待客人，自己复印东西，自己发传真，自己写信，自己打电话。我们没有经理餐厅，停车时严格遵守“先到先得”的原则。这是经营一个“自然的企业”的一部分。

MAVERICK THE SUCCESS STORY 塞氏企业辞典

自然的企业：在塞氏企业我们已废除了不必要的特权和优待，比如经理餐厅和精致的办公家具，那些东西很容易滋养虚荣心，但却有损资产负债表，并把大家的注意力从生产、销售、开单、收账等关键性工作中分散出去。

我们的办公室甚至没有通常意义上的墙壁。相反，在工作区内，一些绿色植物把桌子、电脑和制图板分隔开。着装风格也不正式：一些人穿西装打领带或穿套裙，另一些人则穿牛仔裤和运动鞋。这都没有关系。如果人们穿着白色的双排纽扣装，那很好，但穿高领套头衫和 T 恤也没问题。我希望我们的员工可以舒适地把脚放在桌子上，就像我一样。塞氏企业的经理们不止一次在开会时被打断，因为人们想用会议室举办生日聚会，对此我感到很高兴。看到副总裁用装饰着米老鼠的小碟子吃饼干，我感到很温馨。

我们有个叫鲁宾的员工，他常常坐在那儿没完没了地读报纸，甚至从不装出忙碌的样子。我敢肯定，这让一些参观者很困惑。现在绝大多数经理都不能容忍这样的事。但是，当地球另一端有艘油轮上的塞氏水泵出了问题，上百万加仑的汽油将要泄漏、流入大海时，鲁宾就会挺身而出。他懂得有关我们水泵的一切知识和如何修理它们。这就是他挣工资的时刻。如果在其余时间里他看上去不那么忙碌，没有人会在意。

我的办公室在 4 楼，最起码上次看到时是这样，我并不像其他老板那样频繁地使用它。差不多每天上午我都在家工作。虽然跟重要客户通电话时，身边有两只牧羊犬在汪汪叫，但在家里我还是更能集中注意力。我也鼓励塞氏企业的其他管理者在家工作。每年我至少抽出两个月去旅行，我喜欢远足。在我办公室里挂着最近两次探险的照片，一次是在坦桑尼亚进行的热气球游猎，一次是在阿富汗穿越开伯尔山口[①]。离开公司时，我从不留下可以找到我的电话号码，也从不往回打电话。我希望塞氏企业的所有人都做自己的主人。这个公司“组织良好”——或许这个词对我们来说不是特别恰当。它从不过多地依赖任何个人，尤其是我。使我引以为豪的是，有两次当我长途旅行回来时，发现我的办公室被搬到别的地方去了，而且每次都变得更小。我的作用就像催化剂。我努力创造一个环境，让其他人可以做出决策。成功意味着不用我亲自决策。

我在塞氏企业首先提出的举措之一就是抛弃规章制度。所有公司都有圣经般的程序手册，有些看上去就像大不列颠百科全书。谁需要这些规章制度呢？

---

① 开伯尔山口（Khyber Pass），位于亚洲中部的兴都库什山脉支脉，是阿富汗同巴基斯坦之间的交通要道。——译者注

它们抑制灵活性并滋生自满情绪。在塞氏企业，我们远离固定规则，努力让头脑保持开放。我知道我们的规章制度手册毫无用处，还为此做了一个有趣的测试。我曾在一些多余的纸上写了一些规则，要求一些经理读读新增的内容，然后告诉我他们的反馈意见。几乎所有人都说“挺好的”。可问题是，我把这些纸订在了一起，如果不先把它们撕开就无法阅读。可笑的是没人提起这件事（哈哈）。今天塞氏企业所有新员工得到的是一个 20 页的小册子，我们称之为《生存手册》。正如你在本书每一个部分的最后会看到的，该手册有许多卡通画而文字很少，它隐含的基本信息是：运用你的常识。

如果你到现在还没有猜到，那么我可以告诉你，塞氏企业的标准政策就是没有政策。许多公司都由部门来制定成堆的文件试图去监控员工。他们制定规章制度，规定员工在每一种可能的情况下应该花多少钱。在塞氏企业，我们希望大家按照他们自己认为应该的那样去花钱，就好像他们去旅行花自己的钱一样。这里没有部门，没有规章制度，没有审计。如果我们害怕让人们自己决定坐什么飞机、住几星级酒店，我们就不应该以我们的名义送他们出国去做生意，对吧？

我们绝对信任我们的员工。实际上，我们与他们之间是合作伙伴关系。塞氏企业有一个与众不同的利润共享计划。一般来说，公司向员工传达这些计划，就像上帝向摩西传达命令一样，老板决定谁、何时、得到什么。在塞氏企业，利润共享是民主决定的。我们与员工一起商量利润分配的基本百分比，大约是公司利润的 25%；然后他们集体决定如何分配这些利润。一切由他们说了算。利润共享机制效果是如此之好，以至于有一次在商谈一个新的劳动合同时，一位工会领导人认为，奖励太多的话会使公司开支太大。

我认为，我们正在向大家证明，员工参与并不意味着老板丧失权力。我们所要摒弃的是盲目的、不理性的权威，因为它会使生产率下降。看到员工能够自我治理和自我管理，我们非常高兴。这表明他们很关心自己的工作和公司，对所有人来说这都是件好事。

当你清除了僵化的思维和官僚制的组织结构时，事情往往就会显得很乱，我们的工厂看上去正是这样。这里并不像亨利·福特（Henry Ford）希望看到的那样，机器一排排整齐有序地摆放，而是以奇怪的角度放在出人意料的地方。这是因为，我们的工人总是成群地或者组成小组来工作，他们组装一个完整的产品，而不仅仅是生产单个零部件。这带来了更多的控制权和责任，他们为此感到更快乐，我们的产品也更好了。几乎所有的工人都能胜任几个岗位的工作。他们甚至开着叉车给同伴供应原材料和备用组件，而且都知道平时如何从供应商那里采购这些东西。

起初金属工人的工会抵制这种灵活性。很久之前，组织起来的工人被迫采取越来越狭窄的分工，以此作为对大型企业的一种防御，但这使得高生产率和高利润更难实现。最终工会意识到，他们可以通过没有额外报酬就不能背离规则的做法，用制度反抗公司老板。随着时间的推移，该制度变得更有利于工人，而非管理层；但它确实未让任何一方感到满意。

当工会意识到塞氏企业没打算废除它的权力时；意识到工厂产生的利润越高，工会成员得到的报酬就越高时；意识到我们在努力让工人们在企业中有真正的发言权时，他们停止了阻挠。我们允许自身创新，并让我们的员工创新。所有人都变得更加自由了。

我们的工人可以在早上7~9点的任何时间来上班，这是他们的选择，而不是我们的选择。如果一个工人想在7点上班，而小组的另一个成员决定在9点上班怎么办？这会影响生产吗？这也是我们担心的地方，因此我们成立了一个任务小组进行协调。不过迄今还没碰到过这种问题。工人们知道，如果他们没有协调好日程安排，生产率就会受到影响，因此他们协调得很好。

在塞氏企业，我们甚至不喜欢用员工或老板这样的词汇来思考问题。我们更喜欢用伙伴和协调人这样的词语。我们鼓励每个人都与其他人融合在一起，不管他从事什么工作。在办公楼里，采购部和工程部挤在一起，这样大家就可以坐在一块，而且离工厂很近。这背后的理念是互相学习。办公室的装饰从来都不是豪华的，有时楼梯上还有污垢和油漆，除我之外没人关心。现在既然我已不再穿我那双鞋底像纸一样薄的漂亮的意大利便鞋了，我也就不再关心这个问题了。

对于这一切，上司们是怎么考虑的呢？经常有人这样问我。

现在我们公司里的“上司”比过去少了许多。由于员工对自己的工作有了越来越多的控制权，并在政策中有了更多发言权，对于上司的需求就减少了。同时我们也把为生产部门提供法律、会计和营销专业技能支持的员工数量减少了 75%。我们不再设立数据处理部门或培训部门。由于每个人都可以保证自己的工作质量，因此也不需要质量控制部门。在对自身仔细审视一番后，我们把层级组织从原来的 12 层削减到 3 层，设计了一个基于同心圆的新组织结构，代替了传统的限制过死的金字塔结构。

我们也改变了部门间的业务往来方式。如果一个部门不想从另一个部门那里获得服务，它可以自由地从公司外面购买服务。竞争的威胁使所有人都如履薄冰。最近我们鼓励员工创办自己的公司，并以优惠价把塞氏企业的机器租给他们。当然，我们也从原来的员工那里采购，他们也可以自由地把产品销售给别人，甚至是塞氏企业的竞争对手。这种做法使我们更为精干敏捷，使员工对自己的工作和生活拥有了最终控制权，并使企业家从员工中脱颖而出。

当然，这是一个极端的例子，但我们在努力最大化这种可能性，最小化对塞氏企业所有人的监督。这并不是说我们不负责任。在人们被雇用或提升到领导岗位前，他们要被所有未来下属面试并得到认可。每隔 6 个月，管理者就要被下属评价一次，评价结果会公之于众。这是否意味着员工们可以炒他们老板的鱿鱼呢？我猜是这样的，因为评分一直很低的人通常都会以这样或那样的方式离开塞氏企业。

我们并不是唯一实行参与式管理的公司。现在参与式管理已变成一种时尚，但在公司民主方面的许多努力仅仅是一团和气而已。实行参与式管理的初衷是好的，只是真正实施要比谈论它困难得多。过去 12 年间，塞氏企业经历了许多分分合合，目前仅仅完成了 30%。不过，回报已相当可观了。

我们接管了一个濒临灭亡的公司并使它变得繁荣，主要是由于我们没有浪费最伟大的资源——我们的员工。虽然巴西经济萎缩、通货膨胀严重、国家经济政策混乱，塞氏企业还是增长了 6 倍，生产率提高了近 7 倍，利润翻了 5 番。曾有段时间，一连 14 个月没有一个员工离开我们公司。我们积压了 2 000 多份求职信，其中有几百人表示，只要能进塞氏企业，他们愿意从事任何工作。事实上，上一次我们在报纸上刊登了一则招聘广告，结果第一周就收到 1 400 多份简历。在最近巴西一家权威杂志对大学毕业生进行的民意调查中，25% 的男生和 13% 的女生表示，塞氏企业是他们最想去的公司。

不久前，我们公司一位工人的妻子来找人力资源部的员工。她对丈夫的行为感到迷惑不解。她说，她丈夫不再像以前那样对孩子们吼叫了，而是询问每个人周末想做什么。他再也不像以前那样性情暴躁、独断专行了。

这位女士很担心，她想知道我们对她丈夫做了什么。

我们意识到，当塞氏企业变得越来越好时，工人也会变得越来越好。

02 摇滚青年能做合格接班人吗

> “即使不能学会热爱黎明，至少会在每天早晨的操练中逐渐熟悉它。”

我父亲安东尼奥·库尔特·塞姆勒（Antonio Curt Semler）1912年出生于维也纳，那是一个辉煌帝国没落的年代。我祖父是个成功的牙医，希望儿子成为一名物理学家。但我父亲把全身心都扑在了工程上，他毕业于维也纳理工大学。

由于意识到战争期间奥地利的机会将会减少，我父亲开始向国外寻求发展。1937年，他去杜邦公司应聘，很快接受了阿根廷一家化学纺织厂生产工程师的职位，他最终成为那家工厂的经理。

1952年，我父亲访问了巴西，他被这样一个辽阔的不发达国家展现出来的发展前景深深吸引住了。那时他正忙于研发一项离心机的专利技术，这种机器能从蔬菜中分离出润滑油来，他希望它能成为自己事业的支柱。起初里约热内卢似乎是个不错的地点，但当我父亲从一个山头上眺望了整个圣保罗市后，他改变了主意。他对自己说，这里才是为一个企业家准备的地方。

就在这个地方，我父亲，这个当时42岁的单身汉遇见了另一个奥地利移民——勒妮·魏因曼（Renee Weinmann）。他们结了婚并共同组建了一个家庭。

我外公曾举家迁到中国，从上海出口纺织品和瓷器，这生意很赚钱。魏因曼一家人过着受保护的生活，和成千上万的欧洲人一起生活在上海的英法租界，对于他们来说，这就像无边苦海中的一个孤岛。外公去世后，我外婆带着她唯一的孩子乘坐一艘货船离开了上海。经过一个月的海上旅行，她们在巴西南部的圣多斯港登陆。不久，我母亲开始给圣保罗市的一些富人讲授英文课程，其中一人把她介绍给了我父亲。

在市中心并不宽敞的两居室房子里，我父亲在餐桌上为塞氏企业规划着战略。他一直不停地工作，只有我母亲反复催促开饭时，他们才坐在一起吃饭。然后，他又继续干到深夜。

孩子对父亲来说是头等大事，因为他早已急切盼望有人继承他的企业了。在我姐姐苏珊出生前，母亲曾三次怀孕，但都以失败告终。但对父亲来说，很难想象由一个女人来管理前途未卜的塞氏企业。11 个月后我出生了，成为这个年龄比我大不了多少的企业的未来继承人。

塞氏企业和它的主人那时候名不见经传，就像父亲已经申请到专利的分油机一样默默无闻。但巴西是个充满机会的国家，新产品层出不穷。不久，塞氏企业的离心机就成为市场领先者，这时从国外来了三位合作伙伴，他们不仅带来了企业急需的资金，而且很了解这个国家。我父亲一直在努力工作，20 世纪 50 年代和 60 年代回报就更加丰厚了。这 20 年是创造“巴西奇迹”的年代，经济以每年 7% 的速度高速增长，当时的任何其他地方都无法比拟。几年前还是个小规模机器工厂的塞氏企业，那时已发展成社会公认的制造商，雇员约 110 人，年收入达 200 万美元。

20 世纪 60 年代后期，巴西认为自己迫切需要发展造船工业，于是一个五年“国家造船计划”立刻诞生了。我父亲感到这是个机会，便和两个英国水泵制造商合作，于是塞氏企业变成巴西船用水泵的主要供应商之一，生产的水泵系列产品至今仍然闻名遐迩。

把企业传给下一代是世界各地企业家们公开的目标。当你仔细思考这个问题时，会感到这里有些神秘色彩。你听说过爱因斯坦或其他科学家的孩子子承父业吗？为什么企业家的后代总是被看成天生的企业家呢？有时一个企业家的儿子或者女儿可能成为一名优秀管理者，正如 IBM 的小托马斯·沃森（Thomas Watson Jr.）在 20 世纪六七十年代所证明的那样。但是谁来做这个决定呢？毫无疑问，是父亲。让我们老实一点说吧：他并不是完全公正的。

“我希望企业能在家庭内部维持下去，”企业巨头们如是说，“× × 是我唯一能信任的人”。但是，难道让企业在信得过的人手中逐渐消亡，会比在陌生人的努力下繁荣起来更好吗？

就我而言，我几乎没有给父母一点信心。小时候，我长时间全神贯注地玩回力球，持续的时间就像进行一场国际象棋比赛一样漫长。我认为边做数学作业边看电视上的动画片再正常不过了。我母亲到现在都不明白我得了那么多的 D，他们怎么会让我毕业的；她也不明白，为什么她和我父亲会经常被老师叫去讨论一些事情，比如我相信花生酱和果冻三明治之所以被生产出来，就是因为它们可以被粘到餐厅天花板上去。

随着逐渐长大，我开始为自己总想占据舞台中心而感到十分羞愧。但是，一股强大的力量总是把我拉向焦点和领导地位。高中时，我担任过许多职位：班长、田径队队长、班级年报的摄影总编辑。我甚至组织过供应午餐的饭摊，这是一个由低年级学生经营的饭摊，目的是为来年的班级旅行筹集资金。就是在这里，我的商业才能初次显现出来。我摒弃了过去饭摊指挥享有免费饭票的做法，延长了经营时间，并鼓动可口可乐、百事可乐、凯洛格（Kellogg）和菲多利（Fritolay）为我们的生意竞争。我不敢说他们会为了小饭摊这么个客户而争先恐后，但我们的收入飙升了。然后，我把利润投资到股市，到第二年就挣到了足够多的钱可供全班同学飞赴一个旅游胜地。“在学校只知道做生意”，这就是我的同班同学在班级年报上对我的描述。

但是，这一刚露头的经营天分很快就显得无足轻重了，因为我强烈地想学吉他，尤其是想要一把吉普森·莱斯·保罗（Gibson Les Paul）吉他。我迷上了摇滚乐，滚石乐队、齐柏林飞船乐队（Led Zeppelin）、平克·弗洛伊德乐队（Pink Floyd）、尤赖亚希普乐队（Uriah Heep）都是我追逐的偶像。对我而言，多样化发展也意味着学习弹奏贝斯和打架子鼓。所有这一切都在警告着我的父亲，当时他正急切地盼望这一阶段早早结束，来和我讨论关于我在公司的晋升问题。

我16岁时曾在塞氏企业采购部做过一份暑期工，可却只是学习船用水泵的半英寸钢制转盘的说明书。当一个卡车司机来教我开车时，我才感到有些意思。我是我们街区唯一坐到奔驰方向盘后面的孩子，尽管这是辆10吨载重卡车，而不是奔驰560SEL敞篷车。

这个夏天过后，我又迷上了吉他，绝望的父亲开始考虑把公司盘出去。不过没过多久，我就失望地发现，我的音乐才能有限。由于父亲急切地想要一个接班人，我又有作为饭摊领导者的短期工作经验，投身工商业对我来说似乎是一个明智的选择。

仅仅有一个问题：在巴西，所有健康的年轻男子到18岁时至少要服一年的兵役。

等待了这么久，我父亲认为这对我将是一剂良药，部队的锤炼会让我脱胎换骨，即使不能学会热爱黎明，至少会在每天早晨的操练中逐渐熟悉它。于是我开始游说母亲。吃饭时间变得神圣起来，我的成绩提高了，我的床铺奇迹般地定期得到了收拾。周末我会在两个闹钟的帮助下早早起床，这两个闹钟都远远地放在我房间的另一头。

父亲们明白这类行为。我父亲总是给我一副“儿子，你别想给我耍滑头”的表情。

很快我被通知到地方新兵招募办公室体检，在一天午夜我出发到那里和其他一些小伙子坐成了一排。由于任何身体上或精神上的重要缺陷都会考虑到，我看到有几个人在练习如何伪装平足、神经崩溃和各种各样的疾病。我没有勇气那么做。招募官对我的身高和体重都很满意，总体上来说，没有发现我缺少他们需要的任何一项严格的资质。

两星期后，我到另外一个军事办公室递交经部队批准的体检表，这是为了一次更全面的体检。朋友们曾经告诉过我关于体检的恐怖故事。按照传统做法，所有被部队退回来的人都要被叫去为部队医院献血。一个护士将在你的前臂上扎进一个巨大的针管，递给你一个两升的瓶子，然后转向下一个人。一遇见血，我百分之百会晕倒。但如果那就是自由的代价……

我在黎明前出发了。等了5个小时后，我和几百个赤身裸体的青年男子站成一排，回答关于童年病史、成年病史尤其是性病的各种问题。我又一次通过了。我告诉自己，至少我还不必献血。

一个月后，我去参加笔试。既然头天晚上根本没有睡着觉，那么早上4点起床对我来说就非常容易了。考试时间持续得很长，而且考题也很复杂。我尽最大努力做出最糟糕的回答，然后在一种极度焦虑的状态下回家了。三天后，我得知我又一次通过了。

我全身的行头已经配备齐了，穿上了制服，戴上了帽子，蹬上了靴子。这时负责的军官叫我过去，我等待了两个半小时，然后向他解释，为什么我认为在一个从来没有打过仗也没有任何机会打仗的国家的部队里待着有多可笑，之后，我就被遣散回家了。

我放弃了读商学院，进入圣保罗大学法学院就读，这是巴西最负盛名的大学，它培养了许多巴西总统。我相信我将更喜欢其人本主义的教学方法。但由于我的成绩在平均分以下，所以差点没有支撑下去，这一成绩部分是因为我在入学后不久就回到塞氏企业工作。

03 迪克博士的大清洗

“我们正在朝着不知深浅的水流前进，我预想我们必须经常改变路线。一名传统的经理可能就此停滞不前，或者过于死板。”

我第一次住经理套房的经历让我感到很沮丧。所有人都像他们的衬衫一样刻板。

我努力去适应这个环境，甚至专门去一家流行男装店买了一身套装，白色条纹的深蓝色制服、法式袖口的白衬衫以及一双黑色皮鞋。我最终还是没有穿这身制服，因为仅仅是购买过程就已经让我筋疲力尽了。

在公司工作后没多久，父亲就把我叫到他的办公室，告诉我不应该让任何人喊我的小名迪克。他严厉地说，这样会减少人们对我的尊重，我应该一直被人称为里卡多博士，这是在巴西像我这样的大学毕业生自动获得的头衔。可是我已经让所有人都叫我迪克了。向公司传达的这一矛盾信息让人们迷惑不解，直到今天，我仍然会收到写给迪克博士的备忘录。

像大部分白手起家的人一样，我父亲非常传统。他总是采取家长制的方式对待自己的员工，认为罢工和劳工冲突是一种对他个人的冒犯。他一直记得他是在一张餐桌上创办塞氏企业的。

我父亲总是在每天早上 6：30 准时起床，遵守着像工字梁一样刻板的时间表。每个星期二、星期三和星期四上午，他都会打上一轮高尔夫球再去工厂，然后回家吃午饭，接着小睡 15 分钟后再返回办公室。晚上 7：45 他会准时回来吃晚饭。星期五他不去打高尔夫球，而是参加“扶轮国际”分社（Rotary Club）的午餐会。

父亲的秘书费尔南德是一位身材矮小而结实的女性，她总是表情严肃，当我到塞氏企业工作时，她已经和我父亲共事 15 年了，不过我永远也没弄清楚，为什么他们总是在互相抱怨。如果费尔南德迟到了 6 分钟，我父亲就会批评她。而当父亲用钢笔而不是用铅笔修改文件上的错误时，就轮到她来发怒了。

当费尔南德走出父亲的办公室时，常常“砰”地一声把门摔上，我能够理解其中的原因。父亲过去是奥地利奥运会滑雪代表队的队员，并且现在仍然表现得像运动员一样，挺直胸脯和肩膀。他需要得到尊重并偶尔引起恐慌。严厉的表情就是他的注册商标。当我逐渐长大时，我的朋友们都是在门外和我道别，而不愿意冒险撞见他。在办公室里，职员们总是抛硬币来决定谁去给他送文件，而这个人很可能变成他发怒攻击的目标，因为他经常向离他最近的人发泄怨气。

当我有了一间与他的办公室相邻的自己的办公室时，他坚持要在我们之间安装一个推拉门。当我与客户会谈时，有时门会被“哗”地一声打开，然后，他就会径直走进来。

父亲不喜欢我把脚放在桌子上的习惯，也不喜欢我在家工作的习惯。我努力把私人生活与公司分开的做法让他很恼火。如果我为了私人用途而复印东西，我总是会付钱。如果要向一家打算在那里度假的宾馆发一份传真，我也会为此付钱。而对我父亲来说，事业和家庭是交织在一起、不可分割的。

我们之间的代沟几乎有 50 年，不管如何努力去融合，我们的风格和观念还是变得越来越难以相容。我知道从父亲到儿子的这种交接不会那么顺利。逐渐地，他也开始意识到这一点。

而同时，巴西的经济开始不景气。巴西的造船工业是遭到重创的部门之一。这对塞氏企业来说是致命的，因为到 1980 年，我们 90% 的生意都是和船用产品有关的，比如水泵、螺旋桨组件和轮船发动机使用的水油分离器。塞氏企业利润的唯一来源就是把现金储备进行投资，而现金储备也在迅速减少。

塞氏企业曾经有十几年时间一直由一群与海洋工业的权贵有关系的经理们来经营。当经济衰退加剧时，我相信塞氏企业唯一的生存机会就是扩展产品线，减少它对海洋生意的依赖。就像巨蟒组[①]的剧组成员们常说的那样，应该有些完全不同的东西了。但每当我提出要多元化经营的时候，他们总是争论说，塞氏企业是一个高度集中化的公司，如果失去了专业技能，我们就会失去一切。守旧的卫士一直告诉我父亲，塞氏企业能够支撑下去，一个新的造船计划即将出台，我们将会重振雄风。

塞氏企业打算借贷 100 万美元来建造一座新工厂，它将由计算机控制的机器来组装船用水泵包装箱和螺旋桨。我曾经对这样一个先进的工厂表示乐观，但随着经济下滑，我开始担心这样一笔巨大的投资是否合适。如果我们要举借更多债务的话，我认为至少要用来投资一个健康的行业。但那时我才 20 岁，虽然我的姓氏是塞姆勒，虽然我名片上有个唬人的头衔——董事会助理，但其实我没有什么影响力。每当要制定一项关键决策时，我通常都会被送到市区外某个客户那里进行一次毫无意义的参观，这样可以让我远离办公室，直到他们做出决定。

我已经确信我想从商，但我不相信塞氏企业就是实现我企业家抱负的地方。在我的推动下，普华永道公司的审计师找到了一些他们认为塞氏企业会有兴趣收购的公司。这些公司看上去几乎都与塞氏企业不搭调，但有一家公司吸引了我的视线。这是一家再平凡不过的企业了，它生产梯子——各种各样的梯子。这家公司靠做木匠活起家，很快就发展成为巴西最大的梯子制造商，它的员工比塞氏企业的还要多。但这家公司现在陷入了极大的困境，普华永道公司甚至拒绝为其收购前的审计数字负责。

我开始考虑离开塞氏企业，发展自己的梯子事业。于是我几乎每天都去拜访这家梯子制造商，逐渐熟悉了这家公司，并不断跟公司老板讨价还价，虽然

---

① 巨蟒组（Monty Python），几个英国喜剧男演员组成的创作组，主演幽默电视连续剧和电影，风格时而胡闹时而聪慧，极度疯狂而无厘头。——译者注

这家公司存在问题，但它开始时的报价是 100 多万美元。

很快，收购价格开始下跌，于是我试图说服父亲借钱给我。“让我们考虑考虑，”他总是说，“把资产负债表拿来给我看看。”

我拿来了，但他并不看，他在拖延时间。

当然这跟梯子没有什么关系。他是不希望我离开。

我用了几乎一年时间来研究这家梯子公司，事实证明，这是一次比我在任何课堂上的收获都好得多的商业教育。我与该公司的债主们交谈，与供应商们交谈。我从普华永道公司那里获得了我能学到的所有战略性思考。

然后我开始集思广益。我在报纸上用英语刊登了一则招聘广告，为我未来的企业招聘一名 CEO。我说我想要一个管理过跨国公司巴西分公司的人。

应聘者蜂拥而至，或许这是因为我暗示我愿意放弃公司一部分股权的缘故。我面试了大约 30 位令我印象最深刻的应聘者，把公司的财务数字一一展示给他们，然后让他们告诉我怎样能让这家公司起死回生。当面试结束的时候，我不仅找到了一位 CEO，还变得相当聪明了。

梯子的销售额在持续下滑，最终这家公司的收购价格降到了我能支付得起的水平：1 美元。另外，该公司的供应商们还愿意再给我一些赊购。尽管我还非常年轻，但我已经和一家知名公司建立了联系。也许他们认为是塞氏企业在背后支持这宗生意，我永远也没法说服他们修正这个错误的假设。

我们起草了一份极其复杂的合同，这是我的律师告诫我应该采取的方式。但我认为，如果要破产，我宁愿在二十几岁而不是四十几岁时，因为那时我也许背负着更大的责任。不管怎么样，多亏那些面试的启发，我想出了一个计划。我计划放弃公司将近一半的产品，接受供应商给我的所有新借贷，从而赢得足够的时间在公司那些仍旧盈利的项目上重振企业。

就在我们最终准备结束交易的那天，父亲把我叫到了他的办公室。

“让我们再谈谈这件事吧。”他说。

“太迟了，”我告诉他，“我已经做了一年了。”

我知道是什么在困扰着他，于是试图缓解他的焦虑。我告诉他，我会加入塞氏企业的董事会，只要他希望，我随时都可以到办公室来。“但是我留在这里一点用也没有，”我补充说，“我们之间只会继续战斗。对于怎样经营公司，我们有不同看法，而这里的所有人都是你仍旧信任的。我曾以为你会给我更多权力，但现在我知道你并不打算那么做。”

这时父亲终于说，他想和我商量一下所有权变化的问题，他愿意把塞氏企业的绝大部分股份都给我，有了这些股份，我就有权力进行我认为公司要维持下去所需要的变革了。如果我放弃梯子公司的交易，他也同意支付合同中规定的 3 万美元违约金。顺便说一句，那个公司继续存留了一段时间，这无疑是因为公司老板把我原来希望取消的产品停产了，但最终公司还是被清算了。至于我未来的 CEO，他变成了杜邦巴西分公司的总裁。

“谁来经营塞氏企业呢？”我问父亲，只不过是想听他说出来而已。

我沉默着。他也沉默着。

“你在我还活着时犯错误更好一些。”最终他说道。

结果正如他所说的那样，我就在他眼皮底下犯了各种各样的错误。错误的麻烦是，当你犯错误时，你意识不到它们。

有一项举措虽然非常冒险，但并不是错误。我可以继续努力说服塞氏企业的元老们，让他们相信塞氏企业必须进行变革，同时忍受他们更多的拖后腿行为，也可以在不要他们的情况下进行变革。那些经理们仍然相信造船计划会实施并准备始终领着他们不菲的薪水。因此我选择第二条路线。

“接下来的两三周我计划去旅行，”在我们艰难的谈话快要结束时，父亲说，“不管你想在公司进行什么变革，现在就去做吧。”

我搬进了父亲过去用的办公室，审视着眼前的黄色标准拍纸簿，上面是我潦草地写下的所有高层经理的名字，总共大约有 15 个人。在一个星期五，我分别与他们设定了个人会面时间。第一个是沃尔德马，他是个威严的男人，有一双敏锐的青灰色的眼睛。他冷冷地问候了我，目光直穿过我年轻的脑袋。我感到自己就像一个晚了三天交上学期论文的学生。

“你好，沃尔德马。”我结结巴巴地说。

“迪克，我能为你做点什么吗？”沃尔德马居高临下地说。

“嗯，你明白，沃尔德马，我认为我们应该进行一些变革了。”

没有回应。

“你知道的，我一直想让塞氏企业多元化经营。”

仍然没有回应。

“那么，”我接着说，“要让这个多元化过程行得通，我感到我们必须在管理层上进行一些变革。”

沉默。我决定总结一下迄今为止的形势。我相信他最终会同意我的说法，如果我们不能成为好朋友，至少也可以真诚地道别。于是我开始回顾历史，追溯塞氏企业的创业历程和沃尔德马在过去15年中对公司所做的贡献。过了一会儿，我意识到我这么说好像是要提拔他，而不是要解雇他。然后我突然改弦易辙，谈起了近几年的情况，并集中谈了塞氏企业黯淡的前景和对新产品的需求。

“我完全同意你所说的。我们已经开始研究多元化了，下个月我将亲自去德国和英国与一些公司洽谈。”沃尔德马终于开口了。

“但是，沃尔德马，你已经说过好多遍了，可到现在为止没有任何进展。”

“现在情况不同了。”

对此我们没有争论。一个半小时过去了。这个下午我只剩下三个小时了，而后面还有一长串经理要解雇。

“沃尔德马，让我们长话短说吧。我希望能亲自实施这次多元化，而不是看到它在双重指挥下进行。”

但是，令我感到懊丧的是，沃尔德马回答说：“没问题，我们将组建一个伟大的团队。”

我感到一阵恐慌，然后是紧张，接着又感到沮丧。难道所有的会面都将这样吗？如果在这个下午结束前我不能处理完名单上所有的人将会发生什么？幸存下来的人肯定会在周末聚在一起的。

“沃尔德马，让我尽可能直截了当地说吧。我需要自己来做这件事情。”

沉默突然降临了，就像在一个炎热的夏日里捂上了一条厚厚的羊毛毯子。

我们坐在那里，空调呼呼作响，似乎在看着我们。

“你是说我被解雇了吗？”过了一会儿，沃尔德马说。

我清了清嗓子，平定了一下情绪说：“是的，沃尔德马，我就是这个意思。这是唯一的办法。”

又是沉默。然后他提出了那个不可回避的问题。

“你父亲知道这件事吗？”

“嗯，是的。某种程度上。是的。他知道。”

“我明白了。”沃尔德马说。最后我看到了他身体上的反应：他脸色苍白，然后变得毫无血色。我在想我看上去是什么样子，也许更糟。

沃尔德马站起来了：“好的，下周咱们可以讨论一下交接的事情。”

“噢，沃尔德马，请等一下，”我快速地插了一句，同时也站了起来，“你明白，我希望交接得快一些。”

“那将是多快？ 6 个月吗？”

“哦，不，不。”我结巴起来。

“那么是三个月？”沃尔德马边说边向门口走去。

“哦，不是，要更快，我……我……我……”

“你不是想要我在一个月之内就离开吧？”他的眼睛眯成一条缝盯着我。

“嗯，实际上，是的。”

“你打算让我什么时候离开公司呢？”

“沃尔德马，我希望你今天就收拾东西回家。如果周一我有什么需要的，到时候再给你打电话。”

沃尔德马走向门口，回头看了一眼，然后使劲打开门再关上门。我瘫倒在沙发上。

接下来的会面很快就结束了。到下午 6 点钟，我已经解雇了塞氏企业 60% 的高管。我本来不愿意解雇任何人的，更不用说像教父清洗似的解雇这么多人，但是他们都不理会我多元化的建议。**塞氏企业没有时间吃药效缓慢的中草药，它需要的是急救手术。**

带着一种既轻松又焦虑的复杂心情，我开车回家度周末去了。

我之所以选择在周五，是希望过了这个周末一切都会平息下来。在下周一之前我有许多组织工作要做。我没有管理经验，但已经和一个有管理经验的人结成了同盟。我新的得力伙伴名叫埃内斯托，40 多岁，身材瘦削，有充沛的精力管理整个公司。他出生在圣保罗的一个意大利移民家庭，年轻时坚守着去美国学习的梦想。那时他不会讲一个英文单词，也没有钱买一张机票，更不用说学费了。但他有决心，这就足够了。

凡世通轮胎公司的巴西分公司就在他家乡附近。在索罗卡巴镇的一个学校里，埃内斯托发现了申请美国阿克伦（Akron）大学的机会，那里是橡胶大王的基地所在。拿到高中毕业证书后，埃内斯托填写了一张申请表，希望能得到奖学金并学习英语。这个学校很欢迎外国学生，于是他被录取了。他用小镇居民捐助的钱购买了机票，长时间地学习英语，最后确定他基本掌握了这门语言，然后于 7 月份坐飞机去了俄亥俄州。

4 年后他拿到了阿克伦大学的学位，并在附近的凡世通公司做实习生。他晋升得很快，不久就回到巴西，成为一名初级经理。此后他一直在晋升，29 岁时已成为凡世通公司最年轻的副总裁。

埃内斯托擅长管理和融资，并且不知疲倦。他具有高度的职业道德，但却脾气急躁，容易与他人起冲突，不久他就与同事发生了一次冲突，然后递交辞呈，离开了凡世通公司，成为拖拉机生产企业凯斯公司（J. I. Case）的副总裁，接着又跳槽到一家德国跨国公司的分公司，在那里他学会了德语。他接下来的工作是在一家法国公司，在那里他学会了法语。之后他成为了日本夏普公司的总裁助理，但在一次商务会议上，他用日语喊出“去你的”后，就离开了这家公司。接着他又去里约热内卢工作，成为施乐公司的行政副总裁，但一年之内他就去美国出了 11 次差，之后，他决定过一种不那么忙乱的生活。一个星期天，当他在里约热内卢的公寓里浏览报纸时，一则用英语写的招聘广告吸引了他的注意力。这是为圣保罗市一家梯子公司招聘 CEO 的广告。

埃内斯托的简历吸引了我。他的简历上列出了他工作过的所有公司，包括一些他只待过几个月的公司，而每个公司都附有一封推荐信，这怎么可能不吸引人呢？他的坦率，再加上他的前任雇主们都愿意推荐他，这些都给我留下了深刻印象。虽然他很早就创造了辉煌的事业，但还没有找到他要寻找的东西。很明显，他很聪明，而且对公司有激情，但他也有着强烈的个性，所到之处总要与人发生不愉快。这一切都符合我的需要，不是为了那个梯子公司，而是为了塞氏企业。我们正在朝着不知深浅的水流前进，我预想我们必须经常改变路线。一名传统的经理可能就此停滞不前，或者过于死板。

在这次“大清洗”前，我见了埃内斯托几次，之后的那个周六我就雇用了他。现在我拥有了另一个自我，除了比我更懂得如何经营一个公司之外，他和我一样头脑清醒而且疯狂。

当周一到来的时候，我开始意识到我所做的一切产生的影响。客户们打电话过来，要求某个人听电话，我们解释说他已经离开了公司。然后他们又要另外一个人接电话，我们告诉他们说他也不在这儿了。在客户试着换了四五个人之后，你可以听出来他们的困惑。

我意识到，前任经理们使他们自己变成了商业秘密的存放库，这无疑是为了确保他们继续任职。他们没有料到会有像我这样鲁莽的人破坏了他们的任职，但是我也没有预料到会遇到像他们这样守口如瓶的人。为了找出他们与客户签订的所有特殊交易和协议，我们不得不在他们的桌子抽屉和文件柜里翻箱倒柜地寻找。

很自然地，一些客户试图说服我们把经理们召回来。一家授权我们制造几种船用水泵的德国公司甚至派了两个代表专程来巴西，以私人名义请求我做出让步，让以前的经理们回来。他们认为，没有这些经理，我们就生存不下去。

我也不确定我们能否生存下去，但是，我们将尽力而为。

04 多元化是错误的开始

“老大似乎在向我们显示，每个人是怎样跑了无数的弯路，最后又回到他出发的地方。”

在1980年剩下的时间里，我们一直在为生存而奔波，从一家银行跑到另一家银行，想筹集到资金。我们甚至考虑卖掉公司的大楼。我们必须提前支付供应商货款，在充满关于塞氏企业谣言的市场上销售产品。但很快埃内斯托就开始展现他神奇的跨国管理才能，我们的客户意识到我们不会破产，至少现在不会。

埃内斯托制定了很多新政策，几乎每天都发明新方法。这位常驻管理奇才说服销售人员填写客户访问报告，对已完成的订单和提供的报价进行统计。公司的所有文件都被严格编排。我们出台了一项制度，对员工的包和车都要抽查，还给每人发一张塑料身份卡，大家必须佩戴。在新成立的计划和控制部门里，生产进度显示在看板上。我们新成立了一个负责时间管理和改进方法的部门，该部门成员被派到工厂各处，寻找加快工人工作速度的方法。

多么鼓舞人心啊！所有施乐公司能做到的，塞氏企业也能做到。区别在于，他们的的确确卖掉了他们的产品，而我们只有产品仍然在仓库的统计证明。我们想，只是在细节上需要修正而已。

我们提拔了很多塞氏企业的老将，他们中有些人现在仍和我们在一起。但销售部迫切需要一个得力领导。事实上，销售部几乎什么都缺。过去似乎没有必要去销售什么；我们能接到订单，这就够了。这就是我们在 1980 年才交付 1975 年就销售出去的水泵的原因。

于是我在报纸上刊登了一则招聘销售经理的广告。就这样，我遇到了哈罗。他是个怪怪的家伙，个子很高，秃顶，戴着一副眼镜，两只镜片就像可口可乐瓶底。他没有西装，穿的衣服就像是从黑暗潮湿的衣柜里随便拽出来的一样。我们第一次会面时，他告诉我说他热衷于做饭（他的拿手菜是勃艮地红酒鸡），他和妻子（顺便说一句，她是一个跳伞指导员）以及两个孩子住在一个巴伐利亚风格的村舍里，他们自己烤面包，还喂鸡。

哈罗在巴西航空技术学院读书时成绩名列班级第一，这所学校在巴西就相当于美国的麻省理工。他会讲英语、法语和德语，做过各种各样的工作，包括在亚马逊的一个大型采矿工地担任维修主管，在阿尔及利亚的法国费舍公司（Fichet）任建筑经理。我要找的是能使我们的销售部振作起来的人，而他的资质看上去古怪得足以和我的设想合拍。

哈罗接受了这份工作。就像埃内斯托一样，他必须找到适合他的地方。从来塞氏企业的第一天起，他就开始销售，并且从未停止过。当他经过一个销售人员的办公桌前，会询问某个报价的进展情况。销售人员告诉他客户还在研究呢，然后哈罗就提议去拜访客户。销售人员说他将会在下周安排一次拜访。哈罗说他不是指下周，而是现在。“不可能的。”销售人员争辩说。但是哈罗抓起他的胳膊，从接待台上拿起一摞杂志，然后径直去客户的办公室。到了客户那里，宣布他们来了后，他们会等上一个小时，两个小时，甚至三个小时，不管花多长时间，他们都要等到客户见他们。与此同时，哈罗与接待员聊聊天，了解客户公司的情况，询问销售人员其他客户的情况，或者读读他带来的杂志。

我尽我所能给他提供阅读材料。在哈罗加入塞氏企业的几天后，我们与一家挪威公司签订了许可协议，生产一种新型水泵。我们对这些水泵的技术规格几乎一无所知，但几天后我们被安排在世界上最大的石油企业之一——巴西国有企业巴西石油公司（Petrobras）做一场关于水泵的重要演讲。我到哈罗的办公室问他是否愿意看看这些材料。“没问题。”他说。在他改变主意之前，我递给了他600页有关水力学的东西。我告诉他，我想让他给巴西石油公司的工程师们做演讲。哈罗只是朝我微笑了一下，仿佛在说：“孩子，一切都交给我吧！”

他花了许多时间研究那些资料，经常与挪威人交谈，然后对巴西石油公司做了一次宣传，回来时就拿到了一个重要的订单。

我和哈罗一直在路上奔波。两年内，我们到16个国家兜揽生意，联系了60多家公司。一个月之内我们就会跑12座城市，有时甚至是24座。为了防止筋疲力尽，我们的规则是一天只坐一次飞机，然而我们经常打破这一规则。有一次极为焦虑的旅程令人难忘：我们在挪威奥斯陆一家露天餐馆吃蘸汁三文鱼的晚餐，午夜的灯光反射着我们的银器；然后坐飞机到纽约和克瑞公司（Crane）的经理们共进午餐；接着在辛辛那提与Day Mixing公司的代表们共进晚餐；之后在旧金山度过了一晚，在那里我们第二天上午与太平洋水泵公司（Pacific Pumps）的经理们会面。

我逐渐开始欣赏哈罗粗鲁的笑话，并对他的胃口肃然起敬。一次我们前往奥地利的林茨市去拜访一家名为奥克斯纳（Ochsner）的水泵公司。奥克斯纳先生本来打算亲自迎接我们，但中间出了点差错，我们比预定时间晚了6个小时，快半夜时才到达旅馆。哈罗马上奔向餐馆，点他最喜欢吃的奥地利捏面团，这是土豆的一种替代品。侍者说没有了，并表示歉意，但我们第二天早上就要离开奥地利，而哈罗是个不肯轻易放弃的人，于是他直接去了厨房，不仅在厨师那里他的愿望得到了满足，而且还被允许观看制作的准备过程。

在这些旅程中，我们希望能够说服足够多的公司来许可我们在巴西生产他们的水泵和搅拌器，扩大可怜的现金流，并赢得时间。但是谈判很艰难。巴西变幻不定的经济状况和政府的条条框框已经很糟糕了，而塞氏企业相对的默默无名使我们的任务更加艰巨。我们跌跌撞撞地向前移动，仿佛在刀刃上跳舞，不过冥冥中似乎有人在某处照料着我们，因为我们设法获得了7个许可协议来生产粥搅拌器、油过滤器、矿物容器的液体搅拌器、压缩机以及其他工业和食品加工设备。所有这一切使得船用设备减少到了产品线的 60%。尽管绳索套在脖子上，但我们还能呼吸。

1981 年初，美铝公司宣布了一项计划，准备在巴西北部成立一个新的铝厂。这是我们在经济衰退时期所能期望得到的少数最大的建设项目之一。塞氏企业对该项目的 200 个水力水泵进行投标，价值 300 万美元。这样的订单对公司来说意味着更多的希望，我们过去通常堆积着 10 个月的生产任务，而现在减少到两个半月。我们以前是美铝公司的供应商，因此我们认为得到这份工作的机会很大。但是随后的一个周五，我们被告知澳大利亚的竞争者沃曼水泵公司（Warman Pumps）的竞标价格低于我们。

在极力从失望中恢复过来后，我们转而求助于最后的希望：从本地两个造船商 Caneco 和 Emaq 那里得到船用水泵的生产订单，它们都正在为巴西石油公司制造三艘轮船。这两家造船商都告诉我们愿意从塞氏企业进行采购，这是它们的传统。麻烦的是，我们的一个竞争对手被其国外母公司指示说，一定要不惜任何代价赢得这份订单，而且已经许诺会提供 18% 的回扣。他们也在孤注一掷。

碰壁之后，我们提出了 20% 的折扣。这样这份生意就不会有多大利润，但在我们发现下一步该做什么之前，现金能帮助我们维持运转。我记得当时在从里约热内卢返回的飞机上我非常高兴。

在那周的周末，造船商们告诉我们，竞争对手提出了 35% 的折扣，而且还承担了检查费、保险费和运输费。如果当时在我们的董事办公室里有一台心电图测试仪的话，将不会看到任何心脏的跳动。

当然，我们又一次飞到里约热内卢去应对这个报价。我们没有选择。这肯定是当年的最后一个订单了，而现在才 3 月份。价格是次要的，重要的是我们必须生存下来，直到把塞氏企业重新拉到正轨。我们也提出了 35% 的折扣，造船商们向我们保证订单将归我们。我们的心脏又重新跳动起来了。

几天后我们正在开会，我已经不记得当时在讨论什么了，但能回忆起我们有多么紧张。其中一个有点迷信的家伙注意到我们有 13 个人在开会。这时有个紧急电话找我。我接起电话，被告知我们的竞争对手向 Caneco 造船厂提供了额外 7% 的折扣，而他们也接受了。既然巴西石油公司希望所有 6 艘轮船完全相同，那么 Emaq 公司也将一起接受竞争对手的供货。

我们所有人都崩溃了，除了哈罗。他的眼神中流露出一丝光芒。在他的督促下，我们决定为生存开辟另外一个战场。不管怎么样，我们都要争取赢得美铝公司的订单。

那时美铝公司几乎已经与所有它建厂需要的供应商达成了协议。唯一还没有决定的投标是大型搅拌器，它可以缓慢地旋转来防止铝在容器底部变硬。除了知道这些机器体积庞大，有 4.5 米长的螺旋桨叶和三层楼高的传动轴之外，我们对它们几乎一无所知。我们问美铝公司能否考虑塞氏企业的投标，他们告诉我们最好别想了，因为赢家即将在 10 天之内揭晓。

第二天下午，我和哈罗出发前往金普鲁士（King of Prussia），这是世界上最大的搅拌器制造商之一费城齿轮传动装置公司（Philadephia Gear Corporation）在宾夕法尼亚的总部。我们需要它的专业知识来赢得这份生意，它也需要塞氏企业，因为我们的贸易法律规定，这些机器必须在巴西生产。我们被引领到总裁办公室，总裁告诉我们，他再也不想与巴西或者巴西人有任何关联了。

当我提到美铝公司的时候，他脸上的不悦之色消失了。费城齿轮传动装置公司与世界上最大的一些铝制造商有业务往来，但却没有与美铝公司合作过。他马上看到了这个通过南美洲的“后门”与这个铝业巨头建立关系的机会。现在他脸上露出了笑容，但是当我们告诉他所需要的搅拌器比他公司生产的型号大时，他的脸色又变得苍白了。我们告诉他，我们仅仅有几天时间来完成技术上的工作、谈判交易和签订许可协议，这时他又面露不悦。即使这样，在和他的董事会商讨之后，他还是决定做下去。

回到巴西后，哈罗就在美铝公司威严的办公楼的接待区外面扎营了。采购部经理维克托是个严厉的人，他对于友善行为没有兴趣。他起得非常早，于是哈罗就在早上 6 点钟到达他的办公室。维克托经过的时候，几乎连头都不向他点一下。哈罗大约每小时宣布一次自己的到来，然后就坐在那里，阅读美铝公司的年度报告和采矿杂志。维克托最终做出妥协，跟他见了面，不过他只是说塞氏企业没有机会获得这份工作。哈罗又想方设法安排了另外一次我们俩和维克托的见面，在等待了大约两个小时后，我们终于得到了接见。我们恳求他，直到最后他妥协了，让我们参与投标。

这整件事的结果是，美铝公司的巴西新工厂以拥有 26 台塞氏企业搅拌器而自豪，而其中 4 台是世界上最大的。

我们已经在不断取得胜利，因此决定正面应对巴西石油公司的问题。巴西石油公司的总裁名叫希加基（Shigeaki Ueki），他负责公司的决策。经过无数次请求之后，我们设法在一个星期五下午见到了他。我们告诉他我们认为我们的竞争对手正在倾销——以亏损价格销售水泵从而跻身于巴西市场。他说，如果我们能够证明这一点，那么订单就归我们。但是，他警告说，我们没有太多的时间。

心电图测试仪上的指针跳了起来，我想起我们几乎没有时间了，但我们仍然需要从办公登记员那里得到一份竞争对手的资产负债表。接待我们的职员很明显不希望把她一周工作时间的最后半小时花费在寻找发霉的文件上，但是某种程度上我那“在沙漠中行走了 18 天”的表情打动了她。她找到了资产负债表，我迅速浏览着。一个富有创造性的会计人员会怎样掩盖这些损失呢？他或许会围绕库存或者未来收入做文章。我怎么判断呢？我的手指在这些表格上滑动着。收入，收入，那些该死的收入在哪里呢？哈，找到了，在不起眼的地方有一大笔钱。正如我所怀疑的那样，有 300 万美元的损失。

最后，希加基把水泵订单一分为二，与塞氏企业签订了为三艘轮船生产水泵的合同。

老天似乎在向我们显示，每个人是怎样跑了无数的弯路，最后又回到他出发的地方。对我们生存至关重要的这个订单被延误了好几次，最终还是被我们得到了。后来这家造船厂在还没有把钱都付给我们之前就破产了，但那已经是后话了。目前看来，脖子上的绳索已经有点松了。

1981 年来了又去，转眼到了 1982 年。由于我和哈罗获得的许可协议，塞氏企业在不断赚钱，而且赚了很多钱。是的，对于我们来说是很多钱。在还完债务之后，我们甚至还留下来一部分现金。随着埃内斯托实行新的公司管理方法，我们的产品线极大地扩展了。当巴西的经济持续下跌时，我们走上了成功之路。

塞氏企业的面貌焕然一新，实施了多元化经营，各方面都得到了改进，我对这些非常高兴。一切似乎都非常专业。如果不出示身份卡，没有人能够进出我们的工厂，甚至我都会被门卫拦住。对于加班、电话发票、复印机发票等所有一切，我们都有特殊的表格用来填写。

让我们感到自豪和高兴的是新的预算系统。每个月的第 5 个工作日提交数据，而且所有数据都用不同颜色编码的文件夹装好。日光灯生产第三车间下面一个部门的工人消费了多少咖啡？在第 67 页的第 112 条就可以查到。埃内斯托在以凡世通、施乐和夏普公司的形象为标准来改造我们。

当我与其他公司的经理们谈起我们的系统时，我喜欢给他们讲艾利斯 - 查默斯公司（Allis-Chalmers）总裁从美国来参观我们公司的故事。他想知道我们是否愿意收购他在巴西经营水泵的公司。这笔交易没有做成，但我们带他参观了我们的工厂。他翻阅了我们的一些预算文件，似乎对此印象深刻，就像一个小孩子第一次见到马戏团一样。他没有想到一个拉丁美洲企业会如此有效率，或者说有强制性。他告诉我们他将命令他的巴西分公司（比塞氏企业的规模大好多倍）马上安装一个类似的系统。我们为此洋洋得意了好几个星期。

那之后没多久，艾利斯 - 查默斯公司就开始失去市场份额，然后开始赔钱。现在这家公司已经解散，被支离破碎地卖给了别人。

从这件事上我们得到了一个教训。但同时，我们急切地希望与世界分享我们新的管理经验。现在到了塞氏企业走出去收购一些企业的时候了。

05 进取再进取，收购再收购

> 在他们的世界里，没有多愁善感，没有传统，也没有员工激励。底线，底线是什么？

当普华永道巴西分公司的高级合伙人雷伊从桌子另一边看着我微笑时，我开始怀疑他没有把我们当一回事。“我家附近有个杂货店，”他说，“在你的价格范围内这是最好的一笔收购了。”

这是 1983 年。我们以自己一贯急躁的方式叫来了雷伊，他是并购方面的专家，我们告诉他我们手头有 50 万美元，想收购一个公司。杂货店可不在我的考虑范围之内。

我想起了我本来可以用一美元收购的那家梯子制造商，恳求雷伊和他的同事再考虑一下，他们答应了。在接下来的几个月内，我浏览了成堆的文件，都是来自要出售的公司分支机构。我们有几个要求：该公司在市场上必须是数一数二的，与我们自己的业务有关联，技术领先。它也必须是因为恰当的理由而出售，要么是因为没有成功地度过衰退期，要么是因为现在的管理层效率低下，要么是因为母公司失去了兴趣。我们不希望收购的公司产品质量不确定，或者需要注入大量资金，当然我们也没有那么多资金。

雷伊是一个坦率的人，他的眼睛时而调皮地眨一眨，时而锐气逼人。在我们到处寻觅的过程中，他起的作用无法估量。他非常理智。“一个小洞，”他喜欢这样对我说，“就能使一艘大船沉没。”

我不能说我们在一艘大船上，但我们确实看到了许多小洞。那些待出售的企业都不是非常健康。大部分企业要么缺少资金，要么没有市场，一些企业两者都没有。雷伊帮我们回避了这样的企业，但仍然有许多家企业可供选择。整个下午我们都坐在那里，在30厘米高的年度报告堆里寻找线索。我们会找出其中一家公司，阅读有关其产品线的文件，查看它的财务数据，然后判断它在多大程度上值得我们考虑。

没有一家拥有50万美元的公司能像我们这样自信，觉得自己是个巨人。这些待出售的公司有的年销售额500万美元，有的达1 000万美元，甚至2 000万美元，可它们都在等待着我们的裁定。我们甚至获得了一家销售额1.5亿美元的公司和另一家拥有4 500名员工的公司的资料。

当然，我们从来没有考虑过与那么大的公司谈判。即使如此，当想到我们有能力经营其他企业时，我们不知道自己是多么雄心勃勃。在我们自己的心目中，我们就是一个传奇。谁能阻挡我们成为一个跨国巨头的命运呢？

几年后当我读到华尔街的奇才们玩着同样的游戏，收购、出售和兼并公司，而忘记每个公司都有丰富而复杂的历史时，我又想起了这些岁月。这些穿着阿玛尼、开着宝马车，似乎无所不知的人为了短期利润把一个个公司拆分，伤透了那些把梦想寄托在公司上的人的心。

在那些擅长并购游戏的华尔街奇才的世界里，没有多愁善感，没有传统，也没有员工激励。“底线，底线是什么？”他们对着手机大喊。我也曾经陷入过那种思维方式，愚蠢地相信我对那些公司拥有生杀大权，因为那些公司的重要统计数字都在我会议桌的文件夹里。雷伊说得对，我们本应该慢慢开始，谨慎地前进。但我们没有耐心，因此没有那么做。

我们选出了15家要拜访的公司，与其中6家进行了谈判，最后集中在一家公司上：一家瑞典空调公司的分公司，也就是现在的ABB集团。它在巴西的分公司Flakt公司销售船用制冷设备、离岸钻井平台和船上发动机房的通风系统。

谈判进展很快。这笔交易主要是收购巴西的船用经营部分，使它成为塞氏企业的一个部门。收购价格是 30 万美元，这在我们的可支配范围内。签署协议的仪式在斯德哥尔摩举行。

我出发前往斯德哥尔摩，并在中途停下来参观了 Flakt 公司的其他工厂。由于当时很焦虑再加上患上了飞行时差综合征，我在出差中第一次吃药，这一点也不奇怪。几个月来，我每天醒来后一直嗓子疼，早上几乎吃不下一点东西，甚至是液体。同时我也遭受着头痛和胃炎的折磨。我已经有 5 年没有锻炼身体了。

我在傍晚时分抵达哥德堡，准备参加第二天上午 8：00 的一个会议。东道主为我预订了一个宾馆，从办公室步行 6 分钟即可到达。因此他计划早上 7：54 与我在大厅见面。我在房间简单吃了点晚餐，然后服了医生开的药。由于嗓子疼，我痛苦地服下这些药，然后定了闹钟，安排了 7 点钟的“叫早”服务以防万一。

在睡梦中，我听见远处有电话铃在响。在梦中我应了一声，但电话还是在一直不停地响着。让我沮丧的是，几分钟后，我意识到现在已经是 7：54 了，是我床边的电话在响。我摸索着接起了电话。

“早上好，塞姆勒先生，”我听到一个清脆的声音说，“我在大厅里。”

“是的……嗯……好的。”我支吾着。借口，我需要一个借口。我想我真是聪明，我向他解释说，由于我在等从巴西打过来的一个非常重要的商务电话，所以耽误了时间。我出去往自己脸上泼了一些瑞典的冰冷的水，随后意识到在南美洲此时是凌晨三点钟。

那天我参观了 ABB 的一个工厂。当我们在工厂里穿行时，我逐渐感到有点头晕。忽然，眼前一片漆黑，我昏过去了。我被带到了医疗室，大约一小时后感觉好点了，然后继续行程。第二天晚上，当我在斯德哥尔摩 ABB 公司总部参加晚宴并签署和庆祝我们的交易成功时，我感觉好些了。

我们马上接管了 Flakt 公司在里约热内卢郊区的工厂，它有三层楼高，在职员工原来有 60 人，我们留下了一半。但事实证明，我们对商业的理解要比自己所认为的更狭隘，接下来的 4 年中，在这个部门开始盈利之前，我们损失了 100

多万美元。

不过那时候我们认为自己如日中天。因此由于幼稚的自满，我们继续寻找可以收购的公司。

我们找到了另外一个公司的分公司，它和 Flakt 公司属于同一领域，即 BAC 公司，是药业巨头默沙东公司（Merck Sharp and Dohme）的分公司。但是我们却被告知已经太晚了。这家公司即将卖给巴西最大的空调承包商，交易已经接近尾声。

我们算了一下，这家分公司大约价值 200~300 万美元，而我们只有 20 万美元。但谈话是廉价的，因此我们向默沙东公司发了一份传真，建议双方见一次面。他们同意了。

默沙东公司告诉我们报价已经接近他们想要的了，问我们是否计划再提高一点。由于我们没有太多的现金，因此向默沙东公司提出了一个提前支付计划——现金放在他们的分支机构——建议用 5 年时间支付剩余的收购款项，按照每年固定付款加该部门利润的 25% 的公式来计算。默沙东公司的一名经理，一个精瘦结实的高个子男人，带着首席财务官那种冰冷的眼神，发出了一声冷笑。但我注意到另一名经理正在沉思。我想我甚至看到了从他嘴角露出的一丝微笑。事实证明，默沙东公司有一些人认为，和这个鲁莽的巴西暴发户合作可能会更好。

接下来又进行了几场谈判，最后我们在圣保罗市中心默沙东公司的律师办公室里签署一份复杂的合同。就在我们等待最后几份文件时，从下面的街上传来喧哗声。透过窗户，我们看到有许多人在游行示威，反对政府的经济政策。忽然，警察防暴队赶到了，开始向人们喷射催泪霰弹。当这种氢氧化钠气雾开始降落时，示威者向四处跑去。一个美国人看着另外一个美国人问：“这些文件怎么处理得这么慢？”

第二天我们接管了 BAC 工厂。这是一个大工厂，在门口上方飘动着旗子。原来在那里有 90 个人工作，我们保留了 60 多人。

由于这个公司之前运转良好，我们让原来的管理层继续管理，只增加了一名财务审计师。他叫安东尼奥，身材矮胖，只有 1.5 米高，戴着一副厚厚的眼镜，他告诉我说，他洗澡时都带着眼镜。他的上一份工作是在一家大型缝纫机厂，有一次安东尼奥被老板命令修改一个库存数字。他拒绝了。当老板愤怒地给他一张便条要求他重做时，他写了一张言辞更加激烈的条子给老板。这个老板马上去见安东尼奥想大吵一场，他站在那里至少比他这个傲慢无理的员工高出一头，但是当他低下头去看矮小的安东尼奥时，安东尼奥正双手叉腰瞪着他，一副不顾一切的样子。我想，安东尼奥正是我们想要的人。

06 在挫折中保持平衡

“塞氏企业运转得太顺利了，我本来应该早点想到我们在前进的路上是会遇到挫折的。”

在这两笔收购交易中，我们花掉了全部的50万美元，员工数量几乎翻了一番，工厂数量变成了原来的三倍。但是由于实行了新的财务控制，我们相信我们的经理们能够应对一切。

我们遭遇了三个挫折。第一个与埃内斯托有关。

几年前我父亲曾经邀请两家外国企业成为塞氏企业的股东，它们各持24.5%的股份。我父亲拥有剩下的股份和控制权。塞氏企业有权利生产它们的产品，在我们的董事会里这两家企业都有代表。

我父亲与其中一家公司保持着良好的关系，但与另外一家公司却麻烦不断，它不公正地起诉我父亲把商业利润用于家庭消费，为了避免把更多的利润作为分红而中饱私囊。

当埃内斯托管理公司时，他尽一切努力做到绝对公正，那就意味着向塞氏企业的小股东们（包括找麻烦的那家公司）提供足够多的信息，就像提供给我们家庭的一样多。在第二次收购后，埃内斯托决定发出一封信，阐明他对于我们整体财务状况的想法。他详细地阐述了我们的投资和生产计划。这些信息并不是特别敏感，但他事先没有和我父亲商量这件事，因此我父亲感到被出卖了，并不再搭理埃内斯托。

虽然我意识到对家庭的忠诚暴露了我在职业上的不成熟，但我还是站在了父亲一边。我想塞氏企业很大程度上仍然是一个家族企业。

我把埃内斯托叫来，告诉了他我的感受。他的反应很激烈。他对我说，看来除了马上离开，没有别的办法了。他转身而去，回到办公室收拾好东西，就匆匆下楼了。我站在窗户旁边看着他走过工厂门口，意识到他甚至都没有开着公司给他配备的小轿车回家。我冲到停车场，钻进我的汽车，然后去追他。当我追上他时，看到他在流泪。我打开车门，他上了车。当我开车送他回家时，我们俩都没有开口说话。这是我生命中最悲伤的时刻之一，但这只是真正悲剧的一个前奏，因为在这之后不久，埃内斯托就在一次摩托车事故中身亡了。

代替埃内斯托的是一个又矮又瘦的年轻人，他的名字叫费尔南多。费尔南多也是一个白手起家的人，他最初是一名旅行推销员，快 30 岁时已经成为巴西一家大公司的高层经理，在那家公司他以第一个来最后一个走而闻名。他支持一丝不苟的财务控制政策，是继承和发扬埃内斯托的优良作风的理想人选。或者说这是我们那时相信的优良作风。

第二个挫折是关于哈罗的。他喜欢圣保罗市的忙乱，但热爱乡村。他只愿意住在一个可以养鸡的地方，这就意味着由于世界级的交通堵塞问题，他每天从家到工厂需要一个半小时。

当哈罗做出的业绩广为流传时，他开始接到工作邀请。我开始并没有认真对待这件事，直到有一天他接到一个电话，是一家名叫梅兰日兰（Merlin-Gerlin）的法国和巴西合资电子设备公司，他们希望他能够经营在偏远的圣卡塔瑞纳州的一个工厂。他可以在一个小镇上生活和工作，在那里交通堵塞问题就是按喇叭把母牛从路上赶走，他有足够大的空间可以养鸡，而且在花园里还有 5 000 朵玫瑰花。

哈罗征求我的意见。我不得不说，这份工作实在太好了，不要错过。他在塞氏企业仅仅多待了几个月，就搬到了南方。我们一直保持着联系，10 年后哈罗又重新加入我们公司，在我们即将开始经营的一家新的零部件和维修企业拥有 25% 的股份，最后又返回到总部工作。

没有人能够取代哈罗，但有时候事情自有它的平衡之道。在他离开时，我们招聘了一个新人，很快他就成为我们即将进行的巨大变革的重要推动力。

我知道我们新的严厉的统计方法，加上我们的收购和增加的新员工，使得公司产生了许多紧张状态。通常对于像我们这种规模的公司来说，有一个人力资源总监似乎很可笑，但我确信我们需要一个。于是我雇用了一个猎头去寻觅，浏览了几十份简历，面试了 10 位印象最深刻的求职者，他们都来自大公司，但似乎没有一个人可以胜任。

克洛维斯进入我们公司的路径和其他应聘者不同，他是从“侧门”进来的。克洛维斯出生于一个美国移民家庭，是一个理想主义者。起初他是一名老师，是“夏山式”[①]“进步教育”[②]理念的支持者，后来成为一家学校的顾问，这所学校是为圣保罗大学新毕业的教师提供培训的基地，最终他成为了校长。他的教学生涯充满了不断创新：教学生去思考，而不仅仅是记忆；鼓励学生怀疑一切，自由地设定他们自己的时间表，穿他们自己喜欢穿的衣服，选择他们自己的课程。

但当时巴西正由将军们统治着，他们认为克洛维斯的工作具有煽动性。除了缺乏纪律外，克洛维斯还教孩子们怀疑历史课本，这些课本上按年代顺序列出了那些相同的军事统治者的丰功伟绩。将军们在这所学校里组织了一次特殊的法庭审判，对克洛维斯审讯了 46 个小时，然后解雇了他。

克洛维斯转到圣保罗的福特汽车公司，负责人员培训，18 年后他晋升为福

---

① 英国夏山学校 (Summerhill School) 的创办者尼尔（A. S. Neill）认为，“不应该让学生来适应学校，而应该由学校去适应学生”，因为“自由发展”才是教育的终极理想。“对于是否上课，学生们拥有完全的自由。他们可以选择上课，也可以选择不上课，如果愿意，他们甚至可以完全不上课……”——译者注

② 进步教育（progressive education），一种以杜威（John Dewey）及其追随者理论为基础的教育体系，强调学校课程开设应适合学生的能力和兴趣，而不应要求学生适应学校的课程。——译者注

特汽车巴西分公司的人力资源经理，但最终这个企业巨头没有留给他多少创新的空间。接着克洛维斯到KSB水泵公司任人力资源总监，这家公司生产液压水泵，是塞氏企业的竞争对手之一。在这里，他可发挥的余地也不大。

故事在这里就变得有点奇妙了。我父亲的一个老部下转到了KSB公司，他从一开始就不喜欢克洛维斯。于是这位前任塞氏企业经理雇了一家猎头公司想给克洛维斯在别的地方找个新职位，结果那家公司正是我委托给塞氏企业寻觅人力资源总监的那家。

我和克洛维斯在我的办公室见了面。猎头们一般都喜欢让他们的应聘者穿蓝色套装和白色衬衫，戴干净的领带，并且没有胡须。然而眼前这个快50岁的奇瘦的男人却穿着一套难看的咖啡色套装和一件米色衬衫，白色的八字须分外显眼。

我一看到他就喜欢上了他。

克洛维斯后来透露说，一开始他并没有怎么注意我。毕竟他想要见的是塞氏企业的总裁，而我和他最小的孩子年纪相仿，甚至在我坐下来开始和他交谈之后，他都认为我只不过是陪着他等待真正的总裁出现而已。

我们谈了将近三个小时，几乎从一开始我们就是在互相补充完成对方的话语。然后我们就在那里达成了协议，克洛维斯将从下周一开始出任人力资源总监。大约一周之后，我们两个才意识到还没有讨论他的薪水问题呢。

第三个挫折是什么呢？在克洛维斯加入我们一年后，巴西最大的一家金融公司要聘他做副总裁，让他管理一个数百名员工的部门，提供的工资待遇几乎是我们给他的三倍。正像哈罗一样，我们讨论了这份工作邀请。它的确是很吸引人，我就是这样告诉克洛维斯的。同时我也对他说，如果这份工作让他感到失望，我们将欢迎他回来。

我花了将近一年时间面试人力资源总监的新人选，但都没有成功。然后我不再寻觅，只是等待。不久克洛维斯重新回到塞氏企业，还是挣着原来的薪水。

鉴于我们目前所取得的业绩，他总是会得到新的工作邀请，这一点儿也不奇怪。感谢上帝，他并没有改变主意。

07 收购霍巴特，征服新领地

“基思和他的员工既感到灰心丧气，又松了一口气。或许新主人不想留下他们；也许新主人会进行他们迫切需要的投资，驱散盘旋在工厂上空的失败阴影。”

到1984年年中时，我们准备收购另一家公司。不要问我们收购它来做什么，那时我们已经或多或少地从最初令人恐慌的几年中恢复过来，多元化经营也正在发挥作用。我们没有银行贷款，手头还有一些现金（不管怎么样，运营资本是足够了），已经开始逐渐扩张。从财务上来看，我们根基牢固。

我们听说博思管理顾问公司（Booz Allen & Hamilton）被雇出售霍巴特巴西公司（Hobart），这是美国企业集团达特卡夫（Dart & Kraft）的一个分公司，生产洗碟机、切肉机和其他食品加工设备。在巴西，它有一个8万平方米的工厂，有150名员工，对我们来说规模似乎太大了。但我们还是要了一份收购文件，并被告知应该快速行动。这真的就是他们给我们的回复？我们当时几乎有点不敢相信自己的耳朵。

在翻阅这些材料时，我们看到了达特卡夫公司的年度报告。我们相信，到那天为止，我们是唯一读到它的潜在投标者。资料里有该企业集团的各种产品图片，包括金霸王（Duracell）电池、特百惠（Tupperware）容器以及许多奶酪，这些线索都告诉我们，霍巴特公司的成功来自其洗碟机、锅、天平、切肉机和相关产品的营销协同作用。卖掉整条产品线要比分别转移这些产品更容易。首先，该公司在分销商那里可以铺满更多的货架。其他投标者只是提出想购买整条产品线的一部分，有的想购买洗碟机产品线，有的想要天平业务。只有塞氏企业提出要购买所有业务，只有塞氏企业想保持这种协同作用。

其他公司出价的总和达到了达特卡夫公司的要价，而我们的报价还没有这个数字的一半，由于我们缺少现金，因此希望在 6 年内付清所有款项。由于霍巴特这个名字将会出现在这些产品设备上并在其他地方继续销售，因此达特卡夫公司更愿意维护霍巴特的形象，让这家巴西公司保持完整，而不是按照产品一项一项把它拆分。

我们在普华永道巴西分公司办公室的一张长桌上完成了这笔交易。我们有一系列问题待解决，包括特定资产的价格、特许使用费百分比以及利息等。我们告诉他们，我们愿意增加的只有一项条款，那就是延长我们的付款时间。

达特卡夫公司的首席执行官专心地倾听了我们的陈述。当我们讲完之后，大家都沉默着。所有人都转向了他。他沉思了一会儿，然后说："我也许有点胖，而且脸颊绯红，但我穿的并不是红色，今天可不是圣诞节。"

在大家的笑声平息之后，我们在一起讨价还价了 7 个小时，缩短了付款时间，增加了我们要支付的特许使用费，然后握手达成了交易。

霍巴特巴西公司的工厂位于圣保罗市附近，其历史虽然悠久但并不辉煌，它由一群无精打采的工人支撑着，他们中有人已经在那里干了 45 年。这个工厂充满了太多的历史，这使得我们后来观察到的变化更加令人惊奇。

该工厂建于 20 世纪 30 年代，是那些阴暗的工厂之一，天花板很高，而窗户很小。我不知道是什么公司建造了这家工厂，但是到了 1939 年，它被霍巴特兄弟所拥有，他们是在俄亥俄州做餐馆设备生意起家并获得成功的。虽然那时候当地有 30 个竞争对手，但这家工厂生产的机械天平在巴西是最受欢迎的。但由于多年来各个经理都是从俄亥俄州指派来的，而他们中几乎没有人了解当地市场，因此这种成功在逐渐消失。霍巴特的经理们因架子大、不喜和人交往而远近闻名，他们没有兴趣与分布在我们辽阔国土上的分销商吃饭，也不想赢得他们的青睐，而是把自己紧紧拴在俄亥俄州，甚至非常小的决策也要依靠总部做决定，这样就使得他们反应缓慢，没有原来那么灵活。

这些缺点的主要受益者是费利茨拉公司（Filizola），它是霍巴特公司的主要竞争对手，虽然它由意大利移民创立，但仍然想方设法与巴西的分销商建立了紧密的关系。费利茨拉公司稳步扩张，到20世纪70年代已经对霍巴特公司的资产负债表产生了影响。俄亥俄州霍巴特总部的人面临着两个选择：第一，向巴西分部大力投资，购买新设备来降低成本和价格；第二，利用现有资源放手一搏，希望能达到最佳效果。霍巴特选择了比较便宜的战略，于是费利茨拉公司的市场份额持续上升。

到20世纪70年代末，霍巴特的一个地区经理基思被提拔为总经理。基思已经在该公司工作了20多年，他曾在巴西最偏远的地区做了很长时间的销售员。他有着取之不尽的幽默感，永远诚实正直。基思设法保持公司的收支平衡，这已经是个奇迹了。他经常出差到俄亥俄州向上司做汇报，每年都要花两个月的时间起草和提交预算，这些事务占用了他开发新客户和改进产品的时间。

最终终结了霍巴特巴西公司生意的是电子天平。到20世纪70年代末，机械天平在美国已经很难卖出去了。然而，霍巴特公司总部认为在发展中国家还会有这种更原始模型的市场，它并没有看到巴西工厂更新工具的紧迫性。最终基思说服了管理层，让他们相信电子天平是必然趋势，即使是在南美洲。霍巴特巴西公司骄傲地宣称它的新产品正在制造中，但随后却不能及时交付。就在这时，费利茨拉公司推出了它自己的电子天平，在技术上确立了领先地位，占领了市场。

这时霍巴特家族决定把公司卖给达特卡夫公司，这就意味着这家巴西分公司不能再依赖于在南美洲有悠久历史的家族成员了。现在企业将由冷冰冰的、没有人情味的参数来评价。达特卡夫公司愿意进行投资，但只有在产品和市场展现出很好的前景时他们才这么做。然而霍巴特巴西公司好像不是这种情况，因为那时它在其领域内已经下滑到第五名。

达特卡夫公司决定，在霍巴特巴西公司所经营的9个办公室和工厂中只保留两个，其余都关闭。在伊皮兰加的工厂幸免于难，但是销售量的下降使得投资减少，反过来又导致销售量的更大下降。这种恶性循环仍在继续。

除了天平外，该工厂还生产霍巴特公司的许多其他产品，包括碎肉机和切肉机，它们销售得还不错（虽然算不上非常好），另外洗碟机在宾馆、饭店和餐厅市场上仍然占领先地位。但过了几年，精简之后的霍巴特巴西公司看上去并不比其前任经营得更成功，于是达特卡夫公司挂出了“出售”的牌子。基思和他的员工既感到灰心丧气，又松了一口气。或许新主人不想留下他们；也许新主人会进行他们迫切需要的投资，驱散盘旋在工厂上空的失败阴影。

星期一交易结束后，我和费尔南多、克洛维斯去了我们新的食品服务设备厂。焦虑已经取代了忧郁。大家都想知道新老板是什么样。

我们的第一个举措是重申了自第一次收购公司就制定的理念，即不改变我们不理解的东西，在用外部人取代在位者之前给他们一个机会。当一个企业经营不善时，人们易于将其归咎于经理们，但通常他们在管理上并没有自由，或者没有动力像经营自己的企业一样去经营。

那时已经 60 多岁的基思被提拔为副总裁。令我们感到非常悲伤的是，在收购霍巴特公司一年后他就去世了。我们也对乔安有较高期望，他是霍巴特巴西公司的一名工程师，受过经济学方面的训练。他腼腆而细心，我们相信他会成为一名卓越的工厂经理。另一名老员工马丁斯在霍巴特公司的 42 年里曾担任过工程经理、工厂经理和营销经理，但是俄亥俄州的老板认为他太老，不能再从事管理工作了，于是把他下放到一个无关紧要的位置上去做培训工作。我们又把他重新提拔了上来。

但是几个月后该工厂并没有发生多少改变，费尔南多开始失去耐心了。他向我请求说，霍巴特巴西公司需要激进的行动。很快他就像一只被拴在链子上的德国公牧羊犬，而 10 米外是一只发情的母牧羊犬。

“放松点，”我请求他，“再给他们一点时间。”

但他只是在我面前放了一堆手写的数据，他说这些都表明该工厂在走下坡路。他一再坚持说，虽然他是我们的行政总监和财务总监，但是他仍有时间使伊皮兰加扭转局势。

我和克洛维斯对这事讨论了很多次，最终我们同意了费尔南多的建议。我们担心他缺乏经验，但费尔南多的个性非常好胜，而我们认为这是一个成功企业所需要的，尤其是处于低谷的企业。

一个晴朗的下午，我们任命他去伊皮兰加，松开了他的链子，看着他一路跳跃着狂吠而去。

08 病中反省：麻烦来了

“要么努力工作，要么被解雇，人们正在被推着向前走。”

费尔南多认为，霍巴特工厂缺乏组织、抱负和控制，因此他一门心思地继续供应这些缺失的元素。他每天早上 7：30 到工厂，结果发现办公室里只有他一个人，直到 9 点钟人们才开始陆续进来，喝喝咖啡，读读报纸，然后才开始工作。下午 5：30 他们就都下班回家了，只有费尔南多工作到晚上 9 点、10 点，甚至 11 点钟。这让他感到不高兴，很快大家就都知道了这一点。

我并不像费尔南多那样卖力，但也跟他差不了多少。我和他常常安排在晚上 8 点钟见面，然后在午夜一起离开大楼。我们之间的差别在于，我并没有期望其他人都走得很晚。当下午 6 点钟我需要和某人谈话，却被告知他刚刚离开时，我或许会有一点恼火，但是当我发现费尔南多要求一个同事加班到晚上 8 点时，我感到很惊讶。

安东尼奥、克洛维斯和塞氏企业的其他许多人也加班工作，他们的家庭开始抱怨。安东尼奥从工厂到家需要一个小时，几乎每天晚上到家时都发现家人已经睡下了，而第二天早上他又在他们醒来之前就离开。回顾那段时间，竟然没有一个家庭破裂，真是一个奇迹。我猜这大概是因为我们都相信加班只是暂时的，只要我们完全消化了收购的工厂，只要塞氏企业达到了 100% 的年增长率，一切都将恢复正常。**几乎用了 10 年时间，我们才懂得，压力是从自己内心产生的，这是组织不成熟和目标幼稚的结果。**

费尔南多在他上任的最初几个月内，改变了霍巴特工厂的一切。一些销售代表和员工由于缺乏动力或者能力不足而被解雇，产品进行了全面革新，价格做了调整，扔掉了一些旧生产设备，购买了一些新设备。原来的霍巴特工厂在不断变化。但不久我就开始怀疑这样做是否正确。

在伊皮兰加工厂，在全新的、改造过的、规模巨大的塞氏企业上下，我们能够非常精确地跟踪业务的每个方面，从销售配额到无数台焊接机器中每一台的维护记录。我们几乎可以即时产生各种各样的报告，附有令人眩晕的图表。我们为自己的统计能力而自豪，但过了一段时间我们才意识到，所有那些数字对我们并没有多少好处。我们认为我们的组织更良好，更专业，更有纪律，更有效率。那么，我们颤栗着问自己，我们为什么还是经常延迟交付呢？

塞氏企业的大部分经理都像费尔南多一样，拥护传统的专制主义，比如严格的控制和超长的工作时间。但是我们中有一部分人开始怀疑这种方法的有效性。我尤其担心这种隐忧，它在我们的旧工厂和新工厂都太明显了。只是工人们似乎都漠不关心。

这段时期里我常常想起一则我以前听过的商业寓言。有三个砌砖工人被问到他们的工作。第一个工人说他砌砖是为了赚钱。第二个工人说他用一种特殊方法使石头呈现出特别的形状，进而展现他的技能。第三个砌砖工人则微笑着说：“我在建造大教堂。”

思考这个问题时，我意识到这些严厉的家伙占了上风。虽然最初我希望建成一家纪律严明的公司，由好胜的经理们用大量的统计数字来经营，但现在我开始有了第二种想法。要么努力工作，要么被解雇，这就是新的塞氏企业的道德标准。人们正在被推着向前走。但是如果拥有一支自我推动的员工队伍会不会更好呢？

当我在塞氏企业到处走动时，感觉

到我们的砌砖工人远远多于工艺师。当然我希望我的公司里都是“建造大教堂的人”，但事实是这里几乎没有那样的人。

在接下来的几个月里，强硬派和更富有同情心的灵魂之间的分裂在加剧。但我并不担心，我相信我们将会找到某条中间道路，塞氏企业最终将滑入正轨并开始加速。

接下来在年会上发生的一件事使我清醒过来。每年我们公司的 45 位高管都会带家眷飞到一个豪华旅游胜地，在那里度过 4 天，进行“充电”，并好好享受。那时已经是这次公费旅游的第三天和最后一天了。当经理们吃完午饭进入会议室时，看到展示活动挂图的讲台上有一幅卡通画。画上有一个肥胖的死神正在拿着一把镰刀从几十个小人身上吸血，这些小人都蜷缩在角落里。关于他的身份是毫无疑问的，费尔南多是那样盛气凌人吗？他是在用他的独裁方式抽干公司里一个个生命吗？

“迪克，过会儿我能见你一下吗？”瑞纳托问。他是我们的组织行为顾问，这次会议就是他组织的。

“看起来有麻烦，瑞纳托。”在暂时休会后我们走到大厅的隐秘处时，我说。

“你说对了，”瑞纳托吸着烟袋说，“但这也许是你让事情公开化的一个机会。”

“我不明白。前两天会议进展得很好，没有公开的不同意见，也没有敌意。”

“公开，那正是关键词。这里有两派人物，迪克，他们都很保守，在他们之间没有妥协的余地。”瑞纳托又吸了一口烟，“但让我们坦率地对待这件事吧。这些家伙正在暗地里干仗，强硬派跟温和派，右派分子跟左派分子。”瑞纳托停了一下，又吸了几口烟，这是吸烟袋的人想发表看法时的动作，“你必须开始处理这个冲突，**塞氏企业必须有它自己的文化，而且只能有一种文化**。而现在，是一片混乱。”

“那么我该怎么做呢？”

“你以前见过团体治疗会议吗？”

“和 45 个愤怒的经理吗？那绝对不行。”

“我认为你没有选择。”瑞纳托说，然后告诉了我他的想法。

接下来发生的事情只能用恐怖这个词来描述。我回到会议室，经理们都坐在那里，石头般沉默着。有几个人在非吸烟区抽烟，明显地怀有敌意。我走到房间前面，努力想记起荣格（Jung）和莱恩（Laing）心理学手册里的段落，甚至我还意识到如果赖希（Reich）在这里会更有帮助。毕竟，他是身体心理疗法的发明者，互相扔东西似乎很恰当。

"你们把椅子都往前搬一下好吗？"

"为什么？"两三个经理马上反驳道。

"请你们这么做，"我尽量想保持镇定，"请把你们的椅子搬到前面围成一个半圆形。"

我想让大家跟我距离近一点，让大家互相之间更靠近一些。不过我注意到他们都在小心地挪动着，把椅子搬到了邻座的跟前。

当重新安排好座位后，我告诉他们现在是时候讨论一下困扰我们的问题了。我用一些普通词汇谈了关于我们为什么需要一起和谐工作的话题。至少瑞纳托在点头。

"等一下，"费尔南多大声叫道，"这样的谈论是没有意义的。当然，我们都愿意好好相处，但首先必须尊重别人。"

"是啊，没有人会不同意这一点。"我尽量用一种"请躺在长榻上说出你的任何想法"的方式说。

"我的意思是说，必须有人为那个东西道歉，"他指着那幅卡通画要求说，"在任何谈话开始之前。"

周围一片沉默。

"费尔南多，你肯定明白这样做是不会起到什么作用的。"我请求说。

"把接受那幅卡通画作为谈话的基础，结果会更糟。"

"让我们忘掉那幅卡通画吧，费尔南多。这只不过是有人表达自己情感的一种方式而已。"

"哦，是吗？如果我决定在画这幅画的人嘴上掴一巴掌来表达我的情感会怎么样？"

瑞纳托停止了点头。

“你永远也不会那么做，是吧，费尔南多？”我改用我的幼儿园老师惯用的语气说道。

“那是他应得的教训。”

就在这时，我们的工程经理奥斯瓦尔多站了起来。所有人都知道是他画的这幅卡通画。他以画卡通画而出名，虽然这些画通常都是有趣的而不是尖锐的。但是他画了这幅画，因为他认为费尔南多太专制了，这个房间里的其他人显然都同意他的观点。

在他承认这是自己的艺术作品前，我示意他坐下，说这是谁画的并不重要。既然问题已经公开，该到处理问题的时候了。

4个小时过去了，所有该说的都说了，但这两派人之间仍然存在着深深的分歧，一派人认为法规、秩序和组织最重要，而另一派人则认为怀有参与感、受到激励的人能够克服任何障碍。这是关于世界观的问题。塞氏企业的这些专制派认为，如果他们不亲自去做或者督促下属去做，那就什么事都干不成。他们看待公司的工作很大程度上就像父母看待家庭作业。也许不是令人愉悦的，但却是必须做的。另一方面，那些强调感情的人相信总有一种更好的方法，包括放弃他们的权力。这是滑铁卢和伍德斯托克[①]的区别，我看不出我们的拿破仑们和蒂莫西·利瑞[②]们之间有任何可以妥协的余地。

当我们结束会议准备回家时，我知道我必须行动了。过去那种加布里埃尔－海德（Gabriele-Heyde）年代的“齐聚一堂”的感觉已一去不返，那时看来无比快乐而激动人心的漫长时日现在让人疲倦。塞氏企业出现了分裂，迷茫不前，已经到了瘫痪的边缘。小问题都难以解决，大问题就更不可能解决了。

我对经典的商业案例进行研究，发现根据不同作者的不同叫法，我们正在

① 伍德斯托克（Woodstock），美国小镇，摇滚乐的圣地，曾举办多次大型摇滚音乐节。——译者注

② 蒂莫西·利瑞（Timothy Leary），美国心理学家，被美国新闻界称为“离经叛道的狂人”。他主张毒品合法化，曾因家里藏有毒品而被捕入狱。——译者注

经历“官僚阶段”或者“青春期”。在这一时期，原来不断扩张的企业开始遭受成长的痛苦。费尔南多一直试图通过引进经得起时间检验的纪律和控制手段来消除这种隐患。他的目标是培养员工的组织观念，了解事态的发展情况，或者至少他以为他了解事态的发展。支持他的经理们并不在意我们的员工是在恐惧中还是在焦虑中工作，只要他们把工作完成就行。

结果我们当中持不同看法的人发现，我们遇到了一波又一波的人事问题和不满问题需要解决。我怎么才能阻止它呢？

虽然我的头脑在努力解决这种冲突，我的身体却让我确信到了该改变的时候了。

在一次对纽约鲍德温斯维尔（Baldwinsville）的一个水泵厂进行参观时，我忽然感到不舒服，然后就再一次昏倒在生产车间。我被送到镇上的一个医生那里，在他的诊所里待了几个小时。他是那种老式的家庭医生，喜欢和病人交谈。他非常担心我的身体，建议我停下来检查完身体再继续行程。他建议我到明尼苏达州罗切斯特市的梅奥诊所或者波士顿的 Lahey 诊所[①]去看看。我直接去了波士顿的 Lahey 诊所。

我提前打电话与那里的一个内科医生谈过，他将给我做一些检查。

“那么，现在你感觉怎么样？”当我们三天后见面时，这个灰白头发的医生问我。

“我患有慢性咽炎，抗生素已经不再起作用了，”我说，“由于这个原因，我在中午前吃不下固体食物，因此患上了慢性贫血。我偶尔也会头晕，这你知道。我还服用治疗心跳加速和偏头痛的药。我患有胃炎，由于心口灼热一天必须喝几次牛奶。哦，对了，当我紧张的时候，背上就出疹子。”

我看到他很快地把这些都记了下来。

“你做什么运动吗？比如慢跑、散步？”

“只有爬楼梯到我的办公室，然后我必须靠墙休息几分钟。”

当他记录的时候，我看到他隐约露出了一丝微笑。

---

① Lahey 诊所，美国著名临床医学中心。——译者注

“你一天工作多少个小时？”

“10 个或者 12 个。”

“有时还会更长吗？”

“嗯，是的。有时我早上 7：30 上班，午夜后才离开公司。”

“那要比 10 个小时或 12 个小时还多。”

“是的,但不是每天都这样。大部分时候我在晚上 9 点或 10 点左右离开公司。”

“周末你工作吗？”

“星期六工作两三个小时，星期天再工作几个小时。”我想起了以前驱车去海滩，当我把许多电报、备忘录和商业杂志塞进卡车时，朋友们对我露出的愤怒的表情。

“你都吃些什么？”

“由于喉咙疼，不能吃早餐，所以我早上只喝橙汁。然后中午在办公室吃一块三明治。晚饭嘛，得看冰箱里都有些什么，但到那时我已经非常累，根本没有多少胃口了。”

医生记录完之后，让我到旁边的一个房间里去，脱掉我的衣服，在一张检查桌上坐下。一股轻微的乙醚的味道穿门而入，我感到有点头晕。

“你脸色很苍白，里卡多。”当他把听诊器放到我胸口上时说。

当接触到这块冰冷的金属时，我感到自己好像慢慢地飞翔在一个小山村上方，我看到了所有那些小屋子，它们看上去就像是玩具房子。“深呼吸，深呼吸。”当医生慢慢把听诊器停下来时，我听到医生对我说。

在为医生的所有检查分别付款的三天时间里，我逐渐熟悉了医院的走廊。当医生向我的静脉注射做 X 射线的对比染料来检查内部器官时，我又一次昏了过去。我身上没有一个地方没有被检查过。

最后终于到了诊断的时间了。这个和蔼的医生面前放着一摞黄色信封，里面都是我的检查结果。从前我把我的痛苦告诉过医生们，但他们从来没有得出任何诊断结果，我相信现在终于可以了解我身体什么地方出毛病了。我很紧张，但同时也松了一口气。我确信他会让我在医院里待一段时间，一周或者两周，接受各种各样的注射和治疗。我已经为此准备好了，并计划随后就给父母和公司打电话，让大家知道我要离开一段时间。我计划买一些小说读读，放松一下。如果我多年来的第一次休假是穿着白罩衣度过，那就这样吧。我看到医生从文件夹里抽出了最后一张 X 光片，然后他望着我。

“你没什么毛病，里卡多。”

我不由得盯着他。我想，不会吧，他是不是把我的医疗记录和别人的弄混了？

“你确定吗？”我嘟囔着。

“非常确定，”他说，“你的检查结果没有任何问题。但你存在严重的压力症状。这是我在一个 25 岁的人身上所看到过的最严重的病症。”

“现在该怎么办呢？”

“你有两个选择。要么继续现在的生活，如果这样的话，你还会回到我们这里；要么你必须改变。”

“改变？怎么改变？”

“这个我不好说。我要说的是，你生活中的一切都必须改变。我推荐你服用阿司匹林，一次 2 片，一天 8 次。这 16 片药不会起到多大作用，只不过是定期提醒你，你有一个大问题需要解决。”

然后他就带我去收银台结账。

01 组织结构图

塞氏企业没有正式的组织结构图。只有被领导者的尊重才会造就领导者。如果非要画一张公司某一部门的结构图的话，我们总是用铅笔画，然后尽可能快地把它变成一张废纸。

02 雇用

在雇用或提升某人之前，他所在部门的其他人有机会对他进行面试并对他做出评价。

03 工作时间

塞氏企业实行弹性工作制，每个员工负责设定并遵循自己的时间表，大家不同的工作进度和绩效取决于每天的时间安排，塞氏企业尽其所能满足每个人的愿望和需求。

04 工作环境

我们希望我们所有员工都能自由改变其工作区环境，让自己觉得舒服。粉刷墙壁或机器，在你身边增添植物和装饰物，都由你决定。公司没有这方面的规定，也不想制定任何规定，根据你的口味和愿望，还有身边和你一起工作的人的看法，改变你的环境吧。

05 着装和外表

着装和外表在塞氏企业都不重要。一个人的外表不是解雇或者提升他的因素。每个人知道自己喜欢穿什么，需要穿什么。觉得舒服就好——按照你的常识来穿衣。

06 权力

塞氏企业的一些职位拥有高高在上的权力。但压迫下属，或使之因恐惧不安而工作，或行为中显示出任何不尊敬，都被看成是不可接受的滥用权力，塞氏企业不会容忍这种行为。

第二部分

民主企业

MAVERICK

THE SUCCESS STORY BEHIND THE WORLD'S MOST UNUSUAL WORKPLACE

几乎所有企业家都认为他们的员工参与了公司事务，员工是公司的宝贵资产。

几乎所有员工都认为公司给予他们的关注和尊重太少，他们不能真正畅所欲言。

怎样才能调和这两种不同的立场呢？

让人悲哀的事实是现代公司的员工几乎没有理由感到满意，更不用说自我实现了。公司没有时间或兴趣听取他们的意见，也缺少资源或者意愿培训他们。这些公司对员工提出一系列要求，然后用工资来补偿，而这点补偿常常被认为是不够的。而且，当公司开始衰退或者业绩暂时下滑时总是无情地解雇员工，提前让人们退休，而人们却感到如果有人要求的话他们本来可以做出更多的贡献。

把人当成生产工具的年代正在走向终结。实行参与式管理要比传统的公司单方面制定政策复杂得多，正如民主比独裁麻烦得多一样。但是很少有公司能够承担得起忽视民主的代价。

09 改变，从重组自己开始

> 无需计算一切，无需约束大家，无需记录人们是否迟到，也不要那些数字和那些规章制度。如果我们能抛弃所有这些表面文章，抛弃所有这些管理上的繁文缛节，会怎么样呢？如果我们以更简单、更自然的方式经营企业，会怎么样呢？一个自然的企业。

我服用 16 片阿司匹林仅仅一天，然后就开始做出改变。

在重组塞氏企业之前，我必须重组我自己。长时间的工作是我需要解决的首要问题。这是患有时间病的最大症状之一，这种病困扰着太多的经理们。于是我规定自己晚上 7 点之前必须离开办公室，不管有什么事情发生。之后，我会去看场电影，读读书（但不是商业书籍），做一些工作以外的事情。周末我也不会做任何工作。在每一次长时间出差时，我都要增加一周愉快的旅行时间。

接下来，我决心授权，鼓起勇气扔掉不需要的文件，这样它们就不会充斥着我的桌子或者思想了。我更多地遵从我的直觉，而不是专家的意见。

是的，我正视我的问题，这个问题并不简单地是对一个企业的管理，而是某种更为基础的东西：时间管理。许多经理都感到一天 24 小时根本不够用，总是不能处理完所有事情，总会有没完成的工作。在从 Lahey 诊所回来后的几个星期内，我一直在努力思考关于时间的问题。我意识到，如果想找到治疗时间病的方法，首先必须找到病因。

病因1：相信付出的努力和结果是直接成正比的。

“秩序与进步”，这是巴西国旗上的宣言。我想，“要么建立秩序，要么不断发展”更符合实际一些，因为通常它们不会同时发生。在工商业界，很多时候努力与结果被混为一谈。魅力四射的销售经理在与客户谈判并结束一笔交易后，如果利用这一天里剩余的时间庆祝一下就会被认为是懒惰而幸运的，而不是有才华的。

当被问及成功的原因时，企业家们喜欢说：“很勤奋地工作呀。”听起来没错，对吧？为何他们多年顾不上自己的家庭？估计这个回答也适用。但是如果优秀的企业家愿意诚实地回答这个问题，大部分人也许会列出下面这些因素，如：井井有条的时间安排、识别机会的能力、在恰当的场合认识朋友，以及运气。仅仅努力工作是不够的。认为只要早来晚走就可以使企业成功，就好像在说每一个邮递员都可能成为霍华德·休斯①一样。有一种流行的观点认为，汗水是必需的，每付出一滴汗水，经理的经营业绩就会更好一点。我必须让自己消除这种观点。这种观点是不健康的，甚至根本就不是真实的。

病因2：相信工作的数量比工作的质量更重要。

这是同一主题的另一种表达。20世纪早期，马克斯·韦伯（Max Weber）就意识到，新教中勤奋工作的道德观念已经渗透到工商业界。如今更是如此。经理们从他们的老板那里感到了压力，于是比他的同事工作得更卖力，以此来树立他们的形象，巩固他们的职业生涯。于是乎，因工作而患心脏病成为真正的光荣，而在办公室里倒下则更好。

那些管理自己时间的人常常遭到质疑。如果他去看电影，如果他没有携带公文包回家，如果他和家人共度周末，甚至有时候只是去学校接孩子吃午饭，那么他已经可以划归到非常懒惰的状态了。

用工作时间长短来判断自己贡献大小的经理们常常会这样抱怨：“我们都知道他们不提拔我有多么不公平。所有人都知道，我每天早上8点到这儿，晚上8

---

① 霍华德·休斯（Howard Hughes）美国著名的亿万富翁，他的产业涉及航空、饭店、好莱坞。他的一生颇具传奇色彩，奥斯卡获奖影片《飞行者》就是根据他的故事改编的。——译者注

点才离开。”或者：“我女儿要和我谈话都需要预约。”

病因 3：“目前办公室里的形势不太明朗。我必须工作得时间长一点，直到事情水落石出。”

很少有借口像“我们只不过是在经历……”这么有说服力。你可以填空：高层的变动、企业重组、裁员、扩张。几乎任何改变都可能成为时间管理不善的借口。如果允许以这样的事件来塑造一个人的工作，就好像一块软木树皮在海里上下浮动一样。

病因 4：害怕授权，害怕被替代。

害怕授权是相信没有人能像你一样有能力解决一个问题。这种思想（有时候可能是对的）通常来自这样的观念，即认为如果工作不是由有能力的人——当然是你——来做，那么就必然做不好。但实际上这常常掩盖了这样的恐惧：你害怕其他人完成你曾以为只有你才能完成的工作。

这反过来导致害怕被替代。这意味着推迟假期，或者虽然去度假但却把电话号码留下，这样别人就可以在上午、中午和晚上的任何时间找到你，而当你离开公司后发现没有人需要你时又会感到很失望。

目前，我可以说已经完全恢复过来了，甚至不再戴手表。在听完巴西最著名的钢琴家马达莱纳·塔利亚费罗（Madalena Tagliaferro）的一场音乐会后不久我就不戴表了。听她演奏西贝柳斯①的作品时，我意识到，她出生的时候正值巴西的君主专制时期，她也见证了汽车和飞机的发明，经历了两次世界大战，然而她依然在弹着钢琴。这深深地打动了我，时间应该以年和几十年来衡量，而不是分钟和小时。如果一个人不停地盯着分钟计时器，他就不可能体味生活的广阔与多彩。

但在一个好像每毫秒都能影响我们资产负债表的公司里，我怎么传播这个观念呢？我做不到。根本没有办法。费尔南多必须走人。虽然我钦佩他的积极进取、旺盛精力和奉献精神，但是他需要一个严厉的环境使他的魔术发挥作用，

① 西贝柳斯（1865—1957），芬兰最著名的作曲家、民族乐派的代表人物。——译者注

如果这是魔术的话。在去过 Lahey 诊所后，我非常确信它不是。

费尔南多一离开公司，我们就开始意识到他和埃内斯托制定的记账制度实际上对我们是有坏处的。首先，我们现在有一个会计部门，该部门充满了这样一些人，他们靠机械地报数字来拿工资。我们有如此多该死的数字，放在如此多该死的文件夹里，以至于几乎没有人去看它们一眼。但是没有人愿意承认这一点。所有人都只是装模作样地参加会议，假装对每一个细节都很熟悉。回顾起来，我们意识到，正是那段时期我们对塞氏企业的情况知之最少。这是经典的“一叶障目，不见森林”的问题。

于是我们简化了预算系统，把“成本中心”的数目从 400 个减少到 50 个，砍掉了上百个会计分类和几十条预算。同时我们减少了分发的文件数量和批准这些文件所需的签字次数。我们的新系统更简单了，数据少而精。

至于实际支出计划，我们最终制定了两个预算：一个五年计划和一个六个月报告。是的，我知道有人反对五年计划。但当我们向前看五年时，可以问问自己，我们是否想要进入某个市场，我们是否应该放弃一个产品，或者我们是否需要一个工厂等诸如此类的问题。因此，五年的前瞻性是必要的。

对比之下，我们从经营的角度制定六个月报告，因为我们发现，在传统的一年计划中人们总是用相信情况将会好转来弥补他们在上半年出现的问题。

MAVERICK
the success story behind the world's most unusual workplace

在这两个计划中我们都努力“以零为基点”去思考。预算应该一直建立在对公司进行反思的基础上；不过大多数时候，预算不过是在去年的数字上向前预测一下而已，就好像半夜两点又热了一遍的咖啡一样。

我一直坚持只看大数字的做法是公司里许多笑话的主题。财务人员说，他们只有把所有的小数字加起来才能得出大数字，因此只有大数字的预算实际上比细节都齐全的预算要求更多的工作。这是一个代价昂贵的谬论，但却很难消除。

关于预算还有最后一点要说。只有冷冰冰的数字的收据是不够的，即使这些数字及时而准确。除了把每月得出的这些数字与预算比较外，把它们与即将使用它们的人的预期相比较也很重要。在塞氏企业，我们引入了一个项目，要求每个经理在月底对他所在部门的收入、支出和利润做出有根据的猜测。几天后，下发正式报告。这种比较可以告诉大家，每个经理对他所辖领域实际了解多少。

简化预算流程并不能解决所有的问题，但确实有助于我们更清晰地看到问题。

我们仍然不能按时交货。授权表格从一个人传到另一个人手中仍要花好几天时间；人们不敢签自己的名字，害怕在下一个财务报告上会突出他们的名字。最糟的是，塞氏企业到处都是小王国：每个部门都不惜代价捍卫自己的地盘。销售人员认为营销人员生活在月球上；营销人员认为销售人员能够看穿他们；财务人员认为工厂经理想把仓库装得满满的；采购人员认为行政人员不了解当供应商必须等待 7 个签名才能拿到支票时会有多恼火；生产人员认为销售人员幻想他们生活在日本，一夜之间即可交付。

为了我们陷入困境的公司，我和同事尝试了各种应急措施，从意见箱到领导培训再到日本的质量圈。所谓质量圈，是指来自同一业务部门的人，从门房到经理都包括在内，通过坐在一起讨论来解决共同的问题。我试验了我能找到的所有已存在的观点，查询了以“如何……”开头和以“系统”或“方法”结尾的所有商业书籍。我阅读了艾尔弗雷德·斯隆（Alfred Sloan）的《我在通用汽车的岁月》（*My Years with General Motors*）和汤姆·彼得斯（Tom Peters）的《追求卓越》（*In Search of Excellence*）。我研读了商业畅销书作者的书，比如约翰·奈斯比特（John Naisbitt）、彼得·德鲁克（Peter Drucker）、阿尔文·托夫勒（Alvin Toffler）、罗伯特·汤森（Robert Townsend），以及其他学者的著作，这些学者包括大前研一（Kenichi Ohmae）、马文·明斯基（Marvin Minsky）、伊扎克·阿迪斯（Itzak Addizes）和亨利·明茨伯格（Henry Mintzberg）。我有满满两书柜的商业书籍，从地板到天花板都放满了。我也向其他公司的经理们寻求答案，在吃午饭时询问他们有关管理方式的问题。我收集了大量的观点和技巧，但在我们的办公室或工厂里，它们就是不能发挥作用。员工的工作积极性只能持续一段时间，然后就又回到原来的样子了。我开始怀疑，塞氏企业的问题比我所认识到的严重得多。

当我刚开始在塞氏企业工作时，我被我所发现的压迫现象震惊了。对于一个青少年时期花好多时间玩摇滚乐的人来说，塞氏企业的规章制度和程序让我感到冷酷无情。不过，我仍然努力去扮演一个传统经理的角色，并且我认为我已经做到了。我穿着得体的服装，想着合适的问题。当我设计出一个处理迟到的方案，规定如果员工迟到几分钟就要扣除其工资时，我感到非常自豪。我是个严厉的家伙。

现在，我的想法变了。**塞氏企业似乎组织良好，纪律严明，但我们仍然不能使员工像我们所希望的那样去行事，也不能让他们对自己的工作满意。**这里没有足够的建造教堂者，我想如果我把这种组织结构打破一点，或许我就会看到是什么在疏远我们的员工。我情不自禁地想到，塞氏企业可以用完全不同的方式来经营，无需计算一切，无需约束大家，无需记录人们是否迟到，也不要那些数字和规章制度。如果我们能抛弃所有这些表面文章，抛弃所有这些管理上的繁文缛节，会怎么样呢？如果我们以更简单、更自然的方式经营企业，会怎么样呢？一个自然的企业，那正是我想要的。

我对此思考得越多，就越坚信整个公司必须改革。我没有宏伟的计划，也没有神秘的神旨的指引，我只是觉得塞氏企业没有生气，缺乏热情，存在一种压抑的氛围，所以我必须改变这种状况。人们对他们的工作不满意，看上去就像在受工作的压迫。传统的对待工人的态度是：你不能信任他们。你要用制度来控制他们。然而在塞氏企业，这些制度使他们感到灰心，使他们变得消极。因此我对自己说，为什么不从消除公司压迫的一些最明显的标志着手做起呢？

我们的员工，哪怕是老员工，在走出工厂大门时必须进行安全检查，我一直都在怀疑这个做法是否恰当，这个问题困扰着我。在我来公司的头一年曾经就此事询问过一个高层经理。

“大家都这么做，”他屈尊俯就地劝我，“小偷这么常见，所以我们必须每天对所有人进行检查，不能有任何例外。”

他的话让我觉得我相信能够在信任的基础上经营企业的想法是多么幼稚，

于是我不再询问他有关考勤钟的意见，或者对于高大魁梧的看门人俯视员工以确保来上班的员工不会为别人打卡这件事的意见。

几乎任何规模的企业都有自己的联邦调查局，然而这些公司又告诉员工，他们都是一个幸福大家庭的一分子。当他们对要回家的员工搜身时，他们怎么解释这种伪善的观点呢？或者当某人迟到 10 分钟就要克扣假期时间，或者对一个在企业干了 20 年的员工的小现金账户进行审计，或者在储藏间挂一把锁防止“未授权的人”进入时，他们又做何解释呢？哪个家庭会在家庭成员吃完晚饭离开餐桌时检查他们的银餐具呢？

工人们都是成年人，但是一旦他们走进工厂大门，企业就把他们当作孩子来看待，强迫他们带着工作徽标，站成一排去吃午饭，去洗手间要征得工头的同意，生病时要把医生开的假条拿来……就这样盲目地遵守规定而不问任何问题。

于是我决定在塞氏企业结束这种检查。这并不难。我只是在大门口挂了一个牌子，上面写着：“当你离开公司时，请确保没有因为粗心而带走任何不属于你的东西。”

我知道有些经理将惊恐万分，但让我没有想到的是工会会抱怨。他们说有些工人担心如果工具不见了（这是不可避免会发生的），会受到责备。“我们的员工希望得到检查，”工会领导们请求说，“他们希望大家知道他们不是拿走工具的人。”实际上，自从霍巴特工厂里的两台便携式钻井机丢了之后，许多工人都要求恢复检查，最后我们不得不举行了一次全厂范围的集会来平息大家的情绪。

试想一下，工人们居然希望被检查来证明他们的清白。我们试图向他们解释他们正在抛弃得到信任的权利。难道只有发现了罪犯才能证明其他人的清白吗？不能因为个别的小偷而让大家放弃信任。

我当然不会幻想通过撤销检查就能够杜绝偷窃行为。我相信在任何员工队伍中都（平均）有 2% 或 3% 的员工会利用雇主的信任。但难道这就是让 97% 的员工每天都接受侮辱仪式的合理原因吗？是的，有小偷，也有贪污，但在那些拥有庞大审计和监督部门的企业中也是如此。这是经营企业的代价。我宁愿偶尔有一些小偷，也不愿让所有人都忍受一个基于不信任的制度。

我把工厂门口的大考勤钟取走，在工厂和办公室各个地方安装了一些小钟表。然后我们告诉所有人说，我们不希望看到代同事打卡这种行为，其余的就随它去吧。今天，时钟摆放在那里只是为了帮助我们的员工记录他们工作的时间。

偷窃和代人打卡的现象是增加了还是减少了？我不知道，也不关心。对我来说，**经营一个企业但却不信任与你共事的人，这毫无意义。**

似乎没有什么比着装规定更守旧了。要求办公室人员在外出时都要西装革履打领带或者穿套装，但谁记得这是为什么吗？之所以会这样，是因为……嗯，就是这样而已。

前台接待员是公司的名片，这种说法多么可笑！当客户、供应商或银行家看到一个穿着随便的接待员时，难道他会因此而取消一笔交易吗？哪个买主会因为销售人员不够时尚而不和一家公司做生意呢？

着装规定其实就是保持一致。人们希望感到安全，而像其他人一样着装是一种方法。如果 IBM 公司的所有人都穿蓝色西装和白衬衫，那么即使是一个实习生，当他这样着装时也会感到自己是公司的一部分。但反过来，这些人将**逐渐依赖其他强加于他的一致性，比如统一的语言，统一的行为，甚至统一的思维。最糟的情况是，公司变成了奥威尔笔下的社会，在那里，创造力和自由被纪律和共同期望所窒息。**很明显，极少有公司会到这种地步，但即使不那么正规的企业都有不成文的行为规则。这些规则越详尽，灵活性就越差，最终利润也就越少。

当然，有些人说他们喜欢西装和套装。比如，克洛维斯上班总是穿西装打领带。而当哈罗穿上一件从衣柜底翻出的西装去见一个重要客户时，总会引来一屋子的笑声。如果要我寻找着装规定的极端例子，我就会想起我们的老朋友埃内斯托，他曾想努力创造一种跨国公司的氛围，从家里拿来他的旧领带给会计部门的职员使用，因为他们谁都没有领带，但职员们常常扎错领带，衬衫下摆常常露在裤子外面，他们看上去就好像要参加一个化妆晚会。

为什么人们周末来工作时总是穿着休闲装呢？因为他们感到这样更舒服。那么为什么他们不应该每天都感到更舒服呢？因此我们告诉所有办公室员工和经理们，他们可以穿着他们喜欢的衣服来上班。过了一段时间后，大部分人都不再穿西装打领带了，而是换上了牛仔裤，在炎热的天气里甚至穿运动短裤。当然，在某些场合还是穿正式点的服装比较合适，比如开董事会或者向重要客户陈述时。但每个有责任感的成年人都知道如何在这些场合恰当地着装。实际上，我们的新政策也碰到过少数的复杂情况。一次我们的一个空调修理工人去圣保罗市的花旗银行大楼修理空调时被拒绝入内，因为他穿得过于随便了。仅仅是去修理一台空调啊！然后他回家换了衣服后再去工作，问题解决了。

我们希望，取消着装规定能有助于营造这样一个公司，在这个公司里办公室的门很少关上，某人走进来坐在同事身边旁听一个与他无关的会议很稀松平常。今天我特别推崇走动管理（Management By Wandering Around，MBWA）。它在惠普公司兴起，简单地说就是每周抽出一些时间到处走走，就像鲍伯·迪伦（Bob Dylan）所说，没有明确的目标。你可以看到新项目的进展情况，解决工厂或办公室里的一些问题，或只是在大厅里和你很长时间没有见面的一个人聊一聊。

MAVERICK THE SUCCESS STORY 塞氏企业辞典

走动管理：按塞氏企业的规划，大家可以融合在一起。我们典型的办公室是没有墙的，人和人之间只用植物隔开。有时我们有意地把各部门混合在一起。实际上，我们不喜欢任何分隔开我们员工的藩篱。

不过有时候只有把墙真正推倒了，你才可能推倒房子。因此一天我把大家一个个召集到三楼，询问他们如果撤掉他们的办公室，而是大家共享一个用植物和花卉做隔断的美丽的大工作室怎么样。我们组成了一个委员会，很快拆卸队就到了。我的目标是每个人都有一张办公桌放在他想要的地方，这使得任务有点复杂。但由于我们的员工齐心协力，最终我们在一个月内就干完了。

这次动工后，我自己的工作空间变得比原来小多了。我到现在还没有找到我过去用的那个沙发。

与西装和领带问题相比，工人的制服问题更难解决。我记得那次参加一个高层经理的会议，在会上几分钟内就批准了几项重大投资决策。然后我们开始讨论换掉工厂工人天蓝色工作服的问题。我们花了一个多小时讨论各种颜色的优点：哪种颜色看上去更素净，哪种颜色更富有朝气，哪种颜色不显脏，最后没有定论。我想，所有人都有机会表达关于制服的看法，只是除了那些穿制服的人。

克洛维斯像往常那样读懂了我的心思。“我们对工人做个调查，看看他们喜欢什么颜色怎么样？”他问。

“你疯了吗？”有人回应说，“他们会想要黄色、橙黄色、白色，这将变成一个噩梦。”

我们能够从工人那里得到什么答案呢？经理们争论着。当然工人们不可能理解颜色对工作积极性和生产率的影响。谁能指望他们实事求是呢？

我简直不敢相信我听到的这些话。我是说，我们只不过在讨论衣服颜色。为了贯彻我们的新思想，不管怎么说，是我和克洛维斯的新思想，我们让参会人员对调查一事投票表决。那些投反对票的人不情愿地同意了，他们认为毫无疑问工人们将会想要不实际的颜色，这样他们就有机会对老板说：“我不是跟你说过了吗？”

我们对 4 个工厂中三个工厂的工人做了调查，向他们提供了彩虹的所有颜色和一些通常与违禁药品有关的颜色，让他们选择。结果浅蓝色和一种叫石油蓝的蓝灰色票数相同。因此我不得不进行第二轮调查，而那些持怀疑态度的主管们则嘲笑说：“本来现在已经都可以采购和交付了。”结果证明，他们这些话是不该说出口的。

这一次石油蓝色以绝对多的票数大获全胜，甚至批评者都不情愿地承认这种颜色要比我们过去的天蓝色更实用，因为油滴在上面不明显。我们告诉自己，把时间花在调查问卷上和把调查结果做成表格的时间是值得的。

受到这件事的鼓励，我又解决了一个真正严肃的问题。在塞氏企业，最令人头疼的问题之一就是停车。在圣保罗市总部我们没有足够的空间来停放车辆。在与经理们多次讨论之后，我们以民主方式解决了这个问题：摒弃了原来为大人物保留停车位的做法，而是按照部门规模的大小分派。主管和经理们有 8 个停车位、行政部门有 10 个、文员和其他办公室员工有 10 个、机器操作人员有 15 个，等等。在每个部门内，所有停车位都遵循“先到先得”的原则。一些经理们被迫把车停在大门外，他们惊讶地看到工人们一直在执行他们的规定，已经把自己的车停在大门内，这时他们才意识到，尊重可不是从车门到工厂门之间的距离那么简单。

MAVERICK
the success story behind the world's most unusual workplace

民主需要做许多的工作。我一直这样告诉我自己和愿意听我讲的人。民主需要坚定地去实践，没有任何借口或者例外。并且它始于一些小事情，比如领带、考勤钟、停车位和石油蓝色的制服等。

在接下来的几个月里，塞氏企业换掉了装饰精美的名片，取而代之的是比较便宜、标准化的名片；要求经理们使用共同的秘书，取消了私人用餐室，允许同一级别的经理有各种各样的桌椅，他们的办公室也大小各异。这样，以后就再也不可能从一个人办公室家具的级别和触感，或者从地毯的豪华程度来判断他的地位了。

10 工厂委员会：员工自治的开始

“这些家伙经营着他们老板的工厂。”

在费尔南多加入塞氏企业没多久后发生的一件小事本来可以警告我，我和他之间注定会产生麻烦的。我曾经叫他陪我去圣保罗的金属工人工会总部去进行一次谈判。这次行程有点不同寻常，因为在巴西总是公司让工会的人去他们那里。

没错，工会办公室就在那儿。几十个粗壮的工人身穿工作服和蓝色牛仔裤，排在走廊的两侧。我们是怎么经过那些表情愤怒的工人的呢?

费尔南多没有减慢速度，我也没有。当我们离工人们越来越近时，他们的表情看上去更具有威胁性了，有些工人离开他们一直背靠着的墙站了起来。看来，我们想要轻松地进入工会办公室是不可能了。我和费尔南多不仅身高一米八多，而且还穿着灰色的法兰绒西装，打着素淡的条纹领带。

工人们开始低语：“就是他们。”其中一个人发出嘘声。

我们继续往前走，直到我们被工人们包围了。

“就是他们，他们是老板。”另一个人说。

威胁的表情充斥在周围，一场暴力似乎是不可避免了。正当我打算解释我们是谁以及我们来此的目的时，工会领导出现了。

“放松点，小伙子们，”他说，“这两个人不是从金牛公司来的。”

金牛公司是一个武器制造商，刚刚因为这些工人罢工而解雇了他们。工会成员正在等待公司管理层代表的到来，他们误认为我们就是代表。

费尔南多和我终于松了一口气，工人们似乎友善多了，有些人甚至笑了笑，我也带着极大的热情朝他们微笑着。但是费尔南多继续向前走，他的拳头仍然紧握着。

工会领导显然不习惯在这样的环境中做主人。他们说，我们前来拜访，他们感到非常荣幸。实际上，负责我们地区的工会主管沃尔特解释说，大部分公司都尽其所能来贬低和恐吓工会领导人，而首先做的就是当他们前去谈判时让他们一直等着。

“他们让我们感到自己微不足道，好像经理们都异常繁忙，几乎不能把我们的事情排进他们的时间表似的。”沃尔特说，“我们变得没有耐心且有点暴躁，当谈判开始时我们的注意力很难集中。”

“噢，”费尔南多回头看着我说，“迪克，我们也必须学会那么做。”

我在椅子上有点局促不安。当然费尔南多是半开玩笑的，但正是玩笑的另一半困扰着我。我一直都在思考怎样缓和我们对工会的强硬政策，显然费尔南多不站在我这边。

“那仅仅是开始而已，”沃尔特继续说，“他们让我们坐在窗户那边，这样光线就会照在我们脸上。但是他们坐在阴影处，我们很难看到他们的反应。”

“有时候我们坐的椅子有一条腿比其他腿短，因此我们感到不安全。”另一个工会成员说。

“我们的椅子比他们的椅子矮，这样我们就不得不仰头看他们。”沃尔特补充说。

我看了看费尔南多。他正在微笑着。

过去一切产品都是手工制造，因此价格昂贵。然后亨利·福特建立了装配线。工业界开始为新兴的中产阶级提供服务，增加了产量，降低了成本，为许多人提供商品。但是18世纪和19世纪的手艺人能够从事技能很高的工作而无需监督，而在福特的工厂里工人几乎没有什么技能，还需要工头来监督他们。这些工头只不过是工人中的一些人换了行头而已，他们也需要主管监督。而这些主管又需要部门领导来监督。部门领导需要副总裁来监督。因此大规模生产孵育出了庞大的官僚机构。

工业家们和他们的股东做得再好不过了。不管艾柯卡（Lee Iacocca）说什么，你在一座桥底下不会遇到一个叫杜邦的人，你也不需要为亨利·福特三世感到悲哀。不过，逐渐地，工人们都开始怀疑他们的结局会怎么样。工人们，尤其是美国和欧洲的工人们开始质疑，为何要在不健康的环境里在身体和精神上累垮自己。与手艺人不同，他们的决策权——他们对于工作环境的影响——被忽略了。甚至在一些大企业里，很少见到有超过半打的人决定公司战略和员工的命运。面对如此粗暴的权力集中，工人们感到自己非常渺小。

由于工作环境酷热，充满烟尘，再加上工作永远是那么单调，工人们感到疲惫不堪，同时因为感到自己无足轻重而非常沮丧，因此工人们组成了工会。很快工会提出要提高工资，最终施行了一系列规定，试图给他们的成员一些对生活的控制权。当更多的人参与这场战斗时，带来的结果是效率更低。

最近几年，一些公司开始寻求出路。它们大部分都是年轻的公司，受传统思维的限制较少。它们制定了新规则，与员工和平相处，提高了员工在公司事务和制定公司目标上的参与度。我希望塞氏企业能够加入它们的阵营。但是我知道，如果我们不首先改善与劳方的沟通，我们就不可能去除这么多年建立起来的敌意和不信任。在层级官僚体制下，信息总是会被过滤，这限制了信息的传播并扭曲了信息。**当我们雇用那些时间和行动专家来分析我们工人的日常工作时，我怀疑是该进行变革的时候了。**我们认为这些专家能帮助我们提高工人的生产率。后来，工人们告诉我们他们是如何很快就学会调慢分析师的表，使得他们的研究以失败告终。

我们需要的是一种新方法。虽然费尔南多表示怀疑，但是我仍然坚持前行，让我们4个业务部门的员工分别组成委员会，委员会成员来自每一个操作部门而不是管理层的代表。机械师、办公室职员、维修工人、仓库人员、工匠，每一个群体都有一个代表在这些委员会中，他们将定期与每个工厂的高层经理们会面。

在巴西只有一些企业有工厂委员会，他们的成员通常都是最难以管束、最不合作的工人。几乎所有这些团体都通过工会扼制管理层的咽喉，并最终以罢工结束。通用汽车公司的一个工厂委员会曾煽动工人进行了一次长达两周的罢工，他们用卡车封锁了大门，在办公大楼内把经理作为人质，焚烧了部分装配线上的汽车，并制作莫洛托夫鸡尾酒来游说警察。

我们祈祷我们的工厂委员会能以更礼貌的方式对待我们。但是不管怎么样，我们给了他们相当大的权力，告诉他们要维护工人的利益。委员会成员甚至有带薪假期，可以完全投入他们的新工作中，我们完全可以料到结果将是要求工作时间更短、报酬更高、改善工作条件，也许甚至要求食堂的伙食更好些。

我们不希望工会认为这些委员会将会取代他们，因此我们与工会领导人商讨他们的章程，并在每个委员会中给了他们一个席位。

我们没有料到的是——但本来应该料到——巴西企业界对我们的委员会的敌意。代表全国工业贵族的工业联合会尤其生气。商业杂志也攻击我们，有篇文章的标题是“这些家伙经营着他们老板的工厂”。

就所有这些顾虑而言，我们的工厂委员会几乎构不成什么威胁。起初，委员会几乎难以生存下来。比较老的工人不想参与，因为他们对于参与他们认为是“老板的角色”感到不舒服。他们已经在传统的体制下工作了 10 年、20 年，甚至 30 年，一直都被告知该做什么、怎么做，以及何时做，他们不想改变。有些年轻的员工也对委员会不感兴趣，或许他们怀疑我们的意图；或者由于他们害怕参与得越多，责任就越大；或许他们只是不想和我们的高层经理坐在同一张桌子旁。

“我一直都恨老板。”在我们圣阿马鲁工厂船用水泵部门工作的一个名叫马托斯的车床操作员说，“公司老板是我精神上的敌人。我不想坐下来和他们交谈。”

即使这样，马托斯还是加入了工厂委员会。苏亚雷斯也是如此，他是霍巴特工厂洗碟机分部的一位焊接工。起初，会议气氛非常紧张，苏亚雷斯和他的同事们一言不发。“大概三四分钟吧，没有人说话，没有人知道如何开始，”苏亚雷斯后来回忆说，“大家都很紧张。虽然会议持续了好几个小时，但有些人害怕得一句话都没有说。”

苏亚雷斯被选举为他所在委员会的领导，刚开始他对此几乎没有热情。不过最终他和其他人都发现，这些委员会是他们工作生活中最有意义的经历之一。“我看到高层管理者和我坐在同一张桌子旁，倾听我们所说的话，并愿意为此做些事情。”苏亚雷斯说，“我看到**这是一个员工可以和公司一起成长的地方。**”

想一下奥塞亚斯的变化吧，他是船用水泵部门的另一名车床操作员。“我曾经是一个非常激进的人，”他说，“但是自从加入委员会后，我懂得了**通过对话，你能够实现你的目标。**”

当塞氏企业于 1989 年获得一项劳工关系的全国大奖时，我认为既然工厂委员会对我们取得这项荣誉功不可没，那么就应该由一名委员会成员来接受该奖项，哪怕冒着违背政府礼仪的危险。因此奥塞亚斯，从前的那个激进分子，和总统站在了同一讲台上。

但那是后话了。刚开始，当委员会成员们发现他们有发言权时，他们就集中于三个问题：**钱、钱，还是钱**。不过大多数人对此都很通情达理。他们要求我们对其他公司进行调查，看看其工人工资水平如何，如果塞氏企业的工资水平比行业平均水平低，委员会就给我们时间让我们逐步增加工资。

另一个担心是工作安全保障。委员会成员们认为，如果他们可能因为他们所说的话而被解雇，那么他们就不能够与老板坐在一起自由地交谈。这听起来似乎合乎情理，因此我们保证，他们在委员会任职的一年内不能开除他们。

于是事情开始运转。很快我们就被许许多多的意见和要求包围了。一个委员会列出了 23 项意见，包括上下班交通问题和一流的医疗保险问题等。他们最终得到了后者，但没有得到前者。委员会也对老板们的工资很好奇。“他们都有车，”苏亚雷斯说，“他们都参加俱乐部，过着非常体面的生活。”

我们一年一度的会议也受到了他们的审查，尤其是有一次一场工厂委员会的会议与我们的疗养相冲突，因此我不得不取消这次会议时。“很高兴你提出这个问题，”一个工人代表说，“只是这次疗养要花多少钱呢？”

我们告诉了他实话，这些会议的花费从来不会低于五位数。

“真他妈的浪费。”这个工人嘟囔着。他想知道为什么我们必须在那样昂贵的酒店里开会，为什么我们的配偶要参加，我们在那里做些什么。现在我们开会都找便宜的地方，参加的经理少了，玩得也比从前少了很多。

MAVERICK THE SUCCESS STORY 塞氏企业辞典

工厂委员会： 在塞氏企业，除管理人员外，每个业务部门的工人团体——机械师、办公室人员、维修工、仓库保管员、制图员，以及其他类型的员工——选举代表为工厂委员会工作。（工会也派代表参与。）这些委员会定期与各部门的高层管理人员开会讨论所有工作方面的重要议题或方针政策。这些委员会被授权可以宣布罢工、查账，对管理方面的所有问题提出质询。

经过多年跌跌撞撞的成长，经过痛苦的费用削减，经过不可预期的重组，经过收购和行动，虽然这些委员会对于许多人来说似乎很吓人，但他们承担了大量的管理责任，对塞氏企业的成功发挥了重要作用。

刚开始他们的做法很保守，设立了子委员会对更衣室和洗手间进行现代化装修，自己购买材料，然后把账单送给我们。有些委员会选举出工厂的“市长”来照料公用空间，比如维护花园和接待区域，维修照明设备，甚至变换家具。工厂委员会还组织小组粉刷办公室和机器，实施了“种一棵树”的方案，这使得我们的机器车间得到了绿化。在圣阿马鲁，委员会请巴西杰出的艺术家托米·奥赫塔克（Tomie Ohtake）为工厂内部做了新设计，当企业批准了这笔用于粉刷的额外费用时，工人们逐步实现了她那生动的带几何图案的设计风格。

最终委员会扩展了他们关心的范围，开始涉足我们的业务，即对企业的经营。他们帮我们鉴别哪些是多余的经理，把怀疑的目光投向那些拥有诸如战略规划经理、数据处理经理，甚至营销经理头衔的人身上。他们不断地对经理们认为是合理的费用提出质疑，从美化我们工厂的园丁的工资（他一周内赚的钱比门房一月内赚的还多）到我们工厂大楼的租金。他们接管了工厂食堂，制定了生产目标，并建议在产品上进行重大改变。

我记得我们和圣阿马鲁委员会一起讨论销售和开单问题的一次"午餐聊天"。那天上午，他们派了一个代表到销售部门和采购部门去了解情况，而他们并没有告诉我这件事。当我们会面时，他们知道的最新情况比我还要多。

当工厂面临困难时，工厂委员会就会采取行动，降低工资或增加工作时间，从而节省资金并保护工作。当裁员变得不可避免时，委员会就参与到这一敏感而不幸的任务中，帮助决定裁掉哪些人。我们一起努力做到公正，考虑诸多因素，比如工人在公司的历史、忠诚度、找到一份新工作的能力，以及家庭责任。例如，一个家里有 7 个小孩的人，或者其配偶住院的人，就比那些刚刚走出校门没有负担的人有优势。我们设立了一个独立的程序，要解雇那些在公司待了三年以上或者年龄超过 50 岁的员工必须得到许多人的批准。

但有时候委员会成员抱怨说，在努力追求公平的同时，我们拖延了流程，讨论得太多，苦苦思索的时间太长，反而增加了痛苦。也许这就是公司民主不可避免的一个代价吧。

11 一个变化带来另一个变化

“办公室员工观察着所有这些活动，他们越来越嫉妒了。为什么他们就不能在墙壁上有更多的发言权呢？一点儿道理也没有。”

费尔南多，作为我们的最后一批阿提拉[①]之一，是第一个被新的塞氏企业驱逐出去的重要经理。他非常聪明能干，但是明显过于专制。在他离开霍巴特工厂后，我们认为我们不能冒险再雇一个新人来经营这个工厂，因为它已经经历了太多的文化冲击。我急切地想证明，“感情式”管理风格与绩效改进之间并不是相互排斥的。这是一个证明的好机会。

我重新装修了费尔南多的办公室，把原来阴郁的油画取下来，换上了具有现代感的招贴画，画上有一个好像爬到了一面墙上似的霓虹灯梯子。周一一大早我就搬了进来，但我这个新总经理并没有在那里待多长时间，我马上就开始四处走动。

我的第一站是销售办公室。我想和我们的营销经理玛拉交谈。她是一位身材苗条、美丽可爱的女性，过去她一直和费尔南多争吵，她以经常对工厂管理层提反对意见而知名。

她从桌子后面抬起头，看上去很惊讶。“我正想过去见您呢。”她说。

① 阿提拉 (Attila)，横扫欧亚大陆的匈奴人领袖，史称“上帝之鞭”，曾多次率大军入侵罗马帝国。——译者注

“让我们就在这里谈吧。”我说着便坐下了。

她焦虑地四处张望，好像在后悔没有在我来之前整理一下办公室。

“让我们开始谈谈在塞氏企业什么事最困扰你。”

“噢，许多事情。”她说着在椅子上动了一下。

“告诉我三四件最重要的事。”

“好吧，首先，我没有自主权来印制小册子，组织展览会和发送邮件。做任何事情我都需要得到费尔南多的批准，而这很费时间。”

“玛拉，从今以后我们每周一上午 9 点钟将举行一次例会，所有领导岗位的人都参加。在会上提出你的建议，而后说服参会的人同意。如果我们意见不统一，就投票来决定。”我停顿了一下，以让这个想法更清晰。“那么你还有什么其他问题吗？”

“噢，许多问题呢。有时候我需要告诉销售代表什么样的单据能报销，但是我自己不能做主决定。”

“这与第一个问题属于同一类，是吧？”

“也许是吧。周例会，对吗？”

“对。”

“人员方面怎么样？我需要一个助手，但我没有。”玛拉抬起眉毛，好像希望我马上就给她委派一个助手似的。

“周例会，”我大声说，“会上人们将把这个预算放进去。还有别的问题吗？”

“我猜所有我能想到的问题都将在周例会上决定，对吗？”

“你猜对了。你必须培养你自己的游说能力，玛拉。既然我只能有一票，那么我将亲自进行许多游说活动。”当我起身离开时朝她咧嘴笑了一下，“会上见。”

整个上午的剩余时间里，我都在与食品服务设备厂的其他重要经理进行相同的谈话，然后我回到了我的办公室，宣布这个办公室将成为工厂的会议室，可以供任何人使用。很快我发现，当我到我桌子旁时，有人正坐在我的椅子上使用电话或者在开会，这种事情变得很常见。我只是坐在来访者的旁边等待，直到他们用完了办公室。

那天我们召开了第一次周例会，很快周例会就改变了工厂的文化。为了提高工资、要一个新助手或者自由做决策而和老板开展游击战的现象不见了，取而代之的是，经理们现在为了开好例会充分准备他们的论据。起初这些会议时间很长，但过了一段时间后，由于每个人都开始自己做出更多决策，会议时间缩短了。人们仅仅在会上提出他们不是很确定的问题。即使如此，人们还是经常会把问题返给那个提出问题的人来解决。比如，人们告诉玛拉，她应该按照她想要的颜色出版小册子，按照她希望的格式排版，只要在她的预算范围内，她雇用多少人来帮忙都可以。

“但是如果我发送了一个邮件，而销售代表们都不喜欢它怎么办？”她问。

“在你出版小册子之前是否要征求一下他们的意见，这完全由你来决定。”我告诉她，“如果你对此很自信，那就继续这么做。如果他们不喜欢小册子，那么对你作为营销经理的评价就会打折扣，下次你肯定会咨询他们的。我们不反对犯错误。如果你不犯一些错误，就不可能冒足够的风险。”

“但是如果他们不喜欢我的工作怎么办？”玛拉坚持问。

> **MAVERICK** the success story behind the world's most unusual workplace
>
> 人们所谓的参与管理通常仅仅是咨询管理而已。这不是什么新鲜事儿。几个世纪以来，经理们一直在咨询他们的员工。毕竟，征询一下他人的意见需要不少的改变。倾听意见，这是一个开端。但是只有老板们放弃决策权，让他们的员工实行自治，一个由工人和经理联合管理的企业才可能存在。那才是真正的参与管理，而不是口惠而实不至。

“两者选其一。如果销售业绩上升了，他们将学会信任你的判断能力。”我停下来强调，“如果销售业绩下降了，他们将不会信任你。”

“然后呢？”玛拉问。

“嗯，这群人会把预算整理一下，如果他们认为你是一个很好的投资对象，他们将会把你包括在内的。”

回顾这段时期，我想不起来我做出过任何一项决策。这也很好，因为当我做得最少时，反而处于最佳状态。

当我听到经理们夸耀他们的参与管理时，我总是微笑。“我想让所有人都参与进来，”他们说，“因此我把大家都叫进来，听听他们的想法，然后才做决策。”

每隔几个星期，霍巴特工厂的经理们就会利用午餐时间和工人们谈话，大约有200多个工人聚集在食堂里，他们谈论着他们想到的任何东西。没有什么话题是忌讳的，薪水、利润、新产品、雇用和解雇政策都一样。通过这些集会，我们开始让工人们相信，食品服务设备厂的所有人都应该自己做出更多决策，更多地参与公司事务。每个人都可以变成一个教堂建造者。

锅里的水很快就开始沸腾，不久，古老的霍巴特工厂几乎变得让人难以辨认了。当然，这种变化不仅仅是物质上的，还有组织上的和精神上的（如果我可以这么说的话）。过去几年甚至几十年来，工人们都在向工厂汇报，但他们像舞台提词员那样关闭了自己的思想阀门，而现在他们变成了羽翼丰满的产业公民，不仅对自己的工作，而且对产品和公司事务做出决策。但起初锅里的气泡是非常小的。

改变似乎是从这样一件事开始的，一群妇女决定对男人们的更衣室做点什么，而这些更衣室向来脏乱得可怕。妇女们认为，如果能够把男人训练得能更好地照料他们的地方，那么他们就可能在工厂的其他地方少犯点错误，不那么粗心大意了。一个星期五晚上，在所有男人都离开之后，妇女们偷偷溜进了更衣室，结果发现这里比她们想象的还要糟糕。毛巾、内衣和卫生纸到处都是，脏衣服都溢出了垃圾箱。于是这些入侵者用钢笔写了下面这些便条贴在乱扔的东西上：

“在这里我感到不适应。”

“我想回到自己的更衣室。”

“我什么时候去洗澡呢？”

感觉有点粗野，对吧？但是当星期一男人们到达工厂之后，很快就看到了这些信息。从那以后整个工厂比原来干净多了，不久还安装了新的淋浴器和储物柜。接着一些男人对一个废弃的生产区域进行了重新设计，把它变成了一个游戏室，午餐时间和下班后可以使用它。所有这些建设工作都是他们亲自做的，当游戏室开张时他们还邀请经理们去参加庆祝会。

不久，各种热带植物就开始在工厂生产区的机器之间生根发芽，就像早些时候在我们的办公室里出现灌木丛一样。然后装配线的一些工人决定对工厂进行粉刷。每个工人为离他最近的柱子选了一种颜色，而在每五六个工人后面的墙壁上则粉刷大家共同选择的阴影。有个资深经理查询了一本颜色心理学方面的书，警告我们说，工人们喜欢的一些阴影会使工厂显得昏暗，增加沮丧的气氛，甚至可能导致危险。他建议缩小选择的范围。然而最好还是由工人自己来选择。这使我想起了在工作服一事上的小题大做。我告诉他说，我们的哲学是把决策权交给那些将在这种决策结果下生活的人来制定。当一组工人选择了暗绿色时，我们当地的一个颜色专家都有点发抖了。还有一组想要棕色。我们从不过问。工厂关闭了一个下午，工人们拿起刷子和滚筒，把我们的工厂粉刷成了充满各种色彩的地方，包括在工业界不太可能出现的粉红色和洋红色。这些色彩也许看上去有点混乱，但却是我们想让我们的工人控制他们自己命运的标志。

办公室员工观察着所有这些活动，他们越来越嫉妒了。为什么他们就不能在墙壁上有更多的发言权呢？一点儿道理也没有。于是在一个周五他们都穿着牛仔裤和工作服来到办公室，到午饭时间，地板上已经放了许多罐油漆。他们还带来了音响，经理们和员工们一边听歌，一边用两倍于专家建议用量的油漆涂抹墙壁。没有一个进办公室的人能判断出粉刷工作是由业余人员完成的——没有一个靠墙休息的人能逃过一场训斥。

由于没有小吃店，这个工厂的伙食可能比任何机构都要糟糕。于是员工们成立了一个伙食委员会，他们选择供应商，监督质量，并制定价格。平托是会计部门的一个职员，在我们工厂已经工作了 25 年，他被推举为该委员会的领导。平托的执着是人所共知的。他会抓住那些不能按时供货的家伙不放，就像凶猛的杜宾犬对付半夜到来的不速之客一样。即使这样，有些工人还是认为在伙食方面他需要有一点动力。一天当他走进食堂时，从在长长的餐桌上吃饭的人那里听到了对伙食不满的言论。这些言论与一种类似布丁的甜点有关。当平托开始吃饭时，他寻思着到底发生了什么事。这时一个工人在桌子旁站了起来，若无其事地把他的布丁倒在了平托的托盘里，然后没有说一句话就走了。几秒钟后，另一个工人做了同样的事。然后又一个工人这么做。10 分钟后，平托的托盘里已经堆满了布丁。

第二天，平托开始给鱼排称重，以确保这些鱼排达到合同中规定的 125 克的标准。他也变成了厨房里的一员。不久就再也听不到对伙食质量的抱怨了。

不过，食堂的问题并没有因此而结束。塞氏企业的政策是为员工补贴 70% 的伙食成本，但在向克洛维斯和其他一些人咨询后，一些工人发起了“伙食计划”，在该计划下，员工按照在收入基础上的浮动折算制来为伙食付费。经理和工程师要付 95% 的伙食成本，而清洁工只需付 5%。

一些主管感觉受到了不公平待遇，因此从家里带午饭吃以示抗议。其他员工不理会他们，他们希望主管们明白支付 95% 比 100% 要便宜。结果，4 周后就变成了支付 100%。今天那些主管们都拥护“伙食计划”。他们意识到了这对于那些收入低的同事意味着什么。

我们都知道，微小的变化最终会导致大的改变。从灌木丛、粉刷、脏乱的更衣室，以及午餐补贴这些事情出发，工人们逐渐把注意力集中于他们的工作和工厂上。工厂委员会成立了专门小组研究工厂的产品和工人如何制造产品，寻找节省时间和改进绩效的方法。这些小组不是塞氏企业创造出来的，而是随着民主之风吹遍食品服务设备厂而自发形成的，他们常常在午饭时间或者下班后碰面。

有一个小组对洗碟机装配线进行了重组，从原来的顺序生产过程转变为成批生产，即由几组工人同时生产两三个洗碟机，他们每个人都完成许多不同的工作，在成批生产的间隙时间里制作他们不久将需要的组件。他们也发明了一种制度，所有洗碟机的组件都放在工厂中央敞开的搁物架上。每个搁物架上都贴着金属标签，标签一端是绿色，另一端是红色，当工人们看到应该重新下订单时，他们就会移动标签，从而保证有一个稳定的供应。这是一个对传统的装配线很大的改进，因为原来工人们对于生产过程没有任何决策权，他们只是做交代给他们的任务，如果螺栓没有了，他们就停止工作。而在我们的体制下，工人们完全参与到了他们所从事的工作中，如果任何组件供应不足，他们就会提前提出来。这样生产就不会被中断，除非供应商方面出现了问题。

另一个小组的员工把碎肉机的外壳从原来的钢质材料变成了玻璃纤维制品，这使得它更容易清洗，外观更富有现代气息，同时成本也更低了。还有一个小组想出了一种焊接天平底座的新方法，使得天平的成本节省了 27 美元。

有个小组仔细研究了用来区分冷冻食品和其他肉类的铲子，那时霍巴特工厂已经按照一种古老的设计方法生产这种铲子很多年了，近些年它们在市场上不太受欢迎，每个月只能卖出去几十把。工人们意识到，如果把铲子从生钢变成不锈钢，就会使它更有吸引力，也更卫生。但是不锈钢会把人的手印印在上面，没有人认为客户希望每隔几小时就擦拭一次他们的铲子。最后他们设计了一个表面粗糙的铲子，但该小组的一个产业工程师计算得出生产它将要多用 6 个生产步骤和 5 个工时，而这将使铲子的成本过于昂贵。

这个障碍让小组成员感到很恼火，他们只能先去吃午饭。但有个工人想出了一个主意，他没有去吃饭，而是仅仅用了 4 步就为铲子做出了一个粗糙的外观。他的同事们吃饭回来后了解到这种新方法在装配线上只需多用不到一个钟头时，都感到很惊奇。就这样，一种新铲子诞生了，其销售量马上提高到了每个月几百把。

这些小组的优势是他们的多样化。小组成员包括工厂工人、工程师、办公室职员、销售代表，以及经理。他们没有一个正式的领导，任何表现出杰出领导才能的人均可担任领导，召集会议并协调讨论。在许多小组里，都是生产工人领导着专业人士。这里没有论资排辈的体制，也没有保证权力的组织章程的束缚，小组成员是通过一种同事之间互相尊重的自然体制汇聚在一起的。

这种体制和日本人组织生产的运作方式有些类似，但它们之间也存在着重要差异。在我们的小组中，年轻成员并不会自动地服从年长者。而且，一旦一个小组决定了一件事，那么就不会再进行更改。**做出一项改变并不需要得到批准，而且对于所有新思路，我们并没有特别的奖励。这是一个自发的过程，只有人**

们希望参与时他们才会这么做。

不久，霍巴特工厂的每个部门都在生产区内挂了一块大记录牌，根据工人们自己设定的月度目标来记录他们目前的生产情况。记录牌不是经理挂上去的，而是工人。他们甚至在食堂里挂了一块记录牌来说明整个工厂各个产品的日产量。

起初，设定目标和监督生产的做法让一些工人感到不舒服，他们过去常常争论说，如果管理层的定额没有实现，那是因为经理计划不准确的原因。现在既然工人正在帮助工厂经营，他们就不会再盲目地埋怨工厂的经营状况了。

生产铲子的小组又一次起了带头作用。小组成员决定每个月生产 210 把铲子，不是 200 把，也不是 220 把。他们计算了所需要的时间、工作量和材料，得出结论认为 210 把铲子是最合适的数目。

在第一个月里我们密切观察着，好奇地想看看他们是如何做的。他们干劲十足地开始了，平均一天生产 8 把铲子，正好可以达到目标。但是有一次一个供应商对切盘的供货晚了，而厂里也没有库存。小组中两个成员拜访了这个供应商（没有通知采购部的同事），和这个供应商工厂的一些工人（没有通知他们的销售人员）讨论了这个问题。在月末的前两天，切盘到了。然而在那时，他们的发动机消耗完了，需要从 400 多公里外的一个工厂运过来。本来工厂许诺可以当日交货，但他们常常违背协议。小组成员们纠缠着这个供应商，最终他们的抱怨被一个富有同情心的经理听到了。在那个月的最后一天，发动机运到了。

只剩下几个小时了，甚至连安装所有发动机的时间都不够了。但是铲子小组集体做出了一个决定：那天结束时所有成员都打卡下班，然后又返回到装配区，在他们的非工作时间里一直工作到第二天凌晨 4：50，小组完成了 210 个铲子。一个也不多，一个也不少。

12 常识是最好的选择

> “规章制度使公司在冰川内冻僵，而创新则能让它在冰川上乘雪橇滑翔。”

对于会议室和更衣室等所有问题引起的争论，我们到那时为止做出的大部分变化都是象征性的。但是到了 1985 年年末，在塞氏企业的中层经理中开始弥漫着危机四伏的焦虑情绪。费尔南多走了，但是他那种强硬的管理风格仍然存在。

“你剥夺了我的权力。”当主管们在大堂碰见我时总会这样抱怨，“我甚至不能判断我的员工上班是否准时。”或者说：“既然我不再拥有控制权了，你怎么能指望我实现这个月的销售目标呢？”

他们告诉我，他们感到很困惑，希望我解释塞氏企业的政策。我一直在想，这正是问题的症结所在。在塞氏企业有太多的政策，而思想力、判断力和常识却不够。但是我理解为什么我们的经理们感到恐慌。

如果说有一群人对我们的新计划非常关键的话，那么就是这些中层主管们。我总是不厌其烦地告诉他们，正是他们，而不是我或者高层经理们，在我们把塞氏企业转变成一个更民主和更自由的公司的过程中可能成为最大的倡导者——或者最大的阻碍者。

典型的现代公司结构就像金字塔，最高领导者在顶层，沿着层级逐渐向下是为数较多的经理们。有些金字塔比较陡峭，就像一瓶波尔多葡萄酒；而有些公司结构则比较扁平，像是一瓶重心低的葡萄牙玫瑰酒，它们的效率更高。不管是在哪种组织结构下，都有一批主管、部门领导和中层其他专业人员，他们已经不再是工人，但还不是企业主或者股东。这些中层经理要比高层领导更渴望权力（对公司的钱更抠门），这一点并不奇怪。

我们意识到，如果我们想要让最初设想的伟大试验获得成功，就需要安抚我们的中层经理。就像古罗马竞技场上的观众一样，只有他们拇指朝上，才能确保我们致力于提高塞氏企业员工参与度的努力开花结果。如果他们拇指朝下，那么狮子就会将我们吞食。

我们的中层经理都曾在学校接受过教育，被灌输了传统的组织纪律以及结构和监督的重要性。他们在竞争的环境中长大，逐渐学会了积累权力的标志，比如把车停在离门较近的地方，或者带着有压花的名片。他们喜欢说："看见四楼那辆石墨粉刷的车了吗？那是我的公司用车。"但是民主绝不能向这些不必要的昂贵符号妥协。

好像失去利益和权力还不够糟糕，我们的主管们对塞氏企业的扩张也感到困惑。我们进行的兼并意味着有几十个新经理和几百名新工人必须融入我们的组织，而这些人做事的方式既不同于我们旧的方式，也不同于我们新的方式。

我决定召开一次大会让我们的中层经理提出他们担心的问题。周五下午 4 点钟会议开始，大约 40 名经理参加了会议。我们首先让他们说出他们想谈论的问题，很快就列出了 40 项。许多问题都与他们想收回的权力有关，例如：可以因为工人迟到和缺勤而惩罚他们，或者控制下属的加薪和奖金。

"你必须决定你更想要什么。"食品服务设备厂的一个生产经理说，"如果你想提高销售额，那么你就必须让我们控制我们的员工。现在他们开始认为不必服从我们，因为他们可以来去自由，并且知道我们不会因此而解雇他们。"

"仅仅因为某人迟到就解雇他的权力真的能决定你每个月的发票吗？"克洛维斯问道。

"当然能。"生产经理反击道，"克洛维斯，你的问题就在于你不必整天与那些家伙生活在一起。如果你给他们一根手指头，他们就不仅会要你的胳膊，还会要你整个身体。”

会议室里的经理们都在点着头。我想，这正是上司们的问题所在。这么多上司都喜欢挑剔和批评，而不愿意付出更多的努力。对大部分上司来说，做上司才是最重要的。他们把权力与专制混为一谈，他们不信任他们的下属。

“你们这些人达不到自己制定的预算，现在就拿这个作为借口。”保罗说，他是一个高高瘦瘦的年轻人，和克洛维斯一起进入塞氏企业并在人力资源部共事。他不像克洛维斯那样讲话温和，而是想到什么就说什么。

“瞎扯！”一个强硬的生产计划经理喊道，“所有这些带感情色彩的东西都是瞎扯。”

“是的，”一个销售经理大声说，“这都是人力资源部的鬼主意，他们在浪费我们辛辛苦苦赚来的钱。”

咬牙切齿和私下的抱怨一直在继续。这些经理们想知道游戏规则是什么。我们一直说:“好的，让我们商量一下吧。让我们达成一些协议。”但是我能看出，这样说只能使他们更加焦虑不安。

虽然我们已经废除了着装规定，但是几乎会议室里的所有人都穿着西装打着领带（在场的没有女性）。他们是一帮保守的人，甚至在发牢骚时，他们都遵守严格的等级制度。第一个发言的人职位最高，然后是级别稍低的人，而且总是会支持他们的上级。

我承认我本人要对这种“随波逐流”的症状负很大责任。大家都知道塞氏企业对经理要求严格，而且会很快解雇那些达不到目标的人。我自己就曾在一个下午解雇了整个高层管理团队——没有人会忘记这件事。因此他们现在感到生气、困惑和担心，谁又能责怪他们呢?

我相信在中层经理中有 20% 的人实际上支持我让我们的工厂和办公室变得更加民主。我怀疑有另外 20% 的人从内心嘲笑这件事，认为我是一个天生的反叛者。剩下的那部分人就是决定我能否成功的关键。

我们决定在接下来的那个星期针对中层经理再举行一次会议，然后下下周再开一次。于是这件事就成为每周的例行公事。会议安排非常简单，我们只讨论公司政策和哲学，而对于操作层面的问题则不过问。那些强硬派认为这些会议都是无用功，很快就将之称为“空中飞舞的蜜蜂”。但是我喜欢这个称呼，从此以后就正式使用这个词了。

随着会议一个接一个地召开，很明显我们有两个选择。我们可以写一个全新的手册，把我们的新政策融合进去，把新观念附在后面。或者我们也可以抛弃旧手册，而不是代替它。这样我们就可以强迫人们基于常识自己做决策。

猜猜我们是怎么做的?

我们错了。

我们试图写出新规章制度，而且真的这么做了。但是每一次我们都发现自己在细枝末节的困境中举步维艰。以我们的车队为例。为了降低成本，我们成立了一个中央车队来维修汽车，记录汽车的行驶里程，并且在需要更换轮胎或更新汽车牌照的时候提醒人们。但很快这个新成立的部门就陷入了各种冲突中。当人们的汽车抛锚时，他们就会埋怨车队；有人急需用车，结果到车队发现一辆车也没有时，他们也会抱怨车队。部门领导收到为他们的汽车提供服务的账单，发现他们根本没有足够的预算来付账时，就散播谣言说，车队效率低下，甚至从那些贪婪的当地维修机械师那里收取了回扣。

从这件事上我们立刻总结出，**有些部门没有设立更好，有些规章制度没有写出来更好。到目前为止，常识就是最好的选择。**但是我们非常小心，不想让那些已经惴惴不安的人感到惊慌失措。我们并没有公开宣布我们的决定。在接下来的三四个月内，我们只是收回了所有的程序手册。后来我们也收回了很少用到的组织结构图。人们不时地询问我们新手册什么时候出来。最终有些人开始怀疑新版本根本不会出现，于是问我们为什么。直到那时我们才宣布了一直以来的想法：我们正在用常识代替成文的规章制度。

这就是我们今天的体制，实际上它几乎不能称之为一种体制。当你在塞氏企业得到一辆公司用车时，你可以拿它做你想做的任何事。如果你有个朋友是机械师，那么你可以叫他来照料它。我们希望我们的员工对待公司车辆就像他们对待家庭小轿车一样。对于他们把判断力应用于我们的汽车上就像用于他们的轿车上这一点，我们感到很坦然。

但是这样做让一些人感到很害怕，尤其是刚开始，因此我们不得不在许多事情上手把手地进行指导。例如，我们财务部门的员工对于自己决定塞氏企业应该在活期存款账户上保留多少最低余额感到不安。“就像对你自己的账户一样考虑它们就行了。”我总是说。

“但是塞氏企业有这么多账户呢。”他们回答说，“如果我们有紧急情况急需现金该怎么办？”

我深深地吸了一口气，然后恳请他们运用他们的常识。

那么原来所有的规章制度都是怎么来的呢？

依我看来，这些规章制度都是公司扩张所带来的负面的副产品。当一个产业巨头成长起来时会怎么做呢？首先，管理者认为一个公司不能依靠个人。毕竟，每个人的生命有限并且都有自己的性格，而公司应该是客观的和长久的。

接下来，你知道的，公司委员会、任务小组和工作团队就会制定出程序和规章制度，把个性和自发性踩在脚下。

为了达到有章可循，维持秩序和稳定以及可预测性，公司会为每一种想得到的情况制定规章制度。制定公司政策手册所遵循的理念就是，如果一个公司能够把一切事情都明文规定下来，那么就会变得更加理性和客观。标准方法和行为模式将会指导新员工，从而使得整个公司有一个统一的形象。因此大家都认为，如果没有几百、几千甚至几万条规章制度，大公司就无法运转。

听起来很有道理，对吧？但我认为，这个道理适用于军队或者监狱系统，而不适合企业，对一个希望其成员作为自由人思考、创新和行动的企业就更不适用了。所有那些规章制度都导致员工忘记公司需要有创造力和适应性才能生存和发展。规章制度恰恰起了阻碍作用。

过去塞氏企业在出差经费上的一套规章制度尤其复杂。我们的审计人员常常花几个小时争论某人在出差时的电影票是否应该报销。那么剧院门票呢？如果一个员工去听一场音乐会花了 45 美元，我们应该怎么办？ 100 美元呢？还有往家打电话呢？多长时间打一次电话公司就应该报销？一次打 5 分钟合理吗？

如果一个员工有 4 个孩子呢，跟每个孩子通话 75 秒钟足够吗？

你明白我的意思了吧？

公司进行生产、销售、开单和收账，无需知道一个经理打车是不是为了公事，也无需知道一个经理是愿意住四星级宾馆还是住三星级宾馆。大多数时候规章制度只能导致下列结果：

1. 使人们的注意力偏离公司目标；

2. 让经理们产生错误的安全感；

3. 繁衍出多余的岗位；

4. 让人们回到用石头砸恐龙，用树枝生火的年代。

MAVERICK the success story behind the world's most unusual workplace

如果没有规章制度，所有答案都可以根据常识回答。我不能定义什么是常识，但当我听到它时我会知道。我们有些人出差住四星级宾馆，而有些人（有时是薪水更高的人）则选择便宜的住处。有些人一天吃饭花费200美元，而有些人用这些钱的一半就可以对付过去。

我相信，规章制度和创新是不可兼容的。记住，要么建立秩序，要么不断发展。规章制度使公司在冰川内冻僵，而创新则能让它在冰川上乘雪橇滑翔。

我们发现，那些被称为管理者的军士长们制定的规章制度，我们几乎都能替换掉。这并不是说指示不再由那些感到他们自己被需要的人发出，但是我们的人员现在都敢于忽视那些不适用或者不明智的程序了。塞氏企业没有绝对真理，我们也不打算让所有人都使用相同的方式来做事。

丢掉规章制度手册还有一个不那么明显的好处：人们开始更多地自主决策，并且往往比他们的主管做出的决策更好。

MAVERICK THE SUCCESS STORY 塞氏企业辞典

规章制度：我们几乎没有规章制度。例如，这里没有着装规定或差旅费报销规定。我们不再有一个内部审计部门来检查我们的员工。我们只有一句话：运用你的常识。

“那么怎么看待规模经济呢？”我经常被这样问。如果塞氏企业为我们车队的所有车辆统一购买轮胎，难道不是会获得一个比员工自己去购买更好的价格吗？或许吧。但反过来说，如果我们的汽车部门在轮胎替换方面严格而盲目地听从制造商过于保守的建议，毫无疑问我们购买的轮胎将比员工需要更换时自己决定购买的轮胎要多。我敢打赌，许多过去由公司购买而现在由个人购买的东西都是这种情况。

当然，我无从确切了解这一点，由于我们的预算系统不再具有神经质般的强迫性，我们不再跟踪这些购买的情况。但是如果你想听从我的建议，就深吸一口气，鼓足勇气把政策手册都扔进碎纸机，一次扔一页。让智慧来管理公司吧，这些智慧就分布在各个工厂和各个工人之中。对于那些强硬派，要让他们感到公司组织良好，并为那些受困扰的人提供新工作，他们应该接受再培训以更好地发挥作用。

起初这对我们来说很难。但是伴随着理解和磋商，没有规章制度所带来的冲击逐渐平息，我们的中层经理也开始挪动他们全副武装的双脚了。

我喜欢这样跟他们讲，一只海龟可能由于受到龟壳的良好保护而活几百年，但是它只有伸出头去才能前进。

13 香蕉吃猴子：涨工资引起罢工

“鸵鸟把头埋进沙子里就认为别人看不见它，其实这比目光狭隘更严重；它的屁股暴露的目标更大。”

在巴西这个闷热潮湿的下午，他们已经待在那里好几个小时了。在长长的木制餐桌的一边坐着两个工会主管和三个工人，另一边坐着塞氏企业的三个经理。他们都在试图解决为期一周的罢工问题，这次罢工就像多数劳工纠纷一样，是围绕着金钱进行的。但由于塞氏企业正在抛弃传统的教条，不可预测事件变得司空见惯，这次罢工的原因就有点不同，当塞氏企业自愿发起一场工人们既没有要求也没有预想到的加薪活动时，罢工开始了。

在接管霍巴特工厂的过去三年时间里，我们自豪地观察到工人们在工厂经营中开始承担更多的责任。他们自己设定生产定额，重新设计了切片机、削皮器以及和面机。现在紧张的气氛笼罩在这里，就像一只兀鹫正在等待狮子对猎物的最后一口。谈判桌上长时间的沉默表明双方隔阂很深。

这次罢工是 7 年内的第八次罢工了，但是前七次历时都很短暂，因此我们很难说得上是这方面的专家。谈判桌前的克洛维斯是我们的首席代表，他 30 年的管理经验使他知道桌子对面这些人在想些什么。过去工人们一直都被教导说不要信任任何代表金钱的人，即使是像克洛维斯这样一个在他的职业生涯中一直都在努力消除这种感觉的人。我们已经在伊皮兰加工厂走了很长一段路，但是一旦发生冲突，那些以前曾有的痛苦感觉似乎又回来了。克洛维斯靠在椅子上，抚摸着他的胡须，看着桌子对面。他心想，如果这里所有已经取得的成果都不能够创造信任，那么怎样才能做到呢？而这次罢工是由于我们努力想保证我们支付的工资是公平的而引起的，这是多么富有讽刺意味啊！

克洛维斯主要的对手是工厂委员会领导苏亚雷斯。虽然苏亚雷斯知道自己具有领导气质，但他认为工人的代表要么是资本主义的反对派，要么是情绪易激动的领导人。他认为自己不属于这两者中的任何一方。此前很多其他工厂里恶劣的工作环境使他吃了不少苦头，但在塞氏企业工作几年后，他开始想，他终于找到了一个给他尊严甚至展示抱负的公司。现在，坐在克洛维斯的对面，苏亚雷斯有点不那么确定了。

由于巴西经济不时地出现极度通货膨胀，我们对于我们的工资标准是否高于行业平均水平没有把握，但我们希望能使员工队伍保持稳定，于是就发起了一项活动重新评估塞氏企业所有级别员工的工资水平。我们计划一次针对一个部门，这样就能在两年内对整个公司的工资水平做出调整。

大部分巴西公司制定工资水平都是参考美国和欧洲国家开发的正统的工资模型。这些客观的统计数据被那些伪专家所运用，即使他们参观过公司，也很少听取员工的意见。我们员工队伍的参与性日益提高，我们有着独特的企业文化，这种复杂性使得他们很难对我们做出判断，而那些伪专家们搞出的非常精细的计划和我们的现实相距甚远。但我们不喜欢这些计划是因为一个更基本的理由：它们都是片面的。我们希望我们的人员参与到这个过程中来，毕竟这是他们的工资单。

于是我们求助于保罗，他是我们当地的薪酬专家，正如我们预想的那样，他得出了一个激进的结论。他断言，唯一正确的工资水平，应该是工人认为他应得的数额和公司能够支付的数额之间的平均值。他也意识到，这个结论适用于商学院，而不是工厂。但保罗是个坚定的理想主义者，他还是设法去寻找这个平衡点。

按照真正的塞氏企业办事风格，他采取的第一步就是让大约 30 个工厂和办公室的员工去拜访其他规模与塞氏企业差不多的制造企业。他们到其他企业与他们的同行会面，比较工作技能、职责和工资水平。这样做似乎完全通情达理，但就是行不通。确实，起初我们很难说服一些公司接待我们的员工，但最终我们的员工还是收集了塞氏企业每一个工作岗位的比较信息，从总经理到门房都包括在内。结果我们发现自己已经落后了，这无疑是因为我们的人员很少流动的缘故。

圣阿马鲁的船用设备工厂是第一个要调整工资水平的对象，因为我们认为它与其他企业差距最大。然后将是伊皮兰加的食品服务设备厂。

每个月月末在伊皮兰加有一个所有员工都参加的碰头会。一次，一个刚刚从圣阿马鲁调到伊皮兰加的工人第一次来参加碰头会，他自豪地告诉他的新同事，他的工资刚刚上调了 40%。他还说，在圣阿马鲁几乎每个人的工资都是这样。

当他在集会上转悠时，工人们愤怒的情绪在高涨。集会结束后，几个愤怒的工人留下来讨论这件事。为什么圣阿马鲁的工人工资上调了 40%，而伊皮兰加却没有呢？

确实，怎么会呢？

第二天是一个周六，也是那个月的最后一天，伊皮兰加的许多工人将要完成生产定额。要说他们平常的热情被圣阿马鲁的好运气给破坏了并不完全正确，由于工人们并不需要监督，所以当时没有管理者在场向他们解释关于工资调整的整个前因后果。

在听完抱怨之后，苏亚雷斯把一张纸条钉在布告板上，上面写着："我们被愚弄了。圣阿马鲁的工资上调了 40%，而我们却没有。我们必须立刻罢工，直到我们得到公平对待。"

周一早上当经理们到达工厂时，罢工已经开始了。圣阿马鲁的平均工资实际上是上调了 8%，而不是 40%，任何超过 15% 的上调都要分阶段引入，不过这个事实是否被歪曲已经不重要了，食品服务设备厂是下一个将要调整的对象这一事实也已经不重要了。

地区工会主管热拉尔多那天早上在工厂，当苏亚雷斯告诉他这件事时，他甚至比苏亚雷斯火气还大。“他们不能讨好其他工人，而忽视我们霍巴特的人。”拉尔多对苏亚雷斯说，“我们必须给他们点颜色看看。”

该工厂的一些经理听到这个消息后，做出了以前常有的反应：他们想让罢工者的生活尽可能的悲惨。他们建议我们继续保持罢工前的工资水平，并锁住工厂大门，这样工人们就不能像以前那样坐在工厂周围了。他们甚至希望我们暂时停止发放医疗福利。但有些人则头脑更冷静，认为不管受到怎样的挑衅，我们都应该保持塞氏企业一贯的做事风格，而且我相信这样的人占多数。

我逐渐相信工会不仅仅是企业必需的“祸害”，它们还是改变工作环境的少数合法机构之一。并非所有工会领导人都很理智，也并非每个工会的地位都很合理，但如果假装工会不存在，或者用尽一切手段，不惜一切代价试图打倒工会，都称不上是好策略。美国的经理们为越来越多的公司没有工会而感到心满意足，我认为这是一种短视。让所有触角都联系起来才是明智的。鸵鸟把头埋进沙子里就认为别人看不见它，其实这比目光狭隘更严重；它的屁股暴露的目标更大。

我们都知道通常跟罢工作战的方法：

1.稳住阵地，亮出战旗，不要后退；

2.保证那些想工作的人能够正常工作，即使这样需要把警察叫来；

3.保护公司财产，如果必要的话动用武力；

4.通过关闭工厂和暂停福利使工人的生活变得艰难；

5.努力分裂和镇压罢工者；

6.罢工结束后，解雇那些煽动者和你想除掉的人，威胁参与罢工的其他人。

这些建议都是目光短浅的，而且要付出巨大的代价。因为管理者这种极端的做法就相当于施加肥料，制造麻烦的人就像种子一样会生根发芽。每当我们收购一家公司或者开始经营一家新工厂时，我们首要的举措之一就是邀请当地的工会领导人来参观。谢天谢地，霍巴特工厂没有被已组织好的工会发现，但是我们请了以好斗而闻名的金属工人工会来组织这个工厂，并成为工厂委员会的组成部分。

承认工会的存在并不等于就同意它们的意见。我们一向都谦恭地对待工会委员会，只是对它们提出的19个要求往往有18个说“不”。但是我们也意识到了工会重新焕发的力量，意识到了不要变成短视的鸵鸟的重要性。那些总想把工会踢出工厂大门的人很快就会需要一条臀部特别厚实的裤子了。

在罢工期间，我们遵循下面这些规则：

1. 将每个人作为成年人来对待；

2. 告诉罢工者，当他们返回去工作时，没有人会受到惩罚，然后不要惩罚任何人；

3. 不要记录谁来上班，谁领导了罢工；

4. 永远也不要叫警察或试图打击罢工工人纠察队；

5. 保留所有福利；

6. 不要阻止工人、工会领导进入工厂，也不要阻止工会代表接近工人；

7. 工会领导人应该尊重那些想上班的人的决定，就像公司尊重那些不想上班的人的决定一样；

8. 在罢工期间或罢工后不要解雇任何人，但要让大家明白罢工是一种冒犯行为。

在伊皮兰加罢工期间，塞氏企业只接受无条件地回去上班。虽然我们比其他公司都更重视对话，但我们从来不在罢工期间进行谈判。

我们是这样考虑的：几乎所有遵循第一套规则的公司最后都要迫于压力进行谈判并做出让他们后来感到后悔的妥协。换句话说，他们开始时扮演得像阿诺德·施瓦辛格，而结束时就像伍迪·艾伦。在我们的程序下，罢工只有一个结局：大家都回去上班，不上班的时间不付工资，在停工期间也不做任何妥协。只有工人们都回来工作后我们才开始谈判。

因此，我们允许罢工的员工进入工厂使用食堂来开会。早饭和午饭像通常一样供应，我们也像平时一样给予补贴。医疗和其他福利都继续发放，但我们不会进行谈判。

在这场罢工进行的过程中，经理们在食堂和工人进行了非正式的谈话，努力想让他们回心转意。如果这时有人忽然走进工厂，他会认为我们的工厂仅仅是由于缺少原材料而暂时停工。人们坐在一起打牌和交谈，没有任何仇恨的标志。当我们告诉工人我们打算很快增加他们的工资时，有些工人相信我们并希望回去工作，而大部分工人则不这么想。

然后，地区工会主管拉尔多决定把冲突推向白热化。他没有和苏亚雷斯以及其他工厂委员会成员商量，就直接去法庭以歧视罪起诉我们。他确信法官将会强迫塞氏企业同意某种程度的加薪，让工人和工会取得胜利。

当所有人都听到这个消息时，案子已经排上了日程。苏亚雷斯感觉受到了羞辱，罢工正在得到专业甚至谦恭的处理，而告上法庭则是过于极端的一种手段。而且，在法庭上任何事情都可能发生。

“让我们做一笔交易吧，克洛维斯。”拉尔多从法庭返回到工厂时说。

“公司将服从法官做出的任何决定。”克洛维斯清脆快速地回答。以他的经验，再加上从生产车间学到的智慧，他认为许多工人现在都愿意接受工资上调5%，而不是他们最初要求的40%。虽然法官可能会要求高于5%，但我们愿意碰碰运气。

于是所有人都去了法庭。在陈述了三个小时后，法官宣布这次罢工是非法的。但是如果说工会输了这场官司的话，我们也没有赢，因为工人们还没有上班。

第二天，工厂里笼罩着阴郁的气氛。几个工人去找苏亚雷斯，要他和管理层谈谈能否支付他们没有工作的这段时间的工资，我们拒绝了，但是提出如果罢工者回来工作，可以利用加班挣回原来的工资，这样下一次工资单上的钱就不会比往常少。他们接受了这个条件，于是罢工结束了。

在那周周末，克洛维斯建议经理们和罢工领导人坐在一起分析一下这次罢工。这次会议持续了4个小时，后来它以“香蕉吃猴子”而变得广为人知。我们为政策的不灵活向他们道了歉，为了表明诚意，我们废除了罢工期间不谈判的政策。苏亚雷斯和他的人也承认把纸条贴在公告板上是不对的，因为那样使得工人除了罢工别无选择。如果这时有个陌生人走进会议室，他或许会认为穿着工作服的是经理，而穿西装打领带的是工人呢。

这次罢工对双方来说都是个很大的教训。我们认识到，仅仅让工人参与是远远不够的。我们还必须学会更好地沟通，因为**人们的许多臆想都会导致罢工。**工人们意识到，罢工并不是解决问题的有效方法，自那以后塞氏企业就很少有罢工了。

顺便说一句，在这次罢工后几个月，食品服务设备厂就实行了新的工资制度。工人的工资平均提高了18%。难怪霍巴特的工人感到伤心了。

MAVERICK THE SUCCESS STORY 塞氏企业辞典

罢工：遗憾的是，我们没有消除它。但当罢工来临时，我们是这么做的：1）将每个人作为成年人来对待；2）告诉罢工者，当他们返回去工作时，没有人会受到惩罚；3）不要记录谁来上班，谁领导了罢工；4）永远也不要叫警察或试图打击罢工工人纠察队；5）保持所有福利；6）不要将工人或工会领导拦在工厂外面；7）坚决主张人人应该尊重想上班的人的权利；8）在罢工期间或罢工后不要解雇任何人。

14 数字化遇到企业巨人症

“我们需要四个程序员、三个系统分析师、两个数据处理员，但是这些人员还没有配备齐。”

亨利·福特曾说：“伟大的企业如果变得过于庞大，就不会那么人性化。”

这使你感到奇怪，对吧？老亨利曾为胭脂河工业园这样的福特工厂区[①]感到自豪，它的装配线似乎可以永远扩展下去。这些庞然大物如果今天没有过时的话，至少也是危险的。大型企业正在快速“精简”，他们发现曾促进其成长的规模经济原理不是永远都正确的。**当企业变得过于庞大，你很快就会发现规模不经济。**

大型中央集权组织使得人与人之间越来越疏远，就像一潭死水会滋生水藻一样。在大公司里，一个员工往往只认识他的几个同事。每个人都是一台巨大的没有生命的机器上的一个零件，当你感到自己只不过是一颗轮齿时，是不可能有积极性的。**要求得到认可是人类的天性，如果得不到认可，人们就会失去目的，滋生不满和厌倦感，效率也会随之降低。**

塞氏企业不断成长，开始出现大型企业拥有的一些症状，但当时我们并

① 胭脂河（River Rouge）工厂区是亨利·福特创办的工业园区。到 1928 年，这个园区的员工数量超过了 10 万人。——译者注

没有意识到这一点。例如，销售人员在收到订单时总是坚持每次都填写复杂的表格，精确地写明客户的需要，而不是向工程师、采购人员和生产人员解释该订单及其特点。除了产生大量的文字工作外，从根本上来说这并没有什么问题。销售人员感到，如果能够通过书面方式证明客户没有得到他们确切想要的东西，那么销售部门就可以得到更好的保护。工程部门只在每周二和周四下午两点到四点听取生产工人的抱怨，而不是随意转转与工人们聊聊天。曾经在食品服务设备厂非常盛行的团队精神在公司别的部门不再受欢迎。事实上，在经理们中间正在形成小团体，而大多数时候塞氏企业表现得就像政府机构一样效率低下。我们甚至让来访者在工厂大门口和接待区等候。

为了应对这种局面，我们采取了古典组织研究中所建议的措施。

开始时塞氏企业的组织结构是商学院教授们所谓的职能式组织，这就意味着我们工厂的生产经理向总部的生产总监报告；销售人员向营销总监报告；行政职员向财务总监报告等等。听起来似乎井然有序，但是如果一个人在多元化经营且有多个工厂的公司工作过，就会知道在这种长距离沟通下做出的大部分决策都是错误的，而且费时太长。这是一种封建体制，使得工程和销售分离，销售和财务分离，而且产生的办法和策略往往只对一个部门有利，会牺牲其他部门的利益。

由于这个原因，欧洲企业似乎更喜欢一种基于矩阵体制的组织结构。当意识到遥远的工厂里一个计算机程序员不太可能完全有效地受行政总监的指挥时，这个幸运的小伙子就会被置于双重领导下，他同时要向地区工厂经理报告。矩阵体制使经理拥有两种信息来源，两种类型的专家，同时对于某个具体问题或目标能从两个视角来看待，能从大局出发考虑问题。但是如果总部办公室希望完成某项工作，而工厂经理却认为它没有必要，那该怎么办呢？把这种冲突放大到成千上万名员工身上，你就会明白为什么矩阵组织中的人都是能干的外交家,但却不一定是伟大的商业人士。他们已经学会了在类似联合国的环境中生存，任何时候都极其小心翼翼。当然，如果不冒险或者不犯错误，就不可能尝试新观念，而在按照矩阵体制组织的公司里人们通常都不去尝试新观念。

这些都是我从经验中总结出来的。因此，1986 年在对矩阵体制有一阵短暂的兴趣之后，塞氏企业还是尝试了另外一种组织形式：自治的业务部门。我们把公司分成了几个独立的部门，每个部门都有一个总经理。从理论上来说，所有部门都是独立的。这注定会在它们之间培育竞争，但我们相信这将是一种健康的竞争，而不像部门内部的战争。

然而，实际上这种自治的体制又让我们回到了职能式组织结构。这是因为这种自治的业务部门需要某种形式的内部协调，而他们选择的结构可以称之为小型的职能体制，每个业务部门内的经理都向其总经理汇报。

猜猜接下来发生了什么？随后，我们的经理们开始研究矩阵体制来缓解这种压力。

就这样我们不断循环着。我们最终将在哪里停止呢？没有人知道。

但请等一等。现在是计算机时代的黎明，或许集成电路管理能够拯救我们。

塞氏企业首次与计算机打交道可以追溯到 1980 年，当时我和哈罗去纽约订了一台 IBM 的 PC 机。我们等了三个月才到货，然后学习 BASIC 指令来操作它。即使如此，我们很快就认为，除了尽快计算机化，我们别无选择。

麻烦的是，我们的计算机专家使我们相信，我们需要购买强大的可以互相对话的机器，同时还要雇用信息经理使这些机器运行，而他们不仅薪水高，难以找到，也不易留住。我们甚至想雇用一个系统副总裁来协调这些计算机专家。事实上，我们想聘请一个名叫奥塞瑞斯的家伙。我们试图用各种承诺千方百计地把他从一家法国公司挖来。到我们结束谈判的时候，我们许诺给他的薪水几乎和我的一样多，而且当他四处走动时还有专人为他打扫。感谢上帝，他没有接受我们的工作。我们从 IBM、富士和惠普的销售人员那里购买和租借了他们展现给我们的所有东西,并偷学了不少知识。我们那时所做的可都是时髦的事情，我们甚至招聘了一个日本人做战略规划经理。

我们起草了一个长达几百页的主计划，列出了我们需要的硬件和软件。毫无疑问，我们的信息系统部门将成为公司的大脑。我们雇用了分析员、数据处理员和程序员，购买了我们所能找到的最高级的工作站，并把它们与中央数据处理服务器连接，这样我们所有的工厂就都互相连接起来了。过去当新的供应材料到货时，人们使用铅笔来更新库存卡，现在他们则把代码输入计算机终端。他们能做到吗？为了确保这一点，我们开始了一系列洗脑课程来使我们的员工变成 21 世纪的精英。

很快我们就不再使用旧系统了。但糟糕的是，我们新的电子系统也不能使用了。我们等待了一个月、两个月、一年。总是有许多借口——培训课程还没有结束，硬件有点小毛病，软件出现了故障。我们花了好长时间才意识到我们正在一条黄砖路[①]上前进。

我还记得我在伊皮兰加工厂办公时去看那里的信息系统的情形。

“我们马上就要上电视了。”当地的计算机专家维尔马尔骄傲地告诉我说，“你知道，我们上个月刚刚获得增援。我们需要四个程序员、三个系统分析师、两个数据处理员，但是这些人员还没有配备齐。这都是为了运行 MRPS，”他一定是注意到我面无表情，于是补充说，“MRPS 就是制造资源和规划系统。”

我只是点了点头。

“因此现在我们与一台 IBM 3090 相连接，马上要安装 12 台终端电脑。”维尔马尔接着说，“这里是生产计划树。”

我再一次面无表情地看着他。

“看，这里，”他边说边拿出一摞上面画满小方格的白纸。维尔马尔一直在忙于系统工作，因此在输入计算机之前必须先手工进行设计。“生产过程中的每一项都被分解成多个元素。看这里，洗碟机就是一个简单的例子。我们有 15 种规格的洗碟机，每一种规格有 11 种不同的样式。每一种样式大约都是由 300 个部分组成的。”

“这是一个简单的例子？”我说。

“哦，是的。下一次我们将在圣阿马鲁工厂安装该系统，那里生产诸如饼干

---

① 黄砖路，出自美国作家鲍姆的小说《绿野仙踪》（*The Wizard of Oz*）。小女孩多萝茜因为与收养她的婶婶顶嘴，独自外出，被龙卷风刮到一个鲜花盛开的小人国。在仙女和人们的帮助下，她沿着黄砖路到绿水晶城大魔法师那里寻找回家的办法。——译者注

制造机器这样的产品，它有 12 000 个组成部分，25 种不同规格的产品，80 种不同样式。”

“好了，让我们看看 AM-12 型洗碟机吧。在这里。”维尔马尔指点着，“这个清单包含了所有组件。就像一棵树的树枝，对吧？每一个树枝上面又有它自己的树枝，那就是组件。组件再延伸至细枝上。”

“看，这里是洗碟机的机械臂。你知道的，中空的金属管用来向碟子上喷热水。我们有各种各样的金属管。看，这一枝是不锈钢管。”我看着他的手指在滑动。“这个不锈钢机械臂有一个代码，它可以告诉我们它是在这里生产的还是从供应商那里买来的，或者部分由这里生产，部分从外部购买。顺便提一句，这只机械臂在第三栏中。那么让我们看看它要经过的生产流程吧，在 267 页上。嗯，256、258、267 页哪儿去了？”

维尔马尔小声嘟囔着，这时原来整齐摆放在一起的白纸开始在桌子上飞舞。

那天，我和维尔马尔在一起待了三个半小时。我看到了如何通过计算机订购不锈钢机械臂，如何撤销原材料或者如何添购。我还看到，订购程序需要三个不同的定额，中标如何由交付、价格比率和支付条款等统计数据加权平均来决定，库存物品如何根据重量、成本和它们在仓库中所占的空间被分成不同类别。我还看到，把不锈钢机械臂连在一起的螺母和垫圈如何从钢盘上生产出来，这些钢盘先在工厂中堆放着，然后由计算机指挥，通过 7 个不同的工厂区域和三道生产程序——切割、电钻和焊接后被运走。

赚钱真是不容易啊！

我相信设计该系统的人当初设想的是一个自动化的由机器管理的工厂，把钢盘小心地通过后门移出去，把洗碟机装入大木箱从前门运出去。但所有这一切根本没有实现。迄今为止，在我去过的所有工厂中，总是会出现螺母太多而螺栓太少，或者虽然已经不再生产某种产品但曾搁放该产品零部件的搁板仍然存在的情形。甚至在那些经营得不错的工厂里，工人们都变成了“生产巨龙”的仆人，这条“巨龙”吞进去成吨的零部件，再吐出成品。只有当人们不把它弄乱，或者（看在上帝的份上）不尝试用新方法做事时，这条巨龙才会露出微笑。

听起来就像1908年的亨利·福特，对吗？

当计算机最初出现时，它们大部分被用来完成那些需要处理大量信息的任务，比如进行一次国民调查，跟踪军事行动，或者理清庞大的社会服务计划。现在计算机已经逐渐演进，过去占据整个房间的一台机器现在只用一个膝盖甚至一个口袋就够了，它们已经悄然潜入到企业的每一个方面。如果人们的手指下没有键盘，鼻子前没有显示屏，他们就不能思考。但是有些奇怪的事情发生了：计算机产生信息，本来这是一种手段，现在却变成了结果。与其说计算机在帮助我们整理数据，不如说它使我们淹没在数据的海洋里。

计算机产生的信息膨胀开始于这样一个时代，由于公司经理们不是计算机时代的一分子，因此需要计算机专家对他们进行指导，而这些专家把他们自己变成了牧师的角色，用专业知识制造出玄妙的词汇和神圣的赞美诗，向对特百惠家用塑料制品更熟悉的人们灌输硬件和软件知识，使得我们大部分人感觉自己就像个傻子。老一点的经理尤其感到恐慌，他们心想："我要尽量阻止这个东西，如果不可能阻止，那么我就假装理解他们所说的话，并尽我所能购买它。"

于是这些神通广大的机器就被大量不合理地使用着。人们撰写的报告上充满了表格、图形和大量数字，而它们大部分都是多余的，也没有人注意它们。一切都变得极其复杂和让人困惑，而这种状况本来应该是用计算机来纠正的。我可以毫不夸张地说，当时的塞氏企业被电子浪潮冲击着，仅仅用了几年时间我们就从石器时代到了太空时代。但是我对计算机管理了解得越多，我就越害怕它。

在那个月月末的前三天我参观了我们的一个小部门。

"你认为这个月的入账情况将是什么样的？"我无知地问当地的计算机专家。

"我们已经知道了。我们有这个数据，在电脑上。"

"你们怎么能知道呢？离月末还有三天呢。"

"哦，我们在月末的前4个工作日就停止记账了。"

我感到非常吃惊。这意味着库存比原来的时间要长，从而增加利息成本，货物在离开工厂前要耽误好几天，导致客户的抱怨也会增多。设想一下，如果联邦快递公司每月停工几天，只是为了把文件输入计算机，结果会怎样呢。

“我们必须填写基本的发票，把它送到总部办公室，等待中央计算机做批量处理……”

“等一等，”我打断他说，“为什么你们不能只是把发票输入你们自己的计算机呢？”

“因为如果那样的话，它们就不能自动记录在为所有发票提供相互参照的应收账户项目上。”

“我明白了，”我说，虽然实际上我并不明白，“继续说吧。”

“所有部门的所有发票都收集起来后全部进行批处理——为了交税方便按照数字顺序来处理——然后再把发票返还给我们。然后我们就可以运输产品。”

“过去你们是怎么做这些事情的呢？”

“哦，过去的做法非常原始。我们会等到最后一分钟，然后把发票打印出来。有时候我们在这里待到半夜出发票，使得当月的销售额可以再多一点。”

“那时你们出多少张发票呢？”

“大约 150 张。”

“现在呢？”

“大约 120 张。”

两天后，这个部门撤掉了计算机，返回到原始的手工操作系统。不久，由于员工们全力争取最后一分钟的成品输出，发票增加了 15%。不出一个月，我们企业所有部门的计算机都返还给总部，主机也不再连接。我们不再需要程序员或键盘操作员；我们解散了信息系统部门，扔掉了系统总体计划。我们为所有的技术专家找到了在别处谋生的机会。当我们终于可以坐下来放松一下的时候，不由得叹了口气。按照典型的塞氏企业的风格，不管谁认为他需要一台电脑，他都可以出去买一台，只要他感到有必要，我们都会同意。只是他们必须自己学会操作它。我们不用再担心一台电脑是否和另一台电脑相兼容了。每一台微处理机都是独立的，让规模经济见鬼去吧。

有一点似乎非常清楚：**要么你能够使用高级而复杂的系统管理复杂情况，**

要么就让一切都简单化。

最终，我们选择了第二条道路。

我们有一个完美的向导温德拉敏 (Joao Vendramin)，他秃顶，戴着一副眼镜，是我们公司内部充满智慧的经济学家，也是我们在收购霍巴特工厂的交易中得到的最大财富。虽然温德拉敏偶尔会发脾气，但通常他总是矜持而有创见。当然他看上去非常放松，从来不穿西装打领带。我仍然记得当温德拉敏坐在会议室的红木桌子旁把脚搭在锃亮的桌子上时人们的窃笑。对于昂贵的家具，他一向都特别小心，所以总是先脱掉鞋子才把脚放上去。

温德拉敏总是靠在椅子上沉默不语，然后忽然插话，引用亚里士多德或者马基雅维利[①]的话，或者提出他自己不落俗套的见解。他的话往往正中要害，能够缓解会议中的紧张气氛，人们接下来总是会说这样的话："根据温德拉敏刚才提到的我们的生产进度情况，你不可能按阶层划分来停放自行车。"而温德拉敏只是微笑着。

如果要派一个人到世界各地去考察，还有谁比温德拉敏更合适呢？去参观那些打破陈规、特立独行的公司，有谁比温德拉敏更合适呢？这些公司就是我们认为能帮助我们解决组织问题的公司。

于是我们派温德拉敏去了瑞典，在那里他观察到沃尔沃公司的装配线工人并不是一次执行一个任务，而是以小组的形式一起组装一整辆汽车。这一制度在几年后不再受欢迎，但大部分原因是由于工会和管理的问题，而不是由于缺乏团队精神。在美国特拉华州他参观了戈尔公司（W. L. Gore），该公司抛弃了传统的组织结构图，创造了一种他们称为"扁平网格组织"的结构，在工作岗位之间不存在上下级关系。戈尔公司不在经理们的名片上印头衔，采取一种薪水与每月工作绩效挂钩的体制，而且薪水可以由许多员工来调整，他们可以把一个人的工资降到零。根据已故的比尔·戈尔（Bill Gore）的说法，这样容易削弱当事人进一步工作的积极性。在韩国的三星集团和日本的本田、京瓷

① 马基雅维利（Machiavelli），意大利政治思想家、历史学家、作家，著有《君主论》等。——译者注

（Kyocera）、夏普和 TDK 公司，温德拉敏看到了现代生产方法和员工参与的其他做法，虽然他们的体制依附于诸如服从和敬重长辈这样的文化特征。

“除非你让员工知道并影响他们周围发生的事，否则就不可能把员工当作负责任的诚实的成年人来对待。”温德拉敏环球旅行回来后告诉我们，“如果员工工作的工厂有太多的人，就不可能让他们参与到影响他们的决策中来。”

“是的，有一些方案和机制会让人们相信他们很重要，但这些不可能永远发挥作用。有一天员工会注意到，真正重要的决策从来没有找他们商量过。改变这种情况的唯一办法是让每一个业务部门都足够小，这样人们就能够了解周围的情况，从而相应地做出贡献。”

按照温德拉敏的诊断，塞氏企业已经染上了严重的巨人症，这是由我们的收购和我们的成功带来的。在今天这个集团化的时代，或许这种治疗方法不合时宜，但却合乎逻辑。工厂如果变得过于庞大，就应该拆分成小单位，确保在工厂工作的人们再次感受到人性化。在一个小工厂里，可能大家都知道彼此的名字，也能够在一起讨论规划和战略，从而有一种参与感和归属感。

温德拉敏的建议是塞氏企业应该像变形虫一样复制自己，于是我们准备拆分。

15 变形虫方法：拆分带来繁荣

“现在一个工厂所有东西都有两套，从门卫到码头工人，从数据处理部门到停车位。分开后的两个工厂也要求有更多库存，而且在两个仓库里。”

大约几十个经理聚集在三楼会议室开会。“这是不切实际的。”恩里克不屑一顾地说。他是我们圣阿马鲁工厂的总经理，头发黝黑，留着八字须。

“不切实际的？”我问道。

“你列在黑板上的好处都是不能量化的，但坏处却是很具体的，而且代价高昂。我称这为不切实际的。”

“他是对的，”克洛维斯说，“成倍增加保安、接待员、秘书等的成本是容易加总的，而激励和归属感是无法量化的。”他停顿了一下说，“但那并不意味着容易量化部分的货币价值就一定比较高。”

“那么我们怎么能知道我们做出的决策是否正确呢？”恩里克问道。

“我们不知道，”我说，“这是真正的信念上的飞跃。”

“过去我们采取了信念上的飞跃，但失败了。”恩里克打断我说，“比如投资Flakt 工厂。我们买下它已经三年了，而预计至少再过 5 年我们才能看到利润。”

“你说得对，恩里克。”温德拉敏说，他像通常那样把一双赤脚放在会议桌上，凝视着窗外，“但是我们在饼干机器生产线上做出了相同的决策。我们花了几十万美元才看到收益，然后仅仅在一年之内就恢复了一切。”

“那么，现在怎么办呢？”恩里克坚持问道，“我们将要拆分工厂，而不管付出什么代价吗？你怎么称呼它来着？”

“变形虫方法。”温德拉敏微笑着说。

我们讨论这种变形虫方法已经有好几周了，但没有明显的进展。即使让我们的工厂变小可以使工人们在某种程度上提高生产率，但工程师们和其他技术出身的人，比如恩里克，对于可能产生的收益仍然表示怀疑。而我们的问题——会议开得太长，经理们之间的权力斗争，不可能让每个人都感觉他是工厂的一分子，塞氏企业各处都可以看到相互疏远，缺乏建造教堂者——不会自动消失。我相信，这些问题的根源在于公司过于庞大，治疗的办法很简单，但或许成本高昂。我们要让自己像变形虫一样分裂，希望这样能够使公司更加繁荣。

在有些情况下，拆分意味着把工人调到一个新工厂。有些工厂则被一分为二。不管怎么样，这些新部门将会实行完全的自治，就像繁衍它们的那些部门一样。经理们将按照他们自己的意愿，用塞氏企业特有的方式自由地管理。我们的公司总部人员将在会计和人力资源等方面为他们提供支持，如果他们要求的话，我们也会提出战略方面的建议。但如果一个部门不需要总部人员，那对我们来说也很好。如果一个工厂取得了我们都期望的业绩，我们也许几个月都不去工厂看一眼。它们值得我们宽厚的忽视。

正如那些成天捣弄数字的家伙一直提醒我们的那样，温德拉敏的变形虫计划伴随着巨大的成本。现在一个工厂所有东西都有两套，从门卫到码头工人，从数据处理部门到停车位。分开后的两个工厂也要求有更多库存，而且在两个仓库里。还有一些开支大的项目，比如重新购置机器的成本，购买或租赁新大楼的成本。

有时候甚至连我都觉得这个主意很愚蠢。但不管怎么样，我们进行了这项计划，我们做决策是基于公司经理们通常都不敢信任的两种感觉：直觉和信念。

1986 年，巴西经历了一次剧烈的经济动荡。一项新经济政策的出台冻结了价格，使通货膨胀率从一个月 25% 降低到零。当时的财务部长名叫迪尔森 · 福纳若（Dilson Funaro），他身材瘦削，一本正经，但喜欢空想。他打算控制通货膨胀，因为在通货膨胀下大家预期价格会提高，于是都提高价格，从而使价格陷入无止境的上升循环中。那时福纳若患了淋巴癌，而且他也知道，这是他改写历史的好机会，于是他决定充分利用这一机会，即使这会导致公司裁员和倒闭，甚至会使一些把产品价格提高一丁点儿的经理遭到逮捕。

到那年年底，月通货膨胀率又重新回到了两位数。一些供应商找到了绕过这些规定的方法，要么是因为他们进口的原材料价格是以浮动制的美元计算，要么是因为他们“创造性”地评估特殊“货物”费用或其他新费用，或者更好的是，他们在市场上占有垄断地位。但是有那么一阵子，该计划生效了，福纳若变成了一个英雄，情绪高涨的国家对产品的需求骤然增加了。

我们的伊皮兰加工厂有两条不同的产品线：机械产品和电子产品。前者包括洗碟机、机械天平、搅肉机、和面机和冷切割机，后者包括电子天平和零售商使用的打印机。电子产品是一个问题。我们从进口商那里采购许多零部件，因此成本持续上升。但由于我们的天平价格是有案可查的，因此如果我们提高价格的话，肯定会遭到顾客的抱怨。我们的双手被束缚住了。

在这次经济计划实施之前，我们一个月能销售 300 架天平，一年收入有 300 万美元。这次经济计划实施之后，天平销售量上升到了一个月 500 架、700 架，甚至 1 200 架，但由于我们的价格不变，而供应商的价格在上升，因此我们每一次销售都在赔钱。还有一个问题，工厂生产满足不了需求；订单成堆放着，库存失去了平衡，几百架天平放在生产车间，只为等待一个不管我们怎么恳求供应商都没有供货的集成电路。最糟糕的是，我们的天平中有 10% 由于质量问题被返还到工厂。顾客在几公里或几千公里远的商店里把天平插上插座，看到天平噼噼啪啪作响然后坏掉。

所有这一切都表明我们正在迅速失去对业务的控制。这使得伊皮兰加工厂成为变形虫计划的一个理想对象。我们决定把该工厂的电子部门分离出去，把它转移到13公里之外，位于贾巴拉瓜（Jabaquara）的一个新工厂。为了经营这个我们称之为DBDate的新部门，我们选择了一个名叫菲亚斯科的人。

菲亚斯科思想深刻、智商很高，他的衣着考究，行为举止无可挑剔。他出身于一个中上层阶级家庭，获得了工程学位和MBA。他曾在圣阿马鲁工厂成功地担任过销售行政经理，但没有管理经验，也没有与工人们直接接触过。不过，对塞氏企业信任其员工的政策，他是坚定的拥护者。

他的高级助理是罗热里奥。两年前我曾见过他，当时他在管理一个我和克洛维斯考虑收购的工厂。面对我们长时间关于工程、财务和销售方面的提问，罗热里奥所表现出来的热情和沉着给我们留下了深刻的印象。虽然那笔交易没有做成，但后来我们一有机会就雇用了他。罗热里奥是一个电气工程师，他有一双明亮的黑眼睛，走路总是大步流星。后来发生的事证明他是一个永不枯竭的创新源泉。

于是他们带着机器和存货，带着30个员工，向占地1 500平方米的新工厂进发了。这些大部分都很年轻的员工（有些是电气专家）一安顿下来，就开始创造一种全新的文化，很快他们就以“小子们”的称号而闻名。他们对库存进行了筛选，在里面发现了积压三年的集成电路，它们价格不菲，但与之相匹配的那种天平已不再生产。他们还发现了几百个不再适合现在天平的显示屏，几百只不再适合任何天平的晶体管，而从某种程度上说这些东西永远也不会退给供应商了。问题的起因在于制造资源和规划系统（MRPS），该系统要求准备的零部件两倍甚至三倍于恰当的数量。“小子们”不想这样重复，于是他们建立了一个即时库存系统，安装了一个巴西式看板[①]生产系统，这是参照日本人的系统而建立的，在这个系统下，零部件和原材料按照它们在装配流程中的用途被标以不同颜色的记号，并被存放在机器附近，这样当缺货时工人们就能够立即看

---

① 看板（Kanban），原指日本小酒馆服务员（酒保，多为女性）在最合适的时候把热酒送上，即在前一壶酒刚喝完时将新的一壶热酒送上，送早了酒就放凉了，送晚了使酒兴正浓的客人扫兴。它指的是准时提供服务。在顾客需要时为顾客即时提供质量合格的商品与服务，不早也不迟。——译者注

出来。

不久这个新部门的天平销售量得到调整，满足了它的生产能力，有缺陷的天平被召回进行修理。仅仅几个月后，DBData 就变成了塞氏企业的佼佼者，生产率是食品服务设备厂的两倍，库存减少了 40%，缺陷率下降为不到 1%。

成功的原因何在呢？“小子们”在整个工厂实行了创新。每天上班伊始都会召开一个时间很短的会议，工厂所有员工穿着日本式的白色工作服参加会议。财务信息被定期公布在公告板上，一项公开的办公室计划鼓励大家互相交流。我最喜欢的一项创新是在工厂门口处有一块黑板，上面写着每位员工的名字，每个名字旁边钉一个木头钉子。**当员工早上到工厂时，都会从三个金属标签中选择一个挂在钉子上：绿色标签代表“好心情”，黄色标签代表“小心点”，红色标签代表“请不要在今天烦我”。**也许这有点可笑，但“小子们”很严肃地对待这件事，认真挑选他们的标签，并且留心他人选择的标签。

顺便说一句，通常大多数标签都是绿色的。

留在伊皮兰加的员工被分成了两个部门：生产洗碟机的员工为一个部门，生产切割机、削皮器及其他食品准备产品的员工为一个部门。那里的士气也提高了，尤其是生产洗碟机的部门，装配线工人们（比切割机小组好些）改变了生产系统，把零部件存放在生产区，以小组方式工作，这样他们就可以在需要的地方到处走动，而不是停留在同一个地方。一个焊接工今天可能在装配机器，第二天则可能在驾驶升降机。同样，根据需要，机械师也不断地从一种工具转到操作另一种工具。

当我们对工厂进行拆分时，那些持怀疑态度的人总是争论说我们将会需要更多的人员和机器。事实上，我们这三个新部门都有自己的工厂管理人员、销售人员和财务部门。但要说到员工数量，我们感到很吃惊。我们让每个部门的总经理挑选他们部门想要的人，就像小孩子在棒球比赛中挑选场地一样。安东尼奥接管了洗碟机部门，电脑专家维尔马尔领导着机械产品部门，他们分别列出了想要的人员名单。我们把这两个名单的人数加起来，然后再加上为菲亚斯科在 DBData 工作的人，最后发现仍然有几十个工人没有被提到。每个经理都打算更多地使用外部承包商，选择那些拥有多种技能、能做多种工作的员工，这样他们的效率就会更高。剩下的人大部分都得到再培训，然后去做其他工作。

如同 DBData 一样，伊皮兰加两个部门的产品质量也提高了。最后这三个部门都开始第二天就交付产品，这在霍巴特工厂的历史上是前所未有的，在塞氏企业也是头一次。

拆分工厂不仅没有制造浪费，反而消除了浪费。我猜想这大概是由于随着伊皮兰加工厂规模逐渐扩大和结构复杂化，生产效率低下的员工有了更多可以隐藏的角落，同时从事文件工作的蒙混者也翻倍了。

> **MAVERICK** the success story behind the world's most unusual workplace
>
> 企业规模多大就算太大了？英国作者安东尼·杰伊（Anthony Jay）在他的《公司人》（*Corporation Man*）一书中说，我们人类走过了500万年猎人和近300代农民的历史，而做企业家的历史只不过一瞬而已。回顾人类生存的全部历史，我们发现人总是生活在小群体当中，通常是5～15个人。公司怎么能够对这样的经验视而不见，而期望员工适应1 000人甚至10 000人的大群体呢？

如果你有产品和市场，你可以雇用 10 000 名员工，但需要把他们组织成小的业务单位。如果一个公司有 1 000 名员工，他们都在同一屋檐下工作，那么这个公司就是庞大的。如果一个公司有 50 000 名员工，但没有出现超过几百人在一起工作的情况，那么这就是许多小公司。事实上，塞氏企业实施的所有方案在有 5 000 名、10 000 名或 100 000 名员工的公司都能生效，只要这个巨大的公司把员工分为许多小单位。

企业规模多小就算足够小了呢？对于一些公司来说，有效数字可能是 500 人，而对于另外一些公司来说，可能最多是几十个人。不过通常人们只有认识周围的大部分人时才能把自己的潜能都发挥出来，而这一般不会多于 150 人。不管怎么样，这是我们的经验之谈。不过，在我们拆分伊皮兰加工厂之前只有 200 个员工，但公务邮件从一个部门到另一个部门却需要两天时间，而部门之间的距离还不到 300 米，所以它是庞大的。

是的，有些工厂要比其他工厂更难以拆分。你不可能只选择一条汽车装配线，然后把它移到城市的另一端。关键在于找到正确的拆分标准，不管是根据产品，根据市场，还是根据机器。如果不可能移动设备，那么就把现有的工厂分成两部分，不过一定要确保每个单位都有不同的人员来负责销售、营销、生产、财务和人力资源等领域。

我们发现，在经济繁荣时期，拆分后的工厂比没有拆分时盈利能力更强。我们也发现，在经济衰退时期，小工厂比大工厂能更快地度过困难或者危机。

从所有这些经验中我逐渐总结出，**规模经济是被商业界过高估计的一个概念**。当然，规模经济是存在的，但很快就会在大部分人意识到之前被规模不经济所替代。

MAVERICK THE SUCCESS STORY 塞氏企业辞典

规模：大型中央集权组织促使人与人之间越来越疏远，就像一潭死水会滋生水藻一样。我们相信人们只有在几乎认识身边每个人的时候，他们才能发挥其潜能，而这就要求他们同事的人数一般不超过 150 人。当我们的业务部门人数超过这一限度时，我们就将这个部门拆分。

16 摒弃泰勒制：没有流水线的工厂

“如果泰勒活着，他无疑会这样问：亲爱的先生，这样的话你的工厂难道不是变成了一团糟？”

圣阿马鲁工厂是下一个要拆分的对象。我们之所以这么决定，是因为该厂船用产品分部发展迅速，积压了许多正常订单，原来分配的地方已经不够用，需要寻找新的地盘了。

开始寻找时我们采用了传统的方式，把一切都交给了该工厂的总经理并对该计划保密，以防在员工中引起恐慌。这个经理联系了几家房地产代理商，很快就找到了几座楼房。问题是，要到这几个地方上班对于我们许多工人尤其是乘坐公共交通工具上班的工人来说都很困难，因此我们做好了失去许多工人的准备。

然后我们意识到这种寻找方式违背了我们的新原则，我们没有让员工参与进来。于是我们把该工厂的 120 名员工召集起来，告诉了他们所有相关信息，包括迁移的原因、新地方的预算，以及我们能想到的其他一切信息。工人们组成了一个搜寻委员会，到下周一他们已经为选址想出了几十条建议。

几周后，我们关闭工厂一天，所有员工乘坐汽车去参观三个最可能的地方。然后经过一系列的会议，员工们选出了他们的下一个工作地点——距离圣阿马鲁工厂不远的一个空工厂，在一条名为纳科斯－尤尼达斯（Nacoes Unidas）的街上。

从各方面来看这都是一个非常好的选择，除了一点：它与一家经常罢工的工厂相邻，但我们还是搬过去了。我们永远也不会考虑撤销我们员工的决定，否则我们将名誉扫地。

找到新工厂后，工人们并不满足于此，他们对工厂布局进行了设计，在此过程中推动我们所有人向前迈了一步。

工人们改变了在一条长长的亨利·福特装配线上工作的方式，他们不再是按车床、焊接……这样的顺序来操作，而是形成了一些同时操作几种不同机器的小组。他们的想法是，每一个小组的成员都从头到尾完成一种产品，这样会让他们产生一种对产品质量负责的责任感，并从完成一项任务中获得巨大的满足感。而且，这些工人都知道怎样操作他们小组里的所有机器，而不仅仅是一种机器，他们也能做其他任何需要的工作，甚至驾驶升降机来往于仓库之间。这种类型的组织是由伊皮兰加工厂的洗碟机生产线工人首次采用的，现在已经成为大家共知的一种基本生产模式。

如果泰勒在世的话，是不会同意这种做法的。在有亨利·福特之前，就有了泰勒。实际上，如果没有泰勒，可能就不会有亨利·福特。泰勒比其他任何人都更能称得上是现代工厂的“教父”，在他的工厂里，处于严格监控下的成千上万无名的“工蜂”不停地从事着重复性工作。泰勒认为，如果工人们的工作变化很少，并根据他们的人体进行科学设计，那么他们将非常有效率。泰勒把复杂的生产流程分解成了无数这样的作业，每项作业都被指派给一组工人来做。泰勒还认为，这种劳动分工和对职责的明确规定是最优化生产率的关键因素，所有工作流程都应该被严格地描述下来，并详细地诉诸文字。于是一名工人把煤从箱子里铲出倒成一堆，然后另一名工人把煤从这堆里铲出倒进几米远的另一个煤堆，最后另一名工人再把煤从第二个煤堆里铲出放到传送带上。这三名工人劳动时都受到工头的严格监视。如果把这种无情的小场面放大到几百甚至几千名工人，就有了现在大规模生产的巨大“庙宇”。

MAVERICK THE SUCCESS STORY 塞氏企业辞典

生产小组：我们把生产用的机器摆在一起，这样，一组工人就能组装一个完整的天平、洗碟机、搅拌器或其他产品，而不是孤立地生产零部件。这种做法给工人们更多自主权和责任感，使他们在工作中更加快乐，使我们的产品质量更好。几乎所有的工厂工人都能胜任好几种岗位，有的甚至开着叉车帮小组成员供应原材料和备用零部件，工人们自己从供应商那里采购已经是习以为常的了。工厂工人经常设定生产定额，为我们的产品提出发展和改进的建议。

泰勒制这种刻板的教条不仅仅局限在工厂。几年前，美国东方航空公司被卖给了得克萨斯航空公司，而后者规模比前者小许多。是什么原因导致这种奇怪的反向购买呢？依我看，正是由于泰勒和他对工作的描述。多年来，东方航空主宰着东海岸最好的航线，公司发展平稳。但随着公司的发展，公司的飞行员、航空服务人员和地勤人员都要求制定详细的工作描述，拒绝做工作描述以外的任何事。在公司出现困境时，包裹处理人员宁愿闲着也不帮助售票员或维修人员缓解暂时的人手短缺。结果东方航空公司不得不雇用更多的员工，而在职员工却常常不是很忙。

相反，得克萨斯航空公司雇用了非工会成员的员工，他们愿意从事各种各样的工作。在休息时间，飞行员可能帮着卖票；在高峰时期航空服务人员可能帮忙处理包裹。得克萨斯航空公司起飞了，而那时东方航空公司已经变得人浮于事、效率低下，于是得克萨斯航空最终吞并了东方航空这个规模比它大好多倍的公司。我并不是说得克萨斯航空公司就没有它自己的问题，我认为东方航空公司的问题主要是不能让员工感到自己可以充分参与公司事务。

每当我发现自己身处一个墨守成规的工厂时，我都会被提醒，实际上我们从泰勒以后就停滞不前了。泰勒仍然使管理学专业的学生心生敬畏。我相信，泰勒精确的工作描述限制了员工的潜力，束缚了他们扩大工作范围的可能性，而这阻碍了他们的工作积极性。想一想，如果工作描述不仅包括员工应该做什么，还包括他们想做什么，那该有多好。

“亲爱的先生，”如果泰勒活着，他无疑会这样问，“这样的话你的工厂难道不是变成了一团糟？”

根据泰勒熟悉的术语，也许是的。他永远也不会容忍这样的体制：根据工作需要，一个人一会儿成为机床操作工，一会儿成为磨工，一会儿装配最终产品，一会儿维修机器，一会儿驾驶装满物料的升降机，一会儿帮忙清洁工作区或粉刷工厂墙壁。如果泰勒知道工人们把螺丝钉和别的东西放在一起，或者不禁止提建议、创新和工作中吹口哨的行为，他一定会大吃一惊的。

MAVERICK the success story behind the world's most unusual workplace

在这样一种体制下，生产力的驱动力是主动性和真正的兴趣，而不是提前制定好的程序和笨拙的工头。这正是泰勒制和塞氏企业生产模式的差异所在。我们不相信支离破碎的生产模式会带来效率，我们希望工人们明白他们是公司整体中的一分子。我们也希望他们找到完成工作的最好方法，他们极有可能找到比泰勒和他的追随者更有效的工作方法。

从我们的食品服务设备厂和船用产品工厂开始，这种生产模式在塞氏企业传播开来。我猜想这种工作形式是由工厂委员会和工程师商量后设计的，但我不是非常确定。这已经成为一个自发的过程，每个工厂都各不相同。

这种模式让工人们感到高兴，但它却招来了财务方面的一些不安。这种模式锯掉了薪酬体系中这些“麻雀”得以栖息的树枝，使分析员们陷入了“百年孤独”中。高层经理们几乎总是更喜欢传统方法的那种风平浪静，而不是冒险使公司看上去组织混乱，而这种混乱在那些逐渐把员工从条条框框中解脱出来的公司里都会出现。

在过分审慎这一点上，我们的经理和一些工会领导人没有区别，他们总是提醒我们，工人们都有工作描述，这些描述准确地决定了他们的报酬。我猜这也使他们变成了泰勒主义者。塞氏企业从事多种工作的工人应该得到多少报酬呢？应该按照焊接工、升降机司机还是机械师的标准为他们付酬呢？很自然，工会总是希望我们按照挣钱最多的那个工作给工人开工资。如果这样的话，即使一个人一天只有 30% 的时间做机械工作，剩余的时间驾驶升降机，那么他也会被当做薪酬较高的机械师来对待。

当然，我们不同意这么做，但要分秒不落地把工人所做的工作记录下来是不可能的。于是我们制定了一个“一揽子工作”的方法：**每年工人们反映一次他们所做的各种不同工作及每项工作所花费的大概时间。然后就只是参考薪酬调查和进行数学计算的问题了。随着工作和活动的变化，他们每个人的计算公式也在变化。**

有些经理对这种模式存在另一种担忧。他们认为如果我们让工人接管工厂，工人就永远不会让我们安装能减少工作量的机器。但我们的工人知道节省劳动力的机器能够提高我们的竞争能力，于是有许多次实际上都是工厂委员会提出购买他们认为我们需要的新机器，即使这样会损失一些工作。

而且，在这种模式下我们的工人能够管理越来越多的生产流程。以质量控制为例。过去我们每个工厂都有独立的部门来评估我们的产品，但后来工人们自己承担起了这项工作，使我们减少了一些工作岗位。工人们也为他们的小组招募和解雇新成员。现在，任何人如果要申请成为塞氏企业的机械师，都必须经过一群机械师而不是一个经理的面试，这对于应试者来说可能是最糟糕的事，因为他可能会信口开河顺利通过一个经理的关，但通不过那些对机械师无所不知并可能某天成为他同事的人的关。如果他们都同意，这个人就可以得到工作。我从来没有听说过生产区的工人们反对某人而一个经理居然雇用这个人这种事情。我想塞氏企业的任何经理都不可能冒这种险。我也从来没有听说过生产区的所有人都同意而经理反对这样的事。在我们的体制下，一个人是不可能否决其他所有人的决定的。

我能够肯定地说我们的生产模式已经使塞氏企业的盈利增加了吗？有些加法和减法是很难处理的。实际上，我们的生产模式一点也不尊重所谓的规模经济。比如，我们不是一次性购买 20 台机器包装箱，而总是一次购买少量的，因为许多东西都存放在生产小组里，所以没有地方放更多的东西。这要比批量购买贵。

不过反过来说，维持很大的包装箱库存可能会冻结资金。在这种模式下，我们的库存下降到了非常低的水平，每年都会去掉一些库存空间。确实，我们有些工厂一年就移交整个库存 17 次，而行业平均水平是 3 次多一点。

在有些情况下，生产小组制造产品要比在传统装配线上所用的时间长，但交付时间还是缩短了，我们不再需要那些质量控制部门。

更重要的是，很明显在我们这种模式下工作的工人比那些整天机械地重复同样一套简单工作的工人对工作更感兴趣，而且这种模式使人们更紧密地在一起工作，因此我们的工厂变得更加协调，而这又转化成为更大的生产力。

同时，圣阿马鲁工厂的状况也在一步步改善。恩里克和他的搅拌器工厂的员工现在已经把整个工厂置于他们自己的管理之下，随着时间的流逝，他们正在变得越来越有组织，生产率也越来越高。

饼干机器厂积压了许多订单，可以转化为两年的产量。我们用了 4 年时间，投资 50 多万美元进入该市场，现在终于看到了投资回报，这让那些认为我们进入该领域是一个错误的人感到很失望。

该工厂需要更多的办公空间、更好的通风设备和一个新厨房。在预测现金流顺利的情况下，再向该工厂投资似乎是颇具深谋远虑之举。不管怎样，如果不是由于我们的工人亲自做了大量工作，所花的费用将会多得多。通风设备系统是由塞氏企业 Flakt 工厂的工程师设计的；厨房设备主要是由霍巴特工厂提供，由一个合作伙伴公司安装的；大部分工程和粉刷工作都是由圣阿马鲁工厂的工人自己完成的。这只不过是摒弃泰勒制后能发生的另一个例证而已。

17 先共享信息后共享财富

> “在分享财富之前，我们知道必须分享一种更有价值的东西：信息。”

那时我们都准备退休了，或者更理想一点的话，我们准备成为顾问。我们认为这是理所当然的。我们已经释放出了超乎寻常的力量，产生了超乎寻常的成果。1986年，在巴西整个国家都实行价格控制时，塞氏企业经营业绩良好。1987年，我们的工厂进行了拆分、自治，日益充满活力，劳资双方和平相处，工人们比从前更多地参与他们的工作，我们的业绩更好了。

食品服务设备厂经营得非常成功，尤其是工人们自己设计的新的洗碟机装配线。DBData工厂的“小子们”穿着白色工作服，至少令人印象深刻。圣阿马鲁工厂已经占领了饼干制造机器市场80%的份额。在我们所有的工厂里，这些在其他公司以顽固而闻名的工厂委员会正在努力帮助我们削减开支。

由于所有这些因素，塞氏企业在赚钱——18个月内达到220万美元。我意识到，现在到了让大家分享他们所创造的财富的时刻，利润共享的时候到了。

那时巴西总共只有6家公司在实行利润共享计划，而这些公司都只是实施壳外计划，按照高层管理者的规定（或一时兴起）单方面武断地发放少量奖金。这些公司希望激励他们的员工，但同时又有区别对待员工的权力。这使他们实行的利润共享成为一个引起怨恨和分裂的计划。

我们决心采用一种新的利润共享计划，它不仅能让我们的员工充分理解，而且还由他们来控制实施。不过，在我们分享财富之前，我们知道我们必须分享一种更有价值的东西：信息。

如果不向员工甚至最基层的员工提供信息，就不可能让参与和合作精神发扬光大。反对完全披露信息的言论认为，员工将会在公司经营得好时利用这些信息要求增加工资，而在公司陷入低谷时员工则会被这些信息吓坏。更糟糕的是，一些商业秘密将会泄露给竞争对手。

或许吧。但是公开和讲真话的好处要远远大于坏处。如果一个公司在经营得好时不与员工分享信息，那么当公司陷入困境时就没有权利要求员工团结和让步。

保守秘密引起的问题是人们通常只往最坏的方面想，不管是关于利润还是工资。几年前，即在我们进行许多变革之前，我们曾在塞氏企业做过一次调查，要大家回答他们认为塞氏企业能赚多少钱，结果我们的员工很明显地认为我们过度贪婪。对于大家普遍认为我们的利润达到收入的 20% ~ 30%（大部分公司对于 7% ~ 8% 的利润都已经很满意了），我们又能如何解释呢？在那次调查之后，我坚信，如果让我们的员工了解公司的全部真相将会好得多。

> **MAVERICK** the success story behind the world's most unusual workplace
>
> 公司秘密的起源可以追溯到经理人的不安全感，他们拥有攀升公司金字塔的技术能力，但却没有成熟到能够处理这种高度。他们希望自己看上去与那些没有达到他们高度的人不同。通过对他们的工资保密，他们感到自己与其他人有所区别。当然，如果他们有一个秘密，那么很容易让其他人相信他们有更多的秘密，于是他们就变得更加有权力，因为在现代组织中，权力栖息于信息之中。

当我们告诉经理们我们想把财务业绩方面的信息与员工分享时，许多经理感到惊慌不安。他们认为员工想要知道的第一件事一定是我们的薪水。于是我们召开了第一次会议，与工厂委员会的几十个代表一起讨论了月度经营报告以及他们想问的第一个问题——塞氏企业的一个高层经理赚多少钱？

我们老实地回答说：高层经理的年薪是 5 ～ 10 万美元，包括奖金在内。员工们对此感到非常惊讶。毕竟，这是在一个最低工资只有一年 1 500 美元的国家。从那天起，工人就把经理们称为“土邦主”。顺便提一句，从那以后塞氏企业拿最低工资和最高工资的员工之间的差距缩小了不少。

真相或许并不美丽，也不容易解释清楚，但是公开真相总会更好。我们没有把工资清单钉在公告板上，但如果被问到的话总是提供绝大部分信息。是的，有几位经理要求对他们的薪水保密，我们听从了他们的意见，因为隐私也很重要。但这没有关系，对于薪水大家已十分了解，员工对公司各个级别的工资都很清楚。

很快，有一点变得很明显：如果经理们为自己的薪水感到惭愧，那也许是因为他们感到自己没有为公司赚到那么多钱。如果对薪水受之无愧，他们就可以很容易地证明自己的价值，不管是依靠专业知识、经验、教育，还是管理一个有很大预算和很多人员的大部门。经理们应该为他们挣的钱感到自豪，他们的薪水应该让大家知道，成为大家晋升的动力。

员工逐渐接受了塞氏企业经理层的薪酬水平，而没有人试图让我们降低经理们的工资。但他们直言不讳：公司里充斥着太多拿高工资的经理。

除了薪水外，我们很快就把各种财务信息公之于众。当然，并不是所有人都能看懂这些信息。有些工人不知道利润和收入的区别。因此在工会的帮助下，我们举办了一个课程班来教他们如何读懂资产负债表、现金流量表及其他文件。我不知道还有哪家公司开这样的课程。

MAVERICK THE SUCCESS STORY 塞氏企业辞典

透明：我们公开所有公司信息，从工资到公司战略到利润率，等等。我们提供课程，教员工们如何阅读财务文件，例如资产负债表和损益表。员工可以自由地向经理们询问关于企业任何方面的问题，可以和媒体谈论一切，无须担心后果。

克洛维斯参加了第一堂课，回来后迫不及待地告诉我员工们提出的第一个问题。“我们想知道，”一个工人说，“公司是如何篡改账本的。”

利润属于那些投资的人，这一观念已经深深扎根在公司理念中。当然，在那些创始人投资很少而大部分是依赖员工们的能力和智慧成长起来的公司中，这也是既定法则。企业家们不是傻瓜。

但有一些公司在寻找激励员工的新方法的过程中，开始与员工共享利润。利润共享计划把公司一部分收入拿出来奖励那些帮助创造这些盈余的人。它不是新事物，毕竟，年终奖金不就是一种利润共享吗？

有一些早期的利润共享计划是把通过员工建议产生的收入拿出一部分返还给员工，接着就跳跃到分享所有利润的计划。于是一个好观念变成一种趋势，一种趋势变成一种潮流，一种潮流变成一种公司为激励没有积极性的员工而寻找权宜之计的行动。但许多公司只是把钱拿出来分享，而员工完全不了解这个数目是如何得出的，这就破坏了计划的有效性，最近的研究表明，利润共享计划有很大一部分都没有发挥作用。

1986 年，塞氏企业主办了一次研讨会，召集巴西 6 个实行利润共享计划的公司的领导人一起讨论，参会听众有 300 人，包括经理、顾问和劳工领导。这次专题研讨会的结论是什么呢？没有结论。这一结果更多地是在暗示我们，利润共享计划很难做到恰到好处。

事实上，利润共享计划并不会产生员工参与，而是需要员工参与。只有当一项广泛而全面的参与性计划圆满结束时，利润共享计划才能发挥作用。塞氏企业没有让一些经理来决定谁得到什么，而是希望受益人做出那些决定。

但哪些人是受益人呢？到现在为止，塞氏企业的 4 个工厂有 8 个自治单位，为三个经济部门生产几十种产品。不同产品的交付时间相差很大，数字天平的交付期仅为一天，而饼干工厂批发业务的交付期为两年。这就是复杂的原因所在。对员工的这种特殊报酬应该建立在整个公司创造的所有利润上，还是每个工厂创造的利润上，还是每个独立单位创造的利润上，抑或是那些单位里的每组工人所创造的利润上？如果一个工人因为所在单位没有盈利而领不到奖金，当他看到另一个在同一工厂工作的工人仅仅因为他所在单位经营得好就领到一大笔钱时，他会做何感想？这种分配方案是否应该考虑将工资、工作时间或业绩放在一起进行权衡呢？如果所分配的钱与员工的工资成正比的话，那岂不是加大了最低工资和最高工资之间的差距？确实，虽然要分配的利润对公司来说是一大笔钱，但如果要把这笔钱在 1 000 名员工中分配，每个人分到的不也不多吗？这值得吗？

当需要做决定时我们产生了恐惧，尤其是我，如果利润共享计划实施得不恰当，很可能会毁掉我们取得的收益。按照我们的政策，我们忽略了规则和程序，从实事做起，在接下来的一年半时间里与生产工人们进行了多次商讨，同时与工厂委员会和工会领导人多次会面。

我们应该把利润的多少返还给那些帮助我们创造利润的人呢？这是出发点。我们不打算凭空捏造一个数字，也不会让我们的员工那么做。因此我们进行了协商。我们从塞氏企业的总利润也就是收入减去支出开始算起，总利润中扣除 40% 的税金，25% 的股东分红，12% 的再投资（公司需要继续发展的最低百分比），于是剩下了 23%。

然后，员工们上班时反复讨论如何解决分配问题。一个名叫克劳迪奥的会计员是我们利润最高的工厂之一圣阿马鲁工厂委员会的代表，在起初的一次会议上，他总结了主要症结所在："为什么我们应该与那些不盈利的工厂分享我们的利润呢？这是不公平的。"

关于什么是公平，员工们讨论了很多次。最后，员工们决定，塞氏企业的利润共享计划是这样的：每个季度，计算出每个自治单位所赚的利润，并将其中的 23% 分配给该单位的员工。当然，鉴于巴西的经济形势，我们不会一直都有利润可分享，我们不发安慰奖。分配后剩下的钱怎么使用由他们自己决定。他们可以通过民意调查投票进行分摊，也可以考虑在公司的工作时间、薪水或其他标准。他们也可以不分配这笔钱，而是把它用于其他目的，比如员工贷款买房。但不管他们怎么决定，方案只适用于那一个季度，三个月后他们必须重新决定一次。

不管怎样，这就是理论。实际上塞氏企业所有单位都决定平均分配金钱，也就是说每个人都拿到相同数额的金钱。不是相同的百分比，而是相同的数额。年薪 1 万美元的人和年薪 10 万美元的人每年得到一样的利润共享支票。

这种做法与传统的利润共享计划不同。许多公司只是提取一个百分比，然后把它运用于员工的工资，这样就使得利润共享计划对那些高层人物更有价值。我们的员工使这种制度向另外一边倾斜，对此大家都能接受。现在利润共享计划有助于平衡我们的工资结构，使我们意识到并奖励那些虽然没有特殊学位但却每天尽心尽力为公司贡献 10 小时的人。

作为利润共享计划的主要股东及赞助人，我不得不承认我最初认为 23% 太高了。在其他公司，通常都是 8% ～ 12%。但我一直告诉自己，**我宁愿和积极的员工一起工作但少赚钱，也不愿意独自享受消极员工的劳动成果。**

你愿意选择什么呢，大象的尾巴还是一整只蚂蚁？

MAVERICK THE SUCCESS STORY 塞氏企业辞典

利润共享：和通常由管理层单方面决定发放额度以及发给谁的方案不同，塞氏企业和我们的员工就如何分配公司每季度利润的基本比例进行协商，然后由他们决定如何分配。

18 取消文员，解决文件困境

“这篇文章总共花了22个工作时才从我的办公室送到克洛维斯的办公室，而我们的办公室之间只有几米的距离。”

当我们需要购买价值5万美元的文件柜时，我们又召开了一次会议，讨论许多官僚味儿十足的琐碎问题，它们就像开垦过度的花园里的种子那么多。有几个部门等待新的文件柜已经好几个月了，最后他们决定一起提出要求。我猜他们认为这样我们就会对他们的困境印象更深刻。

会议已经开始讨论可能的供应商和价格问题了，这时有人说：“人们到底都把什么放进文件柜里呢？”

我们环视了一下会议室，好像大家对于“巨大的文件困境”都有自己的解释。大部分人都认为：“嗯，当然，他们不会把那些不需要放进文件柜的东西放进文件柜里的。”对于这一点我可不确定。

那天我们没有购买任何新的文件柜，而是决定停工半天，举行首次一年两度的塞氏企业文件大检查和大清理。这是唯一能让我们确切地知道那些文件柜里都放着什么的方法。

我们的指示很简单：我们告诉大家打开每个文件夹看看，然后去除掉所有不是必需的纸张。他们要问自己一个通用汽车公司的前总裁阿尔弗雷德·斯隆曾提出的问题：“如果我把它扔掉，最坏的结果是什么？”

在指定的那一天，我们的办公室员工都穿着牛仔裤和工作服来到公司，准备深入挖掘满是灰尘的发霉的档案室。我一直劝大家不要害怕扔掉太多文件产生的后果。如果文件真的非常重要的话，那么客户或供应商或某人那里肯定会有一份副本。

我了解他们的感觉。我自己也感同身受。我本人就是塞氏企业最大的文件过度使用者之一，我有 4 个大柜子，并且还要求再增加两个。仅次于我的是我的三个秘书，他们每个人都有两个半柜子。

在我们清理结束后，我只剩下了一个文件柜，整个公司的文件柜数量也大大减少了。当人们看到 6 年前的电报、原始记录或一些名片（这些名片上的名字人们已不记得，名片上的公司他们也从来没有听说过）时，他们就会哈哈大笑。他们也找到了许多他们在几个月前急需但却找不到的文件。这次大清理进行得如此彻底，以至于结束之后塞氏企业还拍卖掉了几十个不需要的文件柜。

MAVERICK THE SUCCESS STORY
塞氏企业辞典

大清理：塞氏企业每年让大家清理其工作场所两次，每次用一个下午。办公室人员扔掉无用的文件，工厂工人扔掉废料和旧机器。这个计划始于我们的办公室，但现在大家无一例外都要参加，没有任何东西能保证自己不被扔出去。

这使我们开始更多地思考搜集文件这种行为。我们意识到，我们把许多没有恰当理由保管的文件存放起来，为自身增加了许多工作量，这对于一个自然的企业来说是没有必要的。我们问自己，有多少类似的文书工作也是没有必要的呢？

当进一步思考时，我们开始关注所谓的支持性员工。我常常想起我曾听过的一个助理出纳的故事，当时她来塞氏企业应聘，面试时，考官要求她描述一下她现在的工作。她回答说：“我在粉红色的复印纸上盖一个章，然后把它交给另一个女孩。”当我们的主考官敦促她多讲一点时，发现她除了知道老板付她工资让她在粉红色复印纸上盖章并把它交给另一个女孩之外，对自己的雇主一无所知。

这就是为什么我喜欢卓别林的电影《摩登时代》的原因。这个问题仍然伴随着我们。如果人们一点也不了解工作环境，只是做着完全重复的文职工作，他们可能受到激励吗？有多少文职工作是真正必不可少的？如果我们撤销所有那些没有前途的工作，只保留能发挥人们的潜力并给人们带来满足感的岗位，会怎么样呢？我们能不能在没有秘书、接待员和个人助理的情况下经营我们的公司？我想我已经用不着告诉你我对这些问题的答案了。

当然，我认为经理们不可能当时就同意我。于是我向他们展示了一个例子。

我从《哈佛商业评论》上找到一篇 10 页的文章并想把它送给克洛维斯，他的办公室和我的紧挨着。你想，这不是一件简单的事吗？并非如此。首先，我把这篇文章交给了我的秘书，让她给我复印一份，然后拿回来给我，我在上面写一个简短的评语后再把它送给克洛维斯。但是由于这篇文章比较长，所以必须先送到我们的中心邮件收发室让一个处理较长文件的职员来复印。这里的邮件一天只接收两次——上午 9：00~10：00 一次，下午 4：00~5：00 一次。由于我的测验是在上午 11：00，所以在头一天的大部分时间里我的文章都放在秘书的待发文件篮里。当文章被送到收发室时，那个职员已经下班了，因此直到第二天上午才复印。但又错过了上午接收的时机，所以文章在收发室又待了大半天。这篇文章总共花了 22 个工作时才从我的办公室送到克洛维斯的办公室，而我们的办公室之间只有几米的距离。

我的想法是逐步取消文员岗位，为他们重新分配必要的工作。作为行动的第一步，我们认为，如果秘书不必伺候他们的老板，不必给老板端咖啡，不必为老板支付私人账单，不必为老板拨电话，那么他们的工作效率将会更高。消除最后一个工作会带来一个巨大的好处：我们将结束那些神经质的鸡毛蒜皮的电话战争，因为打电话的人为了证明他自己的重要性，总是等到接电话的人已经在电话那端等待一会儿后才开口说话。

我记得当时召集了大约 30 个秘书开会，告诉他们我们希望在一两年之内撤销他们的职位，让他们思考一下 5 年后他们希望在塞氏企业做什么。然后我们努力满足他们的恰当要求，把他们放在合适的空缺岗位上，有时候也为他们创造一些新的工作岗位。

MAVERICK THE SUCCESS STORY
塞氏企业辞典

培训：与其做一个正式的培训方案，我们觉得不如以多种方式响应员工需求，为其提供发展新技能的机会。我们会问他们，5 年后他们想做什么，然后激励他们参加引导他们达到该目标的培训。费用随后在我们各业务部门的周例会上得到批准。

一些接待员和秘书逐渐开始转而从事营销、销售，甚至工程工作。一个原来在办公室工作的小伙子变成了我们最好的制图员。我的秘书帮助创立了塞氏企业基金会，和以前人力资源部的一个秘书一起寻找新项目。后来，我们资助了一些聪明但却贫穷的巴西儿童上学。

最后，大约有 40% 的办公室职员转到了公司其他更有挑战性的工作岗位上。但有些人喜欢做秘书和接待员，因此他们在别的公司觅到了同样的工作。还有些人告诉我们，他们不想从事要求较高的工作，因为这会占用他们太多时间，使他们不能很好地顾及家庭；对于他们，我们创建了一个工作共享计划，两个人可以分担一个岗位，我们希望他们的事业和家庭都美满。

MAVERICK THE SUCCESS STORY
塞氏企业辞典

辅助人员：我们已从我们的工资表中完全清除了秘书、接待员、个人助理，以及其他不能给人带来满足感 、没有发展前景的工作岗位。遵循我们“自然的企业”的哲学，塞氏企业的每个人都亲自接待自己的客人，亲自复印文件，亲自发传真。

如果说我的计划在秘书和接待员中引起的反应是多种多样的，那么经理们的反应则完全一致。他们不喜欢自己复印东西，自己拨电话，自己下楼去前台接待客人。有些人认为我们只不过是想削减开支，认为我们在大事上糊里糊涂。

他们说："一个像我这样拿高工资的人自己整理文件，那不是成本更高吗？"

有一个经理拿着他的惠普计算器来找我。"我的秘书告诉我，她用 30% 的时间整理我的文件。"他边说边在小型键盘上敲打着，"让我们假设我的工作效率比她高 30%（其实她知道怎么整理文件而他不知道），这样的话至少还会占用我 21% 的时间，一年下来就意味着公司要多支出 12 000 美元的成本。我刚才说的还只是整理文件的工作而已。"

"让我们试验一下吧。"我总是这样恳求他们。但最有效的方法是成为矿工安全帽上的金丝雀。①

在我接管塞氏企业不久后，我就增加了第二个秘书、第三个秘书，并设法让他们都忙忙碌碌的。但他们都在做些什么呢？当然是在整理那些我永远都不再需要的文件。于是我把秘书从三个减少到两个，再减少到一个，最后干脆没有秘书。我自己来整理文件，这就意味着我整理的文件少多了，不是像以前那样一周 50 ~ 60 份文件，而是一月两三份文件。我还意识到，处理自己的文件时，你可以比其他人多冒点风险。

从大部分文件工作的束缚中解脱出来后，我开始更多地在家工作。我在家中有一台接收机、一台个人电脑，后来又增加了一台传真机。同时，我也鼓励其他人在家办公。有些人抗议说："办公室需要我。"但是一旦他们尝试过，发现在家没有干扰地工作更有效率，他们就也变成了在家工作的积极鼓吹者。

MAVERICK THE SUCCESS STORY 塞氏企业辞典

在家工作：我每周至少有三个上午在家工作，并鼓励其他可以在家工作的人也这样做。这样可以使人更加专心，不但提高了效率，还使大家更加灵活。

① 矿工安全帽上的金丝雀过去被作为预防瓦斯中毒的报警系统，当金丝雀倒下或死去时，意味着瓦斯浓度加大，矿工立即逃出矿井。——译者注

我们发现，在办公室没有秘书的情况下，人们在增加文件工作前都会思考一下。如果偶尔有人感觉受到了冷落，我们就多复印几份文件。顺便说一句，当我们分发备忘录时，总是按照人名的字母顺序把所有人都列出来，这样就避免了猜测谁的威望高谁应该排在前头的无聊游戏。但一般来说，复印得越少越好。在保存文件之前我们都会思考再三。**阅读文件，理解它，执行它，然后扔掉它——这就是我们现在的座右铭。**

当然，真正做起来并不像听上去那么容易。我记得有一次一个新经理来找我，他拿着一份装帧精美的报告，报告中有理有据地反对给一家石化工厂制造一个新的高压压缩机。我对他的分析印象深刻，在大概翻阅了一下报告并读了他的建议之后，我抬起头告诉了他我的想法，然后随手把这份报告扔到了我桌子底下的垃圾箱里。"你是对的，这件事不值得做。"我说。这时我看到他脸上的血色渐渐消失，最后和我们最高级的信笺颜色差不多了。他在一个跨国公司工作过 15 年，从来没有看到过一份经过几天辛苦工作的成果在几分钟考虑之后就被扔掉。

我问他为什么认为他的报告应该以文件的形式保存，毕竟我已经同意了他的建议。他面无表情地看了我几秒钟，然后叹了一口气说，该报告已经达到了它的目的，留着它只会占用空间而已。从那天以后，他就开始用简洁的手写便条来回复备忘录。

还有一次，我们从国外订购了价值几十万美元的几十个滚珠轴承，但当货物运到时我们发现它们太大了，而供应商不愿意收回。这个错误代价不菲，但却很难知道是哪个部门的责任，是采购部、生产部，还是工程部？这三个部门的领导开始交换备忘录，最终互相中伤愈演愈烈。在经过几周的游击战争后，我把他们三个叫到了我的办公室。关于这次事故的文件都放在我桌子上一个显眼的位置上，那时已经积累了几十页报告和备忘录，一个大夹子把所有这些文件夹在一起。我保留了那把夹子，但没有保留文件，在他们三个开口说话之前，我就已经郑重其事地把这些文件扔到了垃圾桶里。

这样做并不能结束塞氏企业的文件战争，但肯定会打击这种行为。如果一个人知道他所写的注定会成为垃圾，谁还会花许多时间阅读文件并进行调查后写一份备忘录呢？

我知道我们永远也不可能完全消除备忘录，但我确实找到了一种更容易阅读、更有效和更省时的方法。

一天，在一次冗长的讨论会结束之后，我们开始继续讨论文件工作过多的问题。我在一群高层经理中进行了一次试验。我向他们列出了下面几个词汇：

校车
市长
打碎的玻璃
孩子们
罢工

然后我要求所有参会人员分成小组，在上面这些事实的基础上分别编一则新闻故事，包括标题。对于故事风格和长度并不做限制。

半小时之后，大家开始比较他们的文章。当然，这些文章区别非常大。你从标题上就可以判断出来：

“学校的孩子们去拜访市长时受伤了”
“交通堵塞延迟了市长的演讲”
“市长把孩子扔出了校车”
“市长把校车命名为冠军杯”

关键在于，事实是什么几乎没有关系，而怎样表达这些事实才是重要的。

假设，要求营销部门评估一项新产品是否能盈利。在传统的公司里，他们肯定会上交一份 100 页长的报告，包括市场调查、人口统计特征、经济形势、竞争对手情况、生产细节等，而在这个充斥着软件的年代里，所有这些都会用图表来阐释。

问题在于，有多少人读这份报告，就会有多少种理解方式，正如上面市长和校车的故事所证明的那样。

如果你真的想让某人评估一个项目的可行性，就让他们用一张纸来完成——让他们写一个切中要害的标题，就像报纸上那样。如果一个备忘录的开头写着“新烤箱将会销售 20 000 个，盈利 200 万美元”，肯定不会有人对结论产生误解的。

于是塞氏企业的“标题备忘录”就这样诞生了。关键信息都列在一页纸的最上面。如果你想了解得更详细一点，就阅读一两段。但只有一页，没有第二页。我们所有的备忘录、草稿、书信、报告，甚至市场调查，都被要求在一张纸上完成。

MAVERICK THE SUCCESS STORY 塞氏企业辞典

标题备忘录：塞氏企业所有的备忘录都被限制在一页纸之内，纸的最上面写上一个与报纸头条类似的标题指明要点所在。这一规定无任何例外，即使营销报告也是如此。

这不仅减少了不必要的文件，而且避免了为澄清含糊的备忘录而召开的会议。简洁的价值抵得上这些时间和精力的投入。**信息越多，误解的概率就越大。**

当然，有些人需要一段时间才能习惯一页纸的备忘录。人们有时候在重写 5 ~ 10 遍之后，才能理清自己的思路。

如果马克 · 吐温知道我们这么做是不会感到惊讶的，他曾因写了一封长信而向人道歉，因为他没有时间写短信。

19 塞氏企业妇女计划

“劳拉带着妇女们开始做一种类似舞蹈的体操，灯光昏暗，音乐轻柔而有节奏，她们来回摇摆，没有人讲话，大家都陷入沉思默想之中。”

在劳拉加入我们人力资源部的那天，圣阿马鲁工厂的院子里有一群工人、经理和工会领导人在举行集会。凭着以前在其他公司处理员工福利、培训、招募和人员评价的工作经验，劳拉相信所有的工会领导人都是有7只头的怪兽——和他们沾上边的工人会被立即解雇。但在那之前她都是在传统的公司里工作，现在她为之工作的这个老板会邀请工会领导人来到工厂坐下来一起交谈。她当时一定在想，我丢掉一份好工作来塞氏企业工作，挣得比以前少，而且还是在为一个无政府主义者而非企业家工作。

但不久之后，劳拉自己就表现得有点叛逆了。她成为我们的人力资源部经理后，与克洛维斯一起促成了许多变革，培育了许多大胆的行动，比如我们称之为“塞氏企业妇女”的计划。

应该说是我让她产生这个念头的。1986年的一天，在劳拉加入塞氏企业大约一年后，我把一张纸条放在她桌子上，上面写着：“启动一项关于妇女的项目如何？等我度假回来后咱们商量一下。”这张纸条现在人人皆知。

对于偏见的存在，我们并不能完全责备公司。在我们到工作年龄之前，家庭、学校以及许多场所都一直向我们灌输这种观念。即使这样，公司也可以与偏见作斗争并纠正偏见。企业，就像学校和父母一样，可以对人们进行培训，帮助人们不断进步，让他们有机会改正过去的错误。

评价一个公司是否做到了公平并不难，你无需劳神去翻看记录和统计数据，只要环视一下办公室就足够了。如果几乎所有人都是白种人或看上去都特别顺眼，那么这个公司肯定是怀有偏见的。

公司必须清晰而一贯地表现出公平，我认为例外是要付出代价的。如果公司表现出一点雇用或晋升不是以员工的长处为根据的苗头，那么公司在员工心目中的声誉就会受损。即使十个员工中只有一个是不公正地得到雇用或升迁的，你想想人们会谈论谁呢？对员工的公平就像对客户的品质——需要花数年时间才能建立，但只要发生一次事故就会坍塌。

在我旅行回来之前，劳拉和一个名叫弗洛尔的同事已经开始实施一项计划，在每个业务部门都成立了妇女小组。听她们抱怨是没有问题的，当然她们想要比同样工作岗位上的男人挣更多的钱。最起码，她们也希望得到认可，因为她们下班后还要照顾家庭，就像轮班一样。我不必告诉你存在于拉丁美洲的大男子主义了吧！

这些妇女小组开始在午餐时间聚会。性别歧视、缺乏机会、与同事的关系，以及家庭问题，所有这些都是倾诉的话题。不久就有了大约 75 个参与者，从不识字的清洁女工到拥有高学历的经理。有关性别的议题弥补了她们之间的差异。

有一个巴西俗语叫“拥有空间”（to have space），是指在组织中赢得尊重，占有一席之地，得到他人的关注。劳拉希望，通过为塞氏企业的妇女创造一块空间，她们能够开始渴望去做传统上认为不可能的一些事情。不久，妇女们就发布了她们的第一项要求：她们希望塞氏企业对更衣室和洗手间进行现代化装修，包括安装坐浴盆[①]。她们在会议草稿中列出了这一事项，并按照典型的塞氏企业的做法，把它粘贴在公司各处的公告板上，这引起了一些男人的嘲笑。我

① 坐浴盆，一种在设计上像便池的固定装置，可叉开腿跨坐于上洗浴生殖器和臀部。——编者注

希望我能说这是善意的。但妇女们继续聚会，人数一直在增加。她们是认真的，不久大家就都知道了这一点。

第一次塞氏企业妇女大会在 1986 年 12 月举行。100 多名妇女乘坐汽车到圣保罗市附近的一个宾馆度过了一个工作日。

我和克洛维斯在开幕式上发了言，我们告诉妇女们，要想修正性别歧视，有时候必须参与进来，她们可以依赖塞氏企业的支持，至少在一段时期内，公司也会继续给予她们合理的时间进行聚会，但如果她们想要获得权力，就必须采取主动。说完这些后，我们就离开了。

劳拉后来告诉我说，起初妇女们有些矜持和不自然。这是可以理解的，她们中很少有人参加过会议，有些人连宾馆都没去过，有几个人还为参与此事与丈夫、未婚夫、父母和上级发生了争吵。

劳拉带着妇女们开始做一种类似舞蹈的体操，灯光昏暗，音乐轻柔而有节奏，她们来回摇摆，没有人讲话，大家都陷入沉思默想之中。我知道这听起来有点酸溜溜的，但过了一会儿这种氛围征服了所有参会人员，包括最保守的人，妇女们开始大笑、哭泣、互相拥抱。

然后她们即兴创作并演出了一场戏剧，这是建立在工作中男人和女人传统的角色基础上的，主题是表现大部分女人是多么地顺从，而大部分男人是多么地专横，尤其是那些老板们。这些老板是由妇女们扮演的，她们戴着假胡须，用枕头垫起个将军肚。

这些就是劳拉告诉我的关于会议的所有情况。但很显然妇女们成功地让大家都相信她们有更多的事情可以做，从那以后她们的行动受到了欢迎，甚至得到广泛而热情的支持。尽管有时候当妇女们的午餐会议即将开始时，男主管们会找出一项“紧急”任务让女下属去办。

那时，经过就高价的新管道设备长时间的谈判后，洗手间装修好了。她们的下一步行动意义更加重大。在巴西的法律下，公司要给予生完孩子的妇女额外的生活费，直到孩子长到 6 个月大，然后由她们自己来负担。几乎没有公司会在这方面提供更多的福利，但这并没有让我们的妇女们泄气，她们想出了一个计划，然后推销给我们。现在塞氏企业支付孩子头一年的所有生活费，第二年支付得少一点，第三年再少一点，这样直到第六年孩子可以上学为止。

我们所有人都为这项计划感到高兴，许多公司效仿了我们的做法，他们同样感到高兴。

不久又召开了一次塞氏企业妇女大会，这次会议为期两天，我相信对于一些丈夫和老板来说更难接受了。100 多名妇女参加了这次大会，包括一名即将分娩的孕妇。

大会从一个被称为“哭墙”的练习开始，所有妇女在一个练球室的墙上潦草地涂写，目的是要让大家把情绪发泄出来。天知道她们都写了些什么，没有人告诉我这个。像一年前一样，也有唱歌和跳舞，但这次大会的氛围更加商业化了。那时塞氏企业已经撤销了附加值极低的文职工作，因此妇女们在会上进行研讨，规划培训项目来帮助她们进行转变。回来之后，她们开始评估所有空缺的管理岗位，看她们中是否有人能胜任。她们没有要求一定要得到某个职位，只是努力确保她们在被考虑的范围之内。

有些妇女确实得到了晋升。有一名妇女成为项目工程师，从事诸如船水泵和大型搅拌器系统这样的重型机械工作。还有一名妇女也成为了工程师，销售制冷塔楼。有几名妇女跻身到船用工业这个传统上由男性主导的行业，在码头上销售备用零件。

但让我感到惊讶的是，参加午餐聚会的人员在逐渐减少。同时由于巴西经济陷入萧条，我们不得不进行裁员，其中许多是我们新雇用的妇女，因此对她们的打击尤其沉重。我开始认为这个项目失败了。

劳拉不同意我的想法。她相信这次行动的目标基本已经实现，她们组织得相当成功，很难有谁比她们做得更好了。现在到了每位妇女采取行动继续前进的时候了。

劳拉说，不要担心，当出现需要集体行动的问题时，妇女们就会行动起来。

大约一年后，在两个对立的工会之间展开了一场斗争。一个工会已经在全国范围内号召进行罢工，如果成功的话，不仅会对牵涉其中的公司造成重创，同时会对其他公司造成不小的打击。于是这个工会决定开始罢工，然后把组织人员送到一个个工厂寻求支持。

塞氏企业是他们喜欢攻击的目标，因为它总是出现在新闻中，如果在我们的工厂出现一次罢工,那就意味着曝光率将会非常大。第二个工会把它最好的(最糟的?)人送到了我们这里：奥拉西奥·皮尼帕。这个人是个激进分子，我们的工人对他感到恐惧更甚于敬佩。奥拉西奥也不喜欢塞氏企业，他觉得自己被排挤到了我们工厂委员会举行的谈判之外。如果他想获得公平的话，这是他可能得到的一个好机会。

到今天为止，塞氏企业的许多员工仍然不能解释为什么他们会被奥拉西奥说服进行罢工（这些工人与霍巴特工厂的工人不同）。奥拉西奥配备了一个得力的公开演讲系统，站在一辆卡车上，一直不停地对我叫骂，并试图让工厂工人与办公室员工斗起来，因为办公室员工反对罢工。一个名叫阿尔贝托的工程师对此感到厌恶之极，他大跨步地跳上卡车，要求奥拉西奥把麦克风交过来。奥拉西奥差点把他给打了，然后又继续恶狠狠地辱骂——直到把一个人的祖宗十八代骂上个七八遍。他讥讽地喊道:“塞氏的这群女人不会做任何有用的事情，只会和经理们上床睡觉。”

一层会议室立刻就有大约 40 个妇女形成了一个愤怒的核心组织，她们包围了奥拉西奥，用手指着他，让他收回他说的话。

奥拉西奥说他一个字也不会收回。

莉娅·格拉,一个容易激动的智利人,想冲向奥拉西奥,被几个妇女拉了回来，但莉娅一直冲奥拉西奥叫喊着让他从卡车上下来决斗。

就在这时，我们的电话操作员伊拉克玛几乎失去了控制，她冲到她的小车里，取出了她放在贮物箱里的手枪（她每天晚上开车回家都要经过市里治安最糟糕的街区，而这把手枪让她感到更安全）。弗洛尔努力劝她把枪放回去，尽管伊拉克玛并不是真打算用它。

那时,奥拉西奥已经蜷缩在卡车驾驶室里，告诉我们他准备结束罢工。我们保证他能安全地到达三楼，这样他就可以签署和平协议。当他签署协议后，劳拉说她有一个口信捎给他。

“奥拉西奥，你的一些成员希望现在和你见面。”

“为什么？”这个工会领导人颤抖着问。

“我想他们想和你交换一些意见。”

“告诉他们我去不了。我离开这里后有许多事情要做。”

说完这句话后，这个胆大的、激进的工会领导人冲下楼梯，从门口聚集的妇女中间匆匆跑过。

劳拉是对的。这次行动只不过是在等待时机。

20 轮岗制：你不用担心生活枯燥

“如果一个天平装配员想成为系统分析师，我们会努力促成此事。如果一个秘书想成为销售工程师，我们将会资助她的学习。”

我们用了几年时间试图雇用马尔西奥。我们第一次面试他是在 1983 年，当时他是一家名为 Vigorelli 的缝纫机公司的生产工程师，他用该公司库存的许多零部件富有创意地开发了一种新的缩绒机。

让我们感到失望的是，马尔西奥选择为一家名为 Cyklop 的生产包装机的德国公司担任生产总监。

第二年年初我们又一次拜访了他。他在即将赴德国接受培训的前夕来看望我们，由于这次培训是 Cyklop 公司出的钱，他认为如果他一回来就辞职是不道德的。

但是如果我们不坚持就什么也得不到，因此在当年八月我们又一次想把马尔西奥招进来。虽然我和克洛维斯都认为这次已经是“三次出师不利，我们该退出了”的时候。

在多次讨论之后，马尔西奥最终决定加入我们。但是他不能置困境中的 Cyklop 公司不管，因此他还要在那里待 4 个月。我们有点难受，不过反过来想一下，如果他要离开我们的话，我们也希望被这样对待。

当他终于加入到塞氏企业时，我们马上任命他为圣阿马鲁工厂的经理。不久之后，他开始同时负责塞氏企业的原材料处理和采购业务，接着他又成为我们的工程经理。到 1988 年，马尔西奥已经成为我们制冷系统部门的总经理，虽然经济不景气，他还是设法使销售额和利润持续上升。当我们从美国人那里购买该部门时，它一年的销售额是 120 万美元；马尔西奥将销售额提高到将近 400 万美元，税后利润率达到 10%。

我们决不想画蛇添足。马尔西奥在经营圣阿马鲁工厂时已经在船用产品方面积累了丰富的经验，因此对于纳科斯－尤尼达斯工厂，他似乎是个不错的人选，因为该工厂也生产同样的产品。

这种工作调动也许会让一些人觉得有点忙乱和无所适从，不过这在塞氏企业已经司空见惯了。确实，像马尔西奥这样“混乱”的职业生涯在我们公司已经被制度化了，我们实行了岗位轮换计划，我们的经理中有 20% ～ 25% 的人都换过工作岗位。我敢说只有不到 1/3 的人连一次工作都没换过。

求变是人类的天性。如果在一个地方待得太久，他就不可避免地产生厌倦感，没有积极性，生产效率降低。我认为解决的办法就是鼓励经理们互相交换工作。例如，会计部门的人可以和销售部门的人换工作。他们提前一年左右开始规划，给每一方留出一定的时间了解对方的工作职责，从而使交接更顺利。但是正如在塞氏企业实施的其他计划一样，我们希望我们的员工采取主动。我们不希望由我们来决定谁应该去哪里。

我们感到，在一个工作岗位上做 2～5 年就足够了。如果有人能不断为自己创造新的挑战，那么他就可以继续在原来的岗位上干更长时间，否则，就应该找一个伙伴共舞了。

我们已经成功见证了好几次让传统人士感到震惊的公司变动。洗碟机分部是我们管理得最好的单位之一，在营销和生产方面总是做出关键决策，现在它由我们曾经的财务主管经营。生产天平的电子硬件和软件产品单位由一个机械工程师来领导。直到最近，我们的财务主管一直是一个销售经理。至于马尔西奥，到目前为止他已经在塞氏企业领导了三个不同的业务单位。

我们不希望员工被学历或简历所束缚，也不让缺少正规教育这种条件限制任何人的发展潜力。我们的一个财务总监和一个技术总监只有高中文凭，还有一个技术总监实际上根本没上过学，但这并不妨碍他领导一个全部是巴西名牌大学出身的工程师团队。如果一个天平装配员想成为系统分析师，我们会努力促成此事。如果一个秘书想成为销售工程师，我们将会资助她的学习。

MAVERICK

the success story behind the world's most unusual workplace

雇员和雇主都可从岗位轮换中得到许多益处，奇怪的是很少有公司鼓励这种做法。岗位轮换有助于人们学习新技能，使他们的生活更有趣味，也更体现出他们的人生价值。岗位轮换会减少公司内“各路诸侯”的权力扩张，因为如果人们每隔几年就打起背包换地方的话，是不可能很好地占山为王的。岗位轮换使人们从更广阔的视角看待公司：财务主管可能常常抱怨销售人员的支付条款，当他调换工作发现与真实的客户打交道有多么不易时，他就会后悔过去的抱怨。

岗位轮换使公司为同一份工作准备了不止一个人，这是一项优秀的组织原则，为那些被困于金字塔中间的人创造了额外的机会。

岗位轮换鼓励传播多样化的个性、观点、背景和技术，在公司上下注入新鲜的血液和全新的愿景。同时它也使组织具有客观性：客户和供应商是与公司而非与某人建立关系。类似的，当某人要离开一个部门甚至公司，尤其是如果他似乎有点不可替代时，岗位轮换能减少这种情况可能产生的冲击：这种不可替代性是有意识努力的结果，是他没有授权给别人及其他一些问题引起的，他借此来确保自己具有绝对控制权。没有人想进入一个组织混乱的部门，没有人希望自己像一个独裁者，也没有人希望自己不能很好地选择下属。

当然，岗位轮换必须小心实施，这样当需要专家时才不会找不到。但这在塞氏企业已经不再是大问题了，因为岗位轮换使得我们在许多领域都发展、培养了很多专家。

如果某个具有独特才能的人决定在错误的时间调动工作该怎么办呢？如果

他确实想换工作，那么不管我们做什么他终究会调到别处，然后他就不再和我们在一起了。那么我们宁愿在需要时把他叫来咨询，即使他已调到另一部门。但我们这儿从未有哪个“身怀绝技”的人没找到合适的接班人，就想调到其他工作岗位，即使培养他们的接班人得用好几年时间。他们会说：“看，我这里有个小伙子，他和我在一起待了三年，再过两年他就可以代替我了。”

然后我们都拭目以待。

MAVERICK THE SUCCESS STORY 塞氏企业辞典

轮换岗位： 我们鼓励我们的经理们彼此调换岗位，一年中有25% 的人可以做这一调换。在同一岗位最少干两年，最多干5年已经足够了，但与塞氏企业的其他方案一样，主动权在员工手中。岗位轮换可能导致不稳定，但有相当多的优点，包括：1）让人们学会新技能；2）防止公司内部的权力扩张；3）为员工提供更广阔的视角来看自己的公司，使之体谅到同事们面临的困难；4）使管理者为一个岗位准备更多的人选；5）为那些被现有岗位所羁绊的人提供新机会。

不管轮岗还是不轮岗，在塞氏企业的生活都有点让人眩晕。我敢肯定我们的经理们与大型跨国公司分公司同样职位的人相比，感到更没有保障。把你安置在一个大公司的岗位上，按大家都熟知的规则做事，你就会睡得很香。塞氏企业的经理们很可能随时面临着富有挑战性的局面。在这里不用担心生活枯燥。

有时候也许塞氏企业太有意思了。我们的员工总是抱怨说，我们在太短时间内做出了太多的改变。我们一直在创造新计划，当我的想法在当周内不能实施时，我总是感到很失望。但我一直都过于急躁。我记得我在高中时作为短跑选手曾参加过一次重要的全州范围的比赛。我刻苦训练，感到很自信，并且分到了内侧跑道。当发令枪声一响起，我就全速冲了出去，成为无可争议的领跑者。当我跑到最后一圈时，我的头脑冲到了终点线，但双腿却变成了软橡皮，怎么也不听指挥了。接下来我就在跑道上气喘吁吁地挪动着，看着我的对手们一个个冲到了终点。那时候我才意识到，**获得第一名并不是什么了不起的事情，最难的是平安无恙地到达终点。**

在塞氏企业工作的压力也更大一些，因为我们真正相信市场的力量。我们不保护任何人免受商业周期或巴西经济变化无常的影响。并不是人人都这样——对于那些像躲在战壕里的士兵一样巩固自己地位的官僚们来说，情况当然不同了。

由于存在这种压力，我们非常提倡职业再循环，又名休假，我们称之为“肝炎假”。当人们告诉我们，他们没有时间思考时，我们就会让他们考虑如果忽然患了肝炎，必须卧床休息三个月，那么会发生什么事情。最后，我们告诉他们好好思考。

MAVERICK THE SUCCESS STORY 塞氏企业辞典

肝炎假：塞氏企业版的研习假期。专业人员每隔一年或两年可以有几周甚至几个月的时间离开其通常的岗位，去学习新技能，重新规划自己的职业，或干脆进行休整。这项规定起因是几名苦恼的经理对我们说他们没时间思考。我们问他们，假如他们突然得了肝炎，并被迫离开两个月来使身体复原，会怎么样。然后，我们就放了他们两个月的假。

专业人员（到目前为止该计划只限于中层或高层工作岗位）每隔一年或两年可以有几周甚至几个月离开他们通常的工作岗位。他们可以利用这段时间阅读书籍或文章，学习新技能，或重新进行他们的职业规划。或者他们也可以仅仅是思考问题。实际上，这正是“肝炎假”的要点，它不是为了补偿繁重工作而设计的，而是旨在为员工的职业生涯提供一段间隙，让他们停下来重新思考他们的工作、生活和目标。休假可以使人们提前计划，弄清楚事情的优先次序，然后以更好的状态回来为实现其目标而努力，只要他们记得休假结束的时间就行了。

但有时候我们的灵活政策会产生事与愿违的结果。我们曾用十多年时间准备把一个业务经理培养成为管理者，后来我们从“10 年后你希望成为什么”的调查中了解到，他对营销更感兴趣，于是我们出资让他去巴西最好的商学院学习营销领域的研究生课程，然后调动了他的工作。就这样，他变成了船用产品工厂的领导人。

21 塞氏伦理：宽容与底线

“我们不想成为一个欢乐的大家庭。我们想成为一个企业。不要拿‘我们是一家人’这样的话骗人。”

当我看到这封信的回信地址时，就有一种预感，我敢肯定信上这个地址是没有人住的。

无疑，信里的信息是用杂志上剪下来的字母拼写而成，就像一张赎金条。信里面详细描述了塞氏企业两个经理和一个钢盘供应商之间谣传的回扣计划，匿名作者还说，之所以把它写出来，是为了偿还欠我父亲的一笔债务。

我收到这封信时，我们刚刚和信里提到的那家供应商签了一笔50多万美元的订单。由于我们以前没有和这家公司做过生意，也没有其他投标者可以咨询，我想如果把这两个经理叫过来询问一下应该是在我们的权利范围内。但是我们已经使塞氏企业进入互相信任的新时代，那么对于没有确凿证据甚至没有指控人名字的指控，我们应该采取什么样的态度才符合那种精神呢？

我和克洛维斯决定不对这两名经理进行调查，而是查出那个指控者。如果信里所说是假，那么我们当然不想要这样的人为我们工作。如果信里所说属实，我们将采取行动，不过我们也想知道为什么他一定要采取这种偷偷摸摸的揭露方法。

回信地址是手写的，因此我和克洛维斯雇用了一个服务于法庭的笔迹学家研究其字迹。在调查中，他翻阅了我们的文件。一周后我们得到了他的报告，靠辨认字迹我们就处理了这件事，这使我们很高兴。我们的笔迹专家确信，匿名作者就是一年前曾写过类似一封信的一个员工，不过那次他签上了自己的名字。我们那次没有理会，因为这名指控人以前常常凭空指控主管们。他感到我们不考虑提升他对他很不公平，这已经不是什么秘密了。

于是这两名经理被证明是清白的，我们解雇了指控人。到那时大家才知道了这件案子。

但在你得出我们从轻发落不守规矩之人的结论前，让我来告诉你另一件案子。在我们接管霍巴特工厂几个月后，一个工人注意到零部件和服务部门的三个员工常常无缘无故地加班。一天晚上他留下来爬进一个小壁橱里，伺机等候着。透过门上的一个小孔，他看见这三个人正在把我们的零部件偷偷地搬到他们的车上。这些小偷被抓住后就被解雇了，并遭到了逮捕。他们从我们的工厂偷东西大约已经一个月了。我不愿去想，如果没有那个工人的帮忙，这种偷窃行为还要持续多久。

我相信，这两件案子表明了塞氏企业对待犯罪的态度和惩罚的方式。当我们确信某人已经犯罪时，我们就会去指控他，而且总是这样。但是，如果没有真正犯罪——或者有些情况下情有可原——我们就非常不愿意卷入其中。我们从来不做出书面警告，从来不暂停人们的工作，也从来不扣除人们的工资。我们会讨论困扰我们的问题，但一般不会做任何激烈的事情。如果我们感到某人确实不适合在我们的环境中工作，我们将会如实告诉他。如果他不改变，最终我们将会解雇他，但我们不会对他处以罚款。

就像我们的许多想法一样，我们对纪律的看法基于这样的信念：**我们的员工都是成年人，他们应该得到成年人那样的对待。**

随着塞氏企业的改变，我们逐渐在个人行为方面强调两点：一是每个员工都对他自己的行为负责；二是人们在他们的非工作时间做什么是他们自己的事情。我们只关心员工的工作，而不关心他的私生活，只要这不会干涉他在工作中的表现就行。

有一次，几个工人在一个金属烤架上抽大麻，这些烤架是工厂在完成月末目标后扔掉的。要是这种事情发生在别的公司他们马上会被开除，但是在塞氏企业不会。我们和工厂委员会一起召集了一个会议，宣布说在公司财产上抽大麻是不允许的。我们知道是哪几个人，但我们没有提及他们的名字。我们的目的不是惩罚他们，只是确保这种事以后不会再发生。

如果我们没有因为员工的恶习而感到陷入危险，我们也不对此负责。如果一个工人酗酒，那么让他戒酒并不是塞氏企业的职责，那是酗酒者互诫协会（Alcoholic Anonymous）的工作。如果他有烟瘾，帮他清理他的肺也不是我们公司的义务。如果他染上了毒瘾，并且想进行医疗或精神治疗，那么我们愿意帮助他，但他必须迈出第一步。

我们的做法似乎没有人情味，甚至不合潮流，因为现在许多公司都相信，帮助员工解决毒品、酒精或个人问题是公司的义务。我相信它们的意愿非常好，但我们不想让我们的经理都变成父亲的形象，即使这会让他们内心感到温暖和可爱。我们不想成为一个欢乐的大家庭。我们想成为一个企业。不要拿“我们是一家人”这样的话骗人。问问那些退休三天后就不能再进公司大门的人吧。甚至连一名生病的工人，如果他不能很快返回工厂的话，也会被人们遗忘。起初公司的一些朋友也许会去看望他，每月工资也继续发放，但是处于那种糟糕状态下的人很快就会意识到公司不可能是家庭。

一个我们行业内的公司老板被公认为是最慷慨的老板。当一个工人的儿子得了一种非常严重的病，只有到国外才能治疗时，这个老板为他支付了所有的医疗费用，这些钱相当于这位父亲许多年的薪水，这个总数他一辈子也还不完。他也没有必要去还，因为这是一份礼物，而不是贷款。但是如果这个体贴而慷慨的好老板在工厂里巡视，发现有人在做他不喜欢的事时，他就会马上开除他（当然是严厉地）。这是家长式管理的另一面。员工们和这些老板签约，把他们的灵魂租借给他们的工作，而这可能是一笔代价不菲的生意。

MAVERICK THE SUCCESS STORY
塞氏企业辞典

家长式管理：在塞氏企业，这是个令人讨厌的词。我们不想成为一个快乐的大家庭，我们要成为一个成功的企业。我们只关注我们员工工作上的表现，而非他们的私生活。你在塞氏企业找不到跑步机、游泳池或健身房。如果我们的员工想参加健身俱乐部，那是他们自己的事。我们提供健康保险和其他福利，但我们让员工帮忙安排这些事。偶尔，塞氏企业会借钱给员工，但只为那些不可预见的紧急事件。我们不把员工看成需要照顾的孩子，而视之为能在工作中做决策的成年人。

在塞氏企业我们不做那种交易，但那不意味着我们的员工不帮助他们的同事。我们不反对同情，只不过希望它是自发、自愿、发自内心的。例如，当得知我们公司一名已 50 岁的清洁工的妻子即将生一对双胞胎时，人力资源部的莉娅到工厂和办公室收集了捐款和婴儿衣服。没有人叫她这么做，她是自愿去做这件事的。公司里几乎所有人都捐了，这比仅仅让财务主管送去一张支票更让我们感到骄傲。

塞氏企业偶尔也会借钱给员工，但只有在不可预测的紧急情况下才这么做，比如一个工人的房子被洪水淹没或其配偶生病了。只要我们感到这个人有偿还能力，我们就会竭尽所能借给他所需的现金——他可以用一年、两年甚至三年的时间来还钱。然后我们将从他的工资中扣除大约 20% ~ 30% 的钱，直到还完为止。但如果一个工人想买房子或汽车，我们不会借给他一分钱。我们不想出钱涉入他的理财生活或参与他的梦想。我们也许会提供一门关于预算的课程，或者帮他计算他能支付多少抵押贷款，但仅此而已。我们所提供的爱心和关怀来自我们的员工，而不是我们的政策。

在塞氏企业你找不到跑道、游泳池或健身房。许多公司都修建这些设施来帮助员工应对压力。在塞氏企业，我们努力从根本上不让员工产生压力。

这意味着公司应该抛弃所有福利，把它们所消耗的资金都转化为员工额外的工资吗？当然不是。返还的工资数目并不能让员工购买到同样的福利。这里存在着规模经济。因此我们采取折中的做法，让员工来管理诸如医疗保险之类的福利。公司来出钱，但由员工决定如何花掉这笔钱。

要实现我们自由自在的理想并不容易。我记得一次人力资源部的塞尔索让办公室维护工人乔斯把一些机密文件——工资记录，包括那时一直没公开薪水的经理们的工资单——塞进碎纸机，因为这个机器噪音太大，所以被放在了大厅里。乔斯开始把纸塞进机器，但中间不得不离开几分钟去倒一些垃圾。几分钟后一个同事急匆匆地走进塞尔索的办公室，上气不接下气地说："你最好出去看看发生什么事了。"

塞尔索跑进大厅，看见一个保安正靠在碎纸机上读这些文件。这个家伙是个麻烦：他利用作为工厂委员会成员不会被开除的特权给我们制造各种问题。他是那种给委员会带来坏名声的工人。

"你在干什么？"塞尔索大声问道，他明知道答案但不知道还能说什么别的。

"我在读东西。"这个保安随意地回答。

"你不能这么做，"塞尔索说，"它们都是机密的。"

这个保安说了一些令人不快的话就走开了。后来，他被叫到办公室里，问他为什么要偷窥。他坚持说他不想做任何对公司有害的事。人力资源部的保罗知道他的目的，他想要证明一些经理的薪水比他们公开的要高出好多。保罗相信保安知道他所知道的东西，然后他问保安他认为塞氏企业应该如何处理这件事。这让保安感到很惊讶，但是保安的回答也让保罗感到吃惊。他说，既然他看文件没有什么恶意，那么他根本就不应该受到惩罚。

我敢肯定大部分公司都会立即解雇这个保安。当员工违反了重要规定时，公司通常都会杀一儆百。但塞氏企业是一个参与型公司，如果我们没有为答案做好准备，我们就不会提出问题。我们听从了这个保安的建议，没有采取任何措施，除了告诉他我们认为他做错了。

在塞氏企业，我们很少为了惩戒而解雇人，但当我们这么做时，不会在公告板上贴出这样的告示："很遗憾皮尔菲先生由于身体欠佳决定辞职。"如果一个员工破坏了我们的信用，我们就如实把真相告诉大家。如果他离开我们是因为找到了一份更好的工作，我们也如实告诉大家，并且祝福他一切顺利，有时表达出我们希望他再回来工作的愿望。

我们一直都尽量讲真话。在极少数情况下，当真话由于某些特殊原因不能讲时，我们就什么也不说。我们相信所有沟通必须保持绝对诚实，尤其是那些面对员工或公众的沟通。我们甚至把这一政策运用到媒体上。巴西所有电视网络和主要报刊都可以采访塞氏企业内的任何人，不管这些媒体过去报道过什么。我们的员工可以自由说出他们的想法，而不用有丝毫担心。

我们还采取了另外一个措施来保证沟通顺畅。每年两三次我们都会分发一份被称为"公司在思考什么"的调查问卷。这就给员工提供了另一个机会告诉我们他们是否对自己的薪水满意，是否有理由离开公司，是否支持罢工，是否对管理层有信心，等等。调查结果会公布出来让所有人都看到，这样就使我们既了解了他们关心的问题，同时又密切注意了我们的声誉。

我们甚至鼓励公司内的非暴力反抗行为，不过我们做得很微妙。例如，如果一些东西的采购进展不顺利，员工们知道陷入困境时他们可以亲自去购买，然后把账单给我们。工人们在食堂举行过抗议活动，因为他们认为我们应该对他们的伙食补贴 100%，而不是 70%。有些工人拒绝穿工作服。我们的对策是解释一下事情的来龙去脉，除此之外什么也不做。如果不可能共存，要么他们最终会自己离开公司，要么他们会逐渐不易觉察地被这种体制驱除出去。但是我们也有一些员工几乎全盘反对我们的想法，但仍然毫无歉意和不受约束地待在这里。只要他们做好自己的工作，他们不穿工作服又有什么关系呢。

有一些非暴力反抗行为对改变组织是必需的，因为组织不可能在所有方面都没有问题。我们不害怕我们的梭罗[①]和巴枯宁[②]们,相反我们尽力让他们讲出自己的想法，即使他们经常成为我们的“眼中钉”。

其中一颗比较“坚硬”的“眼中钉”是我们制冷系统工厂的一个焊接工，该工厂生产制冷塔。在巴西，在存在危险条件下工作的员工根据风险程度的不同，应该多得到20%、30%，甚至40%的报酬。这个焊接工和一些同事要求工厂委员会为他们所做的热焊接工作发放危险补贴金。但多热就算太热了？我们告诉工人我们将请一些塞氏企业的工程师来检查他们的工作条件，然后相应地调整他们的工资。

似乎所有人都对此感到满意，除了这个反叛者，他说他不相信公司的工程师是公正的。我们没有理会他的反对，于是工程师们得出报告说确实存在危险，应该增加30%的工资补贴。我们马上遵从他们的意见行事，补发了从焊接工第一次提出那一周至今的工资补贴。但是这个反叛者认为他和他的同事应该获得40%的补贴。

几周后，一个焊接工——他的资历最深——到了巴西规定的全职员工退休年龄。他已经在公司工作了很多年，因此工资很高。但由于他非常优秀，我们决定返聘他作为我们的顾问，这能使我们合法地规避退休规定。当然，我们还是像以前一样付他薪水。

然后，我们听到了反叛者的声音。他是资历第二深的焊接工，希望领到和那个资历最深的工人一样的工资。我们向他解释说这是一个特例,但是他不满意。他去找工会，工会说他必须自己去争取。于是他把我们告上了法庭。他起诉这件事的同时，也起诉我们危险补贴金一事。

这并没有吓倒我们，如果一个工人想起诉我们，那是他的权利。

大约一个月后，我们都奔赴法庭。法官首先问原告当他离开塞氏企业时是

---

① 梭罗（Henry David Thoreau，1817—1862)，美国作家、思想家。著有《瓦尔登湖》《论公民的不服从》（又译为《消极抵抗》《非暴力抵抗》）等。其思想对英国工党、印度的甘地与美国黑人领袖马丁·路德·金等有很大的影响。——译者注

② 巴枯宁（Mikhail Bakunin，1814—1876），俄国无政府主义者。——译者注

否得到了应有的离职金。

“我没有离职金。”这个反叛的焊接工说。

法官转向保罗，他代表着公司。法官在他眼前挥动着一根手指，尖厉地问他：“到底为什么他没有离职金？”

“因为他还是我们的员工。”保罗平静地回答。

“还是你们的员工？”法官满腹狐疑地说，“起诉公司的任何人都会被解雇或离职的。”

“不”，保罗说，“这个焊接工虽然对我们有意见并把我们告上法庭，但他仍然是我们的员工。”

让大家惊奇的是，这个法官停止了审判，对塞氏企业尊重员工权利的做法表示欣赏。

然后案子重新开始审理，前后共历经了 6 个月时间。最后，塞氏企业在这两个案子中都胜诉了。那么，这个焊接工呢？他现在仍然和我们在一起，还是像以前那样“坚硬”。

22 要不要老板？员工们打分吧

“‘审判日’到来了，三个阵营的人分别坐在房间里他们熟悉的位置上。讨论了一个小时后，每个员工都拿了一份调查问卷开始填写。阿纳托利凝视着窗外，等待着其他人决定他的命运。”

阿纳托利即将走进“角斗场”，狮子们已经饥肠辘辘了。聚集在圣阿马鲁工厂会议室的是一群带敌对情绪的人，也是他在和平时期可能面对的人。如果阿纳托利是幸运的，他们就将成为他未来的下属。

阿纳托利个子很高，留着一把花白胡子，说话很温柔。他已经和塞氏企业所有高层领导都谈过了，我们祝他好运，但我们清楚，我们一点儿忙也帮不上他，一切都取决于他自己。

几年前，当阿纳托利来应聘时，我们雇用了他。当时我们在寻找一个精通采购协议复杂的法律条款并在处理大订单和管理人员方面有经验的经理，同时我们也希望这个人对于规划、装配、质量控制、成本控制、财务和营销等方面有一定的了解。

为什么我们要求这个经理具备如此广泛而多样的资质呢？我们计划的这个项目包含了所有饼干厂的建设——每个饼干厂都包含价值大约 300~400 万美元的和面机、切面机、烤箱、传送带、电子控制器，以及诸如此类的东西。这成千上万个零部件在我们的圣阿马鲁工厂生产，然后在世界其他地方进行装配。

我们的客户包括纳贝斯克等，他们只需简单地摁一个按钮，瞧，乐之薄脆饼干和奥利奥饼干就出来啦。

我们认为在塞氏企业内没有人能担当此任，于是发布了招聘广告。我们的招聘广告吸引了三个候选人，其中阿纳托利看起来是最棒的一个。他有在花旗银行的财务工作经验，还在其他几家公司从事过生产方面的工作。他也满怀热情，直到我们告诉他，被塞氏企业雇用，他将获得与自己经历的任何一家公司都不同的体验。

在今天这个新秩序的时代，几乎每个人都相信人们对领导他们的人有投票权，至少在公共部门是这样。但是民主还没有渗透到工作场所。独裁者和专制暴君依然大量存在于世界各地的办公室和工厂里。

大部分公司和员工都把这一点作为不可改变的现实来接受。但是，我们认为塞氏企业没有必要保留这个体制，在这种体制下，得到雇用的人给他未来的老板留下了好印象，但却没有赢得其下属的尊重。我们也不明白为什么我们应该留下一个其未来下属对他评价不高的主管。因此，我们制定了一项计划来确保主管的任命都要通过将为他工作的人的批准。

就像塞氏企业的许多创新一样，我并非很确切地知道如何开始。最初，我们只是想知道为什么有些人没有像我们提拔他们时预想的那样获得成功，于是，我们自然就去问那些在他们手下工作的人。这使得我们编制了一个表格，现在下属们用它来评价他们的经理，一年两次。这份表格大概有 30 个多项选择题，分别测评主管的技术能力、工作能力、领导能力及其他方面。这里有几个例子：

面对批评，被调查者的表现：

A. 很糟糕，忽视批评

B. 很糟糕，拒绝批评

C. 通情达理，还过得去

D. 令人满意，接受批评

当被调查者的部门达到了较高的生产率时，他通常：

A. 自己居功

B. 表扬做出贡献的人

C. 将整个部门作为团队进行表扬

被调查者使他的团队感到:

A. 畏惧、不安

B. 被漠视、无所谓

C. 安全、稳定

被调查者:

A. 总是提醒别人他是老板

B. 偶尔提醒别人他是老板

C. 很少显示出自己是老板

这份调查问卷是以匿名的方式填写的，这样就没有人害怕如实作答后的可能后果。我们根据问题和答案的重要程度加权计算出一个得分，并将之公布出来，这样大家就知道每个人处于什么水平了。70 分算及格，大部分经理都可以得到 80~85 分。得分低于 70 分的经理并不会被自动解雇，但低分通常会对个人产生巨大压力促使其改变。我们想要看到的是一年比一年进步。主管们会同其下属讨论他们的分数，这样，改变的进程很快就开始了。

这种员工评价制度是基于塞氏企业的优势之一——“透明度”发展起来的。在我们公司，人们总是可以自由地说出他们的想法，甚至向他们的主管说出关于主管自身的评价。每个人都应该积极倾听，犯错误时要勇于承认，这种观念已经深入到我们的企业文化中。

我们制作调查问卷来弄清楚为什么有些经理失败了。但我们也遇到过这样的情况，我们钦佩并不断提拔的经理得分很低，这让我们想知道我们怎么能错得那么离谱。曾经有个人主管一个大部门，业绩非常好，至少我们这么认为。在第一次员工评价中，他只得了 40 分。在仔细调查之后，我们认为他的下属是正确的：他是一个伟大的推销员，但却是一个糟糕的领导者，即使没有他，他的员工也一样能取得成功。解决办法是：我们让他做单个销售员工的领导，他的才华因此显露出来。他原先所在的部门换了一个新领导后业绩比原来还要好。

但这样的情况是很少见的。更多的情况是评价过程能帮助人们改变。我这样说是经验之谈。我的第一次评价是由两个副总裁和秘书来做的。我的秘书警告我说："我已经准备了许多想向你抱怨的问题。"然后她告诉我，我总是不能让她清晰地知道我工作的优先次序，当她没有猜对时就感到很沮丧。她的抱怨促使我用不同颜色的标签来表示工作的重要程度——红色表示非常紧急，黄色表示紧迫，绿色表示可以缓一缓的事情。我这个主意是从电子天平工厂"心情"标签的做法中偷来的。

我们的下一步举措显而易见，虽然说有点激进。从上层派来的经理要从对他不利的地方开始工作。为什么不让人们挑选他们的主管呢？**在一个所有人都对企业有贡献的组织里，让下属来选择未来主管的主意似乎完全合情合理，这样可以在主管得到提升之前防止意外发生。**奇怪的是人们很少这样做。

于是我们把评价体系延伸到了向更高职位的提升上，使用了另外一份调查问卷，由中层经理和生产区主管来填写。但是由于这些下属都没有为候选人工作过，因此我们增加了一个步骤——群体面试。候选人通常要参加四五次这样的会面。我相信这会考验他们的耐心，但同时也给了他们一个机会了解我们的企业和文化。这种做法也给了他们和我们一个机会，在决定聘用之前弄清楚我们是否真正适合对方。

是马尔西奥向阿纳托利解释了我们奇怪的雇用程序。从某种程度上说，马尔西奥负责工作机会。我之所以说"某种程度上"是因为这是塞氏企业，在这个公司里没有什么事情是一目了然的，没有任何个人能够决定谁是否有工作机会。一个经理如果能够让他的同事相信他们的业务部门需要新人，那他就可以创造一个工作岗位。如果大家都同意增加一个工作岗位，那么对这个想法感兴趣的人就把理想候选人的特征都列出来，包括重要的品质和要求——经验、领导能力、语言要求——并对每一项进行权衡。作为公司企业文化的一部分，像学术背景和个人相貌这样的因素不在考虑之内。塞氏企业里有许多没有学位或穿意大利西装的人，但他们都是一流的员工。

对岗位所需人选的特征和大致的工作描述被粘贴在所有公告板上，给我们的员工优先申请的机会。我知道你现在在想什么：许多公司不都是这么做的吗？是的，但下面才是我们与众不同的地方：在一项我们称之为“家庭银器”的计划下，如果一个员工达到了岗位要求的70%，我们就会选择他而不是外部申请者。换句话说，我们的员工对新工作有30%的优惠。我们相信文化适应的力量，因此我们愿意打赌满足岗位要求70%的人很快能发展到100%。

MAVERICK THE SUCCESS STORY 塞氏企业辞典

家庭银器： 如果出现职位空缺或设立了新岗位，相对于外来者，达到该职位要求70%的塞氏企业员工将被优先考虑。

只有在公司内部找不到合格的人选时，我们才考虑外部申请者。但我们并不是平等地对待外部申请者。我们优先考虑塞氏企业以前的员工——劳拉称他们为“孤儿”。的确有一些人在别的公司干得不错或自己做了老板，但更多人又回到了塞氏，我们也欢迎他们回来。

我们也优先考虑员工的朋友和熟人，因为在塞氏企业任何负责任的人都不会推荐达不到我们标准的人而损害他自己的声誉。但家庭成员除外，只有远亲允许在公司内工作，而且是与员工在不同的工厂里。

只有在所有这些做法都没能找到理想人选的时候，我们才求助于报纸广告或猎头。我们一般为一个工作岗位找到三个申请人，但最终只有两个能留下来。

“我们生产烤箱、传送带和和面机，把它们运输到现场，然后安装。”在他们第一次会面时，马尔西奥这样告诉阿纳托利，“客户需要做的全部工作就是把面团和甜料放进去，然后摁一下按钮。我们所需的人必须确保成千上万个零部件、成百上千次运输、许多关键的工程决策都正确无误，并且准时。”

“这个部门的经理将始终处在火线最前沿。”马尔西奥正视着阿纳托利，“你觉得你能胜任吗？”

阿纳托利想了一会儿，然后说他能胜任。但他对于我们奇怪的程序有一个疑问：难道我们的做法不会存在任用讨人喜欢之人，而弃用坚韧强硬者的风险吗？马尔西奥让他放心，不会出现这样的事。不可否认，在短期内，塞氏企业允许员工在雇用他们的主管一事上扮演关键角色，但员工已不断意识到他们的自身利益与公司利益是相同的，一个和蔼的老板或许能使他们的日子在短期内好过一点，但他们知道只有他们部门成功了，才能保证他们继续领到利润共享工资，甚至是普通的工资。

为了让阿纳托利相信，马尔西奥给他讲了三个月前我们更换财务主管的故事。招聘财务主管的通知贴出来了，但公司内部没有人申请。克洛维斯有一个朋友在一家与我们规模差不多的公司做财务主管，他名叫马里奥，50 岁，克洛维斯认为他是个理想人选。但我们财务部门有几个人推荐希尔，他 30 岁，以前是塞氏企业的会计，现在和他的哥哥一起做汽车零售生意。作为一个“孤儿”，希尔自动获得了优势。除此之外，许多要面试他的人都非常喜欢他。

塞氏企业的几个高层领导面试了这两个人，他们都倾向于选择马里奥。但由于希尔非常受欢迎，因此他们认为马里奥没有机会。甚至有人谈到仅这一次抛弃我们的员工参与雇用程序，因为这个工作实在很关键。但是我们知道，如果那样做的话，我们对塞氏企业进行民主化的全部努力都会泡汤。

我们邀请两个候选人在同一天与他们未来的下属会面。法官们，也就是财务部的十几个员工，一致同意如果他们两个人的得分都低于 80，那么他们就继续寻找合适的人选。

希尔先到了。当希尔与男人们拥抱，与妇女们亲吻时，克洛维斯在一旁观察着。“这是怎样的一个入场仪式啊！”当克洛维斯返回办公室等待结果时心里想。

每一场面试都持续了两个小时。在两个候选人离开后，员工们填写了调查问卷并打了分。

最后，人缘和亲近败北。马里奥获胜，虽然仅仅是险胜。

MAVERICK THE SUCCESS STORY 塞氏企业辞典

逆向评价：任何人在被雇用或提升到某一领导岗位前，必须接受所有将为他工作的人的面试，由他们进行评价和批准。每6个月，塞氏企业的经理们也将被他们的下属评价一次，评价人将匿名填写我们为此设计的一张多项选择问卷。评估分数将公示给所有人。没有硬性规定，但那些总是得分很低（100分满分，平均分80分）的人，通常迟早会离开塞氏企业。

对阿纳托利的面试仿佛是一个虎头蛇尾的开端。他得了84分——然后立即投入到工作中——但也许马上就开始失分。这是一项富有挑战的工作，为了满足客户紧张的交付期限所产生的持续不断的压力，使阿纳托利变成了一个超级惹人厌的家伙。

塞氏企业的第一个饼干厂在预计时间内准时交付，并超过了要求的规格。那仅仅是开始。该部门接着又发展了更多的饼干厂，每个饼干厂的正常税后利润都在12%～15%之间。

不久，我们决定把该部门变成一个独立的分部，这能给它自己规划行动的自由，并能确保它保持高效率所需的小规模。自然地，我们想让阿纳托利来经营它。但那意味着我们需要提拔他做总经理，按照我们的程序，他必须首先通过他未来下属的面试，包括许多他得罪过的人。这可是一个报复的机会啊！

事情变得更糟了。我们告诉阿纳托利，如果他通不过的话，我们会尽量为他找另一个职位，假设我们有的话。如果没有空缺职位，那么他就必须离开，因为我们不相信所谓的储备人才，当人们在一旁等待而无事可做时是不会感到快乐的。不管怎样，公司和人才都在变化之中，需求和兴趣也在不断变化。这就好像把黄油放在冰箱外面，到你准备用它的时候通常都已经融化了。

我们给予那些想返回塞氏企业工作的“孤儿”以优惠政策，因为我们认为让人们在人才市场上为自己打拼要比把他们放在公司内部“冬眠”更好。

当阿纳托利走进面试房间时，聚集在那里的人停止了闲聊。有三个不同阵营的人坐在房间里不同的地方。靠窗户坐着的是工程师们，包括阿尔米尔和卡洛斯，他俩是反对派的领导。他们认为阿纳托利不仅过于严厉，而且还实行“微观管理”，而这在塞氏企业是讨人嫌的。第二拨人是部门行政人员，他们坐在房间里长长的红木桌的尽头。他们中许多人都和阿纳托利吵过架，都是反对他的。最后一拨人是工厂主管，他们在窗户对面靠墙坐着。他们希望阿纳托利能解决他们的官僚体制问题，后来看到他在生产区实践了自己的诺言，他们是他坚定的拥护者。

阿纳托利开始了会议，首先，他平静地指出他在前一个工作岗位上树立了许多敌对情绪。是的，他过于严厉，他曾犯过错误，但是他会改变。他不止一次地说，重要的是记住他们都获得了成功。

有些人在点头，不过大部分人只是像块石头一样沉默地坐在那里。过了一会儿，阿尔米尔要求发言。他作为电气工程师的才华是人所共知的，而他的坦率和坏脾气大家也都清楚。果不其然，他愤怒地指责阿纳托利处事不公，把他自己的野心放在第一位。

一些工厂主管努力为阿纳托利辩护，但工程师们和行政人员不断地攻击他。下午的时光在流逝，阿尔米尔和其他一些工程师表示，如果阿纳托利得到提升，他们就可能辞职。如果这些人辞职，该部门的技术骨干力量就会受到损失，而饼干厂的生产订单已经叠成堆了。

阿纳托利重复说，这次他会变得更加灵活，人们不会再在固定的工作岗位上工作，他也不会决定每一个子部门的管理者。该部门将自我运行一段时间，随着时间的流逝，天生的领导者就会出现，这是典型的塞氏企业风格。他不断重复说他不会成为一个独裁者。

然后他离开了房间。如果工程师们占了上风，我们就会失去阿纳托利。如果阿纳托利获胜，我们就可能失去一些工程师。尽管这些技术专家的价值不菲，但我们决定尊重打分结果。我们相信，民主终将会取得胜利，塞氏企业也终将会取得胜利。

那天他们没有得出结论，因此安排了第二次会议。同时，阿纳托利进行了最后的游说，他从一个工作区走到另一个工作区，努力想多挣几分。有些行政人员似乎顺从了。大部分工程师连招呼都不跟他打。

“审判日”到来了，三个阵营的人分别坐在房间里他们熟悉的位置上。讨论了一个小时后，每个员工都拿了一份调查问卷开始填写。阿纳托利凝视着窗外，等待着其他人决定他的命运。

很快结果就出来了，由各个小组大声宣布出来。首先是工程师们。有趣的是，他们在阿纳托利人际关系问题上打的低分部分地被他在技术能力问题上较高的分数抵消了。接下来是工厂工人们。他们的分数都非常高，引得工程师们在一旁嘟囔。行政人员的分数在两者中间。

结果计算出来了，阿纳托利得了 74 分，比他留下所需要的还多 4 分。在对工厂工人的分数进行更多讨论后，大家决定去掉每个问题的最高分和最低分，重新计算平均分。这次他的分数是 70.6 分。这时牢骚更多了，但大家都决定尊重投票结果。

最后并没有人辞职，而且阿纳托利还做出了让大家意想不到的决定，他推选阿尔米尔为首席工程师，阿尔米尔更是受宠若惊，后来成为他的得力助手。不久，阿尔米尔和阿纳托利一起为该部门制定了预算，它后来成为我们经营得最成功的部门之一。

23 不仅仅是工作，更是信任与合作

“如果你有另一份工作给我，那很好，如果没有的话，我就到另一家公司去工作。但是我更愿意留下来。”

我们在塞氏企业所进行的变革，尤其是灵活的轮岗制和不可预测的员工对其主管的评价，使得一些人坐立不安，也使其思想发生了许多曲折的变化。正如多明戈斯和阿利皮奥所证明的那样，在塞氏企业的生活总是越来越富有挑战性。

多明戈斯来到塞氏企业工作时还是一个年轻人，他的一生充满了挫折。

他 15 岁离开在圣保罗贫民窟的家，先后为一些巨无霸级的巴西企业工作过，这些跨国公司的工作条件常常很糟糕，管理层也总是很专制。他很快就相信，对老板有利的事对工人一定不利，就是这么回事。

当我们雇用多明戈斯做金属薄板工人时，塞氏企业仍然被牢牢控制在我父亲的“老部下”手里。他的新同事发现他皮肤白皙，并很容易脸红，于是用葡萄牙语给他起了个绰号——“大虾”。

“我让塞氏企业没有安生日子可过，”多明戈斯回忆说，“我于 1974 年年底来到公司，到 1975 年我已经组织了一次罢工，要求增加薪水和成立食堂——我们那时从家里带饭，没有多少东西可吃。”

阿利皮奥是那种睡觉都睁着一只眼睛的人。即使当我接管塞氏企业后，开始使公司变得更加信任和宽容员工，阿利皮奥也深表怀疑。他质疑一切，常常和我们人力资源部的员工吵架，尤其是和保罗。

不过，有时候阿利皮奥会停止发牢骚，去听听保罗怎么说。他们甚至还时不时地交换想法，因为在阿利皮奥表现的敌意下隐藏着活跃的思想。逐渐地，他开始变得温和了。正如其他工人一样，阿利皮奥从不信任逐渐转变到另一个阶段，他开始倾听并思考，甚至去实践我们的一些观念。这是可以理解的，来自专制的家长式管理环境中的工人会反映出这种环境对其的影响。阿利皮奥需要时间来适应塞氏企业创新、民主、参与的工作氛围。

当保罗告诉我一件事后，我知道阿利皮奥开始转变了。在一次聚会上，一个工会领导人把塞氏企业与 Termomecanica 公司（巴西制铜工业巨头之一）进行了令人不快的比较。“那里的一切都棒极了，”这个工会领导人说，“有一流的食堂，大家可以随心所欲地吃饭，并且能回家休息一会儿。医疗保健也是一流的。他们的薪水在本地区是最高的。”

在保罗干涉之前，阿利皮奥就已经跳起来维护我们的公司了。“仔细看看吧，我的朋友，”他跟这位工会领导人说，“我曾在 Termomecanica 公司工作过，但我不会再回到那里。你说的都是事实，但那里的工人只是一个工人而已。我宁愿在这里赚钱少一点但能获得尊重。只有在塞氏企业，工人才被看做是有责任的人。在其他地方，工人什么都不是——会像小偷一样被搜身。我甚至在一个不允许我们讲话的公司工作过。我知道工程部有个零件计划出错了，但我保持沉默，继续生产那种零件。如果我张嘴的话，情况会更糟，我会失去我的工作。人们认为工人们不是用来思考的，而只是用来工作的。”

不久，阿利皮奥加入了一个工厂委员会，开始反对工会的任何武断行为，虽然我们并不鼓励他的这种行为。有时候他甚至告诉我们，我们走得太远，过于仁慈了。“塞氏企业经营的原则是员工值得信任，”他说，“但是你知道，并不是所有员工都值得信任。过去我们的喝咖啡休息时间从 9 点钟开始，10 分钟后结束。后来塞氏企业买了一些保温瓶，并说我们可以在任何时间喝咖啡。但有些工人去喝咖啡后就待在外面聊天，而那时他们本来应该工作的。他们滥用了塞氏企业对他们的信任。在工厂里安装电话后，也遇到同样的问题。我告诉他们应该安装一个投币电话，这样大家就会小心地使用它。但塞氏企业说，既然办公室人员能免费使用电话，那么工厂工人也应该这样。但人们在午餐时间长时间地打电话，尤其是年轻的单身员工，他们与女朋友煲电话粥。”

由于阿利皮奥展示出从正反两方面洞察工厂生活的能力，因此他变成了主管，领导着 20 多个员工。因为是他的同事推举他到这个岗位上的，所以这次提拔让他感到非常骄傲。

但是，故事在这里出现了意想不到的转折。尽管阿利皮奥是一个天生的领导人，但他也许有点过于严厉了。“工人们不明白，我之所以要衡量他们做某事需要多长时间，那是因为我们要满足一个交付进度，”他说，“如果我要他们集中注意力，那是为了确保正确无误地生产出产品。我只不过是想努力成为专业人员而已。”

就在这一时期出现了另外一次经济衰退，我们不得不进行裁员。作为惯例，我们详细考察了公司的所有中层人员，寻找在主管级别上我们能减掉的人。没有人能免于这次审查，虽然我们为阿利皮奥的晋升感到高兴，但我们觉得在经济不景气时期他的岗位并非不可或缺。于是他返回到生产车间，或者说至少尝试着这么做。结果，阿利皮奥与他以前和现在的同事之间的关系恶化了。他们攻击他。实际上他们之间的紧张关系和敌对情绪非常严重，以至于阿利皮奥要求我们解雇他。

幸好我们想出了一个好办法：他可以自己开办一个小公司，成为塞氏企业的供应商，为我们提供金属薄板部件，比如水泵、搅拌器和饼干机器上特殊机轴所用的包装箱。阿利皮奥带着一本订单册子和两个挑战离开了塞氏企业，这两个挑战就是：**不仅要学会做一个成功的企业家，还要学会做一个好老板。**

我们都知道，如果你只能做个成功的企业家，或只能做个好老板，事情就会变得困难。

阿利皮奥也有一个绰号——“不同意博士”。当塞氏企业接管霍巴特工厂时，他担任工厂的行政经理。很快我们就了解到，他是那种在发火前想数到 10 的人——但数到 2 时他就已经爆炸了。

霍巴特曾是一个管理非常严格的公司，不经允许人们不许咳嗽。因此阿利皮奥是一个严厉的主管，也就不足为怪了。

在我们的管理下，霍巴特工厂更加灵活且盈利更多，但阿利皮奥仍然很难适应。我们把他调去做销售经理，但他的强硬作风没有任何改善。我记得一次跟他讨论我们是不是应该把价格提高30%，阿利皮奥认为很有必要，但由于我们还在权衡利弊，所以没有立即就这么做。不久他冲我大喊大叫起来，说由我来担任销售经理随心所欲做我想做的事好了。然后他一把抓起他的公文包冲出了门外。他认为他一定会被解雇，于是回家开始准备简历，重新找工作。

那时候与老板顶嘴在塞氏企业已成为一种传统。但让我们烦恼的是阿利皮奥对待下属的方式。一次，他走进办公室时发现有一张桌子没经他同意就被移走了。他问怎么回事，一个年轻的女员工说，几个工人把桌子挪到其他地方去了。“谁给他们权力这么做的？”阿利皮奥厉声问道，他的怒气就像汹涌的波浪一样往上窜。

“我想……”

“花钱雇你不是让你来想的，”他斥责说，“而是让你遵守秩序的。”

直到那时我们才都明白，我们必须把阿利皮奥纳入评定规划中。最起码，时机是对的。那时我们刚刚制作了评估调查问卷，于是阿利皮奥成为第一批被其下属评定的经理之一。满分100分，他只得了55分。

在随后阿利皮奥和他的员工一起参加的会议上，大家告诉他，他是一个不关心下属的专制者，他必须改变。然后他又和劳拉谈了话，劳拉告诉他，也许他的态度在过去的霍巴特公司比较合适，但现在他是在塞氏企业工作。

阿利皮奥听到这些反馈后马上开始改进，这是幸运的，因为我们正打算提拔他做我们全公司的总经理，负责行政兼财务。他拥有所有技术能力，但在这次晋升后他马上又表现得像个专制者。

我们总部一楼有点乱糟糟的：文件成堆放在地板上，有些桌子和椅子已经坏掉了。当一个银行经理按照预约时间到来时，他必须跳过一堆碎片才能到达阿利皮奥的办公室。于是我们这位新的总经理把大家都召集起来，给他们一周时间清理干净。他警告说，从那以后如果在地板上再发现任何东西，都会被扔出去。他告诉他们，在他任期内，他希望所有人的行为举止都更有条不紊。他命令说，不许争论。

阿利皮奥雇用了一个办公室咨询公司，打算重新设计他所在的楼层。就在新家具快到时，他告诉了下属这个新计划。

“你没有征求我们的意见，”他们愤怒地抗议说，“而你本来应该这么做的。”

当整个部门的人都起来反对时，阿利皮奥被迫放弃了原来的计划，给大家几天时间来提出建议。最终他们同意了阿利皮奥的设计，除了三把椅子的摆放。但现在所有人都感到高兴了，因为他们在这件事上有了发言权。

大约在那时，人们对阿利皮奥进行了第二次评价。他的下属这次给他打了80多分。劳拉再一次和他会面，告诉他我们都为他的进步感到高兴，而且我们知道他可以做得更好。她还告诉他，他应该更多地与下属交谈，交流想法——提高员工的参与性。

阿利皮奥开始与他的员工一起举行月例会。他们甚至一起出去喝啤酒，共进晚餐。那年春天，他们还在周末一起去了一个牧场度假。

在这种和睦相处的气氛下，阿利皮奥又开始思考重新设计他的地盘。这一次，他想拆掉办公室。“整个楼层都是小房间，”他说，“我们不需要它们。”

但那时阿利皮奥已经充分了解到，他不能突然单方面地拆掉办公室了。于是在经过许多次谈话后，他开始说服大家让他从每个办公室拆除一堵墙。当他们都习惯之后，他又拆除了另一堵墙，接着又拆除一堵。

“每个人都接受这件事，”他说，“这是第一次我们成为了一个团队。”

阿利皮奥已经成为塞氏企业的一个经理。他最后的贡献是重组他的部门，买进了电脑，提高了所有行政程序的效率。他相信他能够把他所在部门的员工人数从44名削减到11名。许多人调换了岗位，还有一些人下岗了。

不久他就做出了许多改进，巩固了许多银行客户，（又一次）消除了许多会计成本中心，这样该部门就真的不需要一个经理了。

“如果你有另一份工作给我，那很好，”他对我说，“如果没有的话，我就到另一家公司去工作。但是我更愿意留下来。”

最终，他返回到霍巴特工厂领导我们的食品服务设备厂。

01 **工会**

工会是保护工人的重要形式。在塞氏企业，工人可以自由结成工会，对那些与工会有联系的人的任何迫害都是绝对被禁止的。工会和公司不是总能达成共识或和睦相处，但我们坚持相互尊重和对话。

02 **罢工**

罢工被认为是正常的。罢工是民主的一部分。没有人会因为参加罢工而受到迫害，只要他们代表了公司里员工的思想和感情。工人们的集会在这方面是至高无上的。

因为罢工而不在工作岗位被视为正常的旷工，没有进一步的后果或惩罚。

03 参与

我们的哲学建立在参与的基础上。不要待在那里不动。提出你的观点，寻找机会，谋求进步，始终说出你想说的。不要把自己当作可有可无的局外人。

你的观点总是有意思的，即使没人向你问起它。和工厂委员会建立联系，参与选举。让你的声音产生影响。

04 工厂委员会

塞氏企业的员工被保证在每个业务部门都有工厂委员会代表其利益。阅读工厂委员会的章程，去参加它的活动，使你自己确信你的委员会卓有成效地保卫了你的权益——你的权益有时和塞氏企业的利益不一致。我们认为这种冲突是健康和必要的。

05 下属的评价

每年你会收到两次调查问卷，问卷中需要你说明对上司的想法。请你开诚布公，不仅在填写问卷时如此，在此后的讨论中亦然。

第三部分

自治公司

MAVERICK

THE SUCCESS STORY BEHIND THE WORLD'S MOST UNUSUAL WORKPLACE

现代公司的主要组织原则——金字塔式组织结构，把企业变成了交通堵塞的城市。一个公司开始时就像在八车道的高速公路上行驶——金字塔的底层——然后减少到六车道，然后是四车道，两车道，然后是一条乡村路，最后在尘土飞扬的小路上，不得不骤然停车。成千上万的司机在高速路上出发，但随着道路越来越狭窄，越来越多的人被迫减速和停车。撞车事故出现了，车与车摩肩接踵。有些司机放弃这条路，选择旁道驶向其他目的地。而有些司机——最好强的那些人——继续向前行驶，急转弯，加速，出现了小车祸。记住，镜子里的物体要比它们看上去更近。

24 让金字塔旋转起来

“三个圆环、四个工作类别、两种会议，这就是我们的新模式。”

尽管我们努力简化塞氏企业的组织结构，除去了多余的管理人员，但我们的经理头衔还是在不断增多。公司的一些高层领导意识到了公司的官僚体制问题，工厂委员会成员也意识到了这一点，他们抱怨说公司里有太多老板，这些人说得太多，做得太慢。

大家都知道需要做什么。几年前的 1986 年，我们的食品服务设备厂为裁员问题提供了一个生动鲜活的案例，当时撤销了 6 个职位：营销经理、财务经理、生产经理、销售管理经理、数据处理经理，以及技术助理。他们中有 4 个人离开了公司，另外两个人去塞氏企业其他部门工作。这 6 个人构成了工厂管理体制的第二层，就安置在总经理鼻子下面。

这次“大清洗”活动在循序渐进的发展中也许不会发生，即使在我们最大胆的工厂里也是如此。不过，事实上我当时就在该工厂里履行自己的职责，因此现在讨论的这个鼻子是我的。我的前任按照传统方法经营工厂，他招聘了越来越多的经理。但工人们开始抱怨新主管正在阻碍前进的步伐，降低了绩效，浪费了我们的钱财。

我同意，如果没有第二层的人，我们也能够经营工厂，同理也不需要第三层的人。我也没有事先告诉大家我们打算撤掉这 6 个部门的领导。这一直是我做事的风格。没有人能让我做出决定，我的目标是让人们自己做出决定。

“谁将负责营销工作呢？”在营销经理玛拉收拾完她的办公室到她父亲的小生产企业工作后，有人这样问我。

“我们不要担心这一点，”我回答说，“工作总会完成的。”

确实如此。玛拉手下有 4 个处于第三层的营销人员，他们只是一项一项地分摊了她的工作，没有繁文缛节，没有备忘录，没有会议，也无须批准程序。以前营销经理的职责之一是保证我们出席展会。当下一次展会来临时，这 4 个人中有一个人承担起了此事。当来自我们广告部的客户经理来拜访我们时，4 个人中的另一个人接待了他。还有一个人负责新的小册子。在我们新的安排下，营销部门不再由某个人领导，而是成为一个团队。

哦，是的，这个故事最后的结局是：失去了第二层，食品服务设备厂的销售额和利润都有所增加。失去就是得到。

即便如此，我们的其他工厂还是不愿意效仿伊皮兰加。这股抵制力量自然是由中层经理领导的，因为他们害怕失去工作。一旦你把这种事情付诸行动，他们无疑就会想，谁知道这事在哪里才能停止呢？官僚制度是由那些整日忙忙碌碌以证明自己不可或缺的人创造出来的，也是为他们而创造的，尤其是当他们怀疑他们不是不可或缺的人时。所有这些主管都必须让自己永远有事可做，因此他们不断地把事情复杂化。

问题的核心是金字塔，这是现代企业的基本组织原则。**金字塔越向上走就越狭窄，奖励少数不断晋升的人，却打击绝大多数人的士气，他们要么停滞在一个稳定的位置上，要么就是中途撤退。**谁指望那些较底层的员工呢？他们的意见从来没有被征询过，也很少有人对他们做出任何解释。他们知道，那些重要的决定，那些影响他们生活的决定，都是由公司高层做出的。那么我们年复一年地要求这些人付出努力，然后只是公开地说声谢谢，也许会多支付一个月的工资作为奖金，而高层那些少数的幸运儿则享受着豪华办公室，开着金光闪闪的新汽车，更别提他们的奖金能超过一个普通工人工资的 100 倍甚至 1 000 倍，这合乎情理吗？

那些与金字塔相安无事并具有专业技能的人——会计、软件编程员、各种类型的工程师——能期望获得工作保障。但他们的命运就是每天同一时间进出公司，做着他们几年甚至几十年来一直在做的工作。期待他们永远积极主动工作的想法是否合理呢？

MAVERICK THE SUCCESS STORY 塞氏企业辞典

工作保障：不久以前，包括 IBM、普利司通、3M、京瓷在内的一些公司还在为这一信条自豪："这里实施终生雇用制"。这些公司的美国执行官对他们的日本同行们点着头。反之亦然，他们会在《财富》《金融时报》《朝日新闻》的访谈中赞扬他们情操高尚的"相信人们"战略。而现在，这一切都已变成了传说，日本和美国的跨国公司都解雇了数以千计的经验丰富的工人。在塞氏企业，我们从不对任何人做出工作保障的承诺，因此我们也无需打破这一承诺。

那些有点抱负的人期望逐渐得到更大的权力，承担更多的责任，拥有更高的头衔和更多的金钱。由于金字塔的限制，公司通常不能很快提拔他们，让他们满意，于是许多公司选择了简单的解决方法，为那些成绩突出者构建额外的一两个层级。这又有什么不好呢？只不过是在组织结构图上增加几条线而已。

但很快头衔和层级就充斥着公司，责任和权力开始扩散，于是许多管理者的时间都用在了处理不可避免的冲突、嫉妒和困惑上。即使在扁平化已经成为一种时尚的年代，六七个层级在公司中也很常见。大公司通常有 12 ～ 14 个层级。由于典型的经理对层级制度的尊重，一个离工厂生产区 5 个梯级的人怎么可能了解生产区的情况呢？他当然不可能了解，因此他就支使身边的人给他备忘录，给他打电话，并不断开会试图了解情况。

我希望我们的员工互相有更多的接触，希望少一点凌乱，少一些层级，希望有更多的灵活性，希望我们的组织有一个全新的形象。

1988 年秋天，我和我的未婚妻索菲娅一起去马斯蒂克岛的加勒比群岛度假，在那里租房子待了两周。我们的计划就是坐在海滩上放松自己。我随身带了一个小型图书馆——托马斯·曼的《威尼斯之死》(*Death in Venice*)、马基雅维利的《君主论》(*The Prince*)、易卜生的《玩偶之家》(*A Doll's House*)、泰勒·布兰奇(Taylor Branch)的《大分流:马丁·路德·金时代的美国(1954—1963)》(*Parting the Waters*)、阿历克斯·黑利(Alex Haley)的《马尔科姆·艾克斯自传》(*Autobiography of Malcolm X*),还有卡明斯(E. E. Cummings)的作品集。即使这样,我大部分时间还是在思考着塞氏企业:我们取得了哪些进步,我们还有哪些差距。

我一直在努力让人们用新方法做事,做出更多决策,掌控他们自己的工作和生活,更敏捷地工作和思考,但我们仍然陷在陈旧的组织结构中。我们一直都是把我们的经理塞进不灵活的金字塔中,晋升、降级或离开,这些就是仅有的选择。塞氏企业是在进行着一些岗位轮换,但它远远不能弥补金字塔所带来的幽闭恐怖症。人们难以达到不拘法度地积累权威,在公司内自由来去。前进的唯一方法就是迈上一个阶梯,即使一名员工并没有欲望承担管理职责。由于员工老在同一个工作岗位上训练自己的能力,实际上赚的工资不可能比他的老板高,这样金字塔也就限制了一个人获得更多金钱的机会。金字塔甚至也阻止人们直接与层级比他高出许多的同事交谈。

我望着清澈、徐缓的加勒比海浪,忽然一切似乎都很明了。为什么不用流动性更强的东西替代金字塔呢?比如一个圆。

金字塔是刻板的、强制性的,而圆则充满了可能性。为什么不试着让金字塔旋转起来呢?

于是我和索菲娅开始在马斯蒂克岛琢磨这件事,我们在沙滩上用树枝勾画,然后思考我们所画的意义。

返回到圣保罗后,我继续对这个想法进行提炼。几个月后,我设计了一个图,包括三个中心圆环——中心是一个小圆环,外面两个逐渐增大的圆环——还有一些三角形。

那个中心的小圆环包括一个六人团队(包括我自己)、传统公司里副总裁一级的人及更高级别的人。他们负责协调塞氏企业的总体政策和战略，被称为顾问（counsellor）。

第二个圆环包含 7 ~ 10 个塞氏企业业务部门的领导，被称为合伙人（partner）。

最后一个巨大的圆环实际上包括塞氏企业的所有其他人——机器操作员、食堂员工、看门人、销售员、保安，等等。他们被称为伙伴（associates）。

那么三角形呢？他们分散在最后那个大圆环的周围，每个三角形包含一个人，我们称之为协调人（co-ordinator）。这些人构成了第一个关键的管理层——营销、销售和生产主管，工程和装配领域的工头等，在我们的旧体制下他们曾承担基本的领导职责。

每个业务部门有 6 ~ 12 个三角形，它们可以绕着大圆环游走，表明它们中的人员是可移动的。虽然两名协调人在同一个管理层级上，但他们的能力、责任和工资可能相差很大，造成这种差异的是他们的能力和领导力。

按照我的方案，最小的圆环将成为公司的润滑剂，激励第二个圆环的人做出决策和行动，因为实际上是第二个圆环上的人在经营着公司。然后是协调人，他们是各个部门或特定工作的领导，在他们自己的领域里指导着 5 ~ 20 个伙伴。

MAVERICK THE SUCCESS STORY 塞氏企业辞典

圆环组织：我们将塞氏企业的官僚体系由 12 层缩减为 3 层，设计了一个以流动的同心圆为基础的组织结构，取代了僵化的等级森严的金字塔结构。所有员工只有 4 种头衔：顾问，类似于传统公司中的副总裁，在公司中的地位要高一些，负责协调我们的整体政策和战略；合伙人，负责经营我们的各个业务部门；协调人，包括关键的一线管理层人员，如营销、销售、生产主管或者工程和装配领域的工头；伙伴，是我们对其他所有人的称呼。

在圆环上的移动要比遵循金字塔上刻板的职业发展路径自由得多。对于那些抱负相对不大的协调人来说，他们可以待在较低的职位上饱览风景，而不用担心疯狂的工头们，也不用担心长期被拴在一个地方。假设有职位空缺或者另一个协调人愿意交换的话，他们可以从一个岗位换到另一个岗位。他们也可以决定返回去做一个伙伴。既然伙伴挣的钱可能比协调人还多，就没人会感到他的工资是根据头衔而定的。比如，一个专业软件工程师虽然是一个伙伴，但可能比一个工程部门的协调人赚的钱更多，而在传统的公司里后者有经理的头衔，工资也更高。

> **MAVERICK**
> the success story behind the world's most unusual workplace
>
> 圆环会把人们从官僚体制的专制中解脱出来；他们可以在希望担任领导时来挑起担子，要求得到其劳动和能力为他们赢得的尊重。他们可以在他们希望的任何时候或者公司认为他们不再适合担任领导时，停止担任领导职务。

因为协调人仅仅只是协调人而已，不能在他们的头衔上冠以“工程的”或“会计的”这样的字眼，我们就避免了在现代公司里常见的一套毫无意义的名称和级别。由于协调人的数量有限，因此伙伴就必须承担更多的责任。

那么如何做出决策呢？在生产车间，每个伙伴对于他感到有自信做出的决策都可以自己做主；如果他在某个问题上没有把握，他可以向他的协调人咨询。类似地，对于那些胸有成竹的决策，每个协调人都会自己做主，但他会把其他问题带到一周一次的小组会议上，该会议由他所在业务部门的合伙人主持。这个讨论会于每周一上午召开，之后协调人将向与他一起工作的伙伴通报会议结果。

对于那些影响我们所有业务部门的决策，比如一次公司范围内的加薪，或者一个业务部门认为不应该独自做出的决策，例如对新设备的大型投资，会被提交到周二的另一次会议上,该会议由各个部门的代表（不一定是合伙人）参加，再加上所有顾问。

三个圆环、四个工作类别、两种会议，这就是我们的新模式。

对于这个新的组织结构，我们进行了无数次讨论，并把圆形的组织机构图分发下去，要求每个经理都把它挂在办公室显眼的位置上。但许多人对这些圆环的第一反应是，这不过是那些把工厂墙壁涂得让人目眩的家伙们搞的另一种幼稚的鬼画符。

“我应该在我的名片上写什么呢？”有些人问。还有些人对“合伙人”一词感到犹豫，他们害怕别人会认为他们拥有公司的一部分。“我看不出来有什么大变化。”还有些人耸耸肩。毕竟，一些圆环能有多重要呢？

实际上，这些圆环和三角形以及时髦的新名称标志着我们在塞氏企业策划的最深刻的变革。原来公司设有工头、主管和部门领导，而现在只有协调人，而且人数大大减少。实施这一新的体制意味着分裂金字塔，清理整个管理阶层，消除一大堆头衔，打破已有的指挥链。而且在新的制度下，一个协调人不能向另一个协调人汇报，一个伙伴不能向另一个伙伴汇报，这就更进一步使组织结构扁平化，改变了整个公司人与人之间交往的方式。

即使如此，新体制的意义只有到预算时期才变得明显（到那时再想返回去已经太晚了）。管理者们——我是指合伙人和协调人——会说：“好吧，对于这个新预算，我明白我们必须叫大家的新名字。”但是当他们试着这样做时，才意识到麻烦之处。

“这个工头现在被叫作协调人，”他们说，“这个主管是这个工头的领导，是一个……一个……我猜他也是一个协调人。”然后他停顿了一下，接着说，“但他的领导呢？”

当他们在为这三个忽然平等的人绞尽脑汁时，我们会提醒他们：“你知道，这个团体只能有一个协调人。”

“为什么我们不能把他们都叫作协调人呢？”

“因为这次重组的目的就是减少官僚层级。”

“那么那些不再是领导的人会怎么样呢？”

“那由你们来决定。”

于是他们才意识到，我们并不仅仅是从头衔 A 到头衔 B 的转变。我们不仅减少了老板的类别，同时还减少了老板的数量。

对于那些从前在主管岗位上而现在没有资格当协调人的人来说，这是个巨大的调整。忽然之间，他们发现自己在新的圆环上到处游走，没有头衔，也没有随之而来的权力。但他们的工资并没有受到影响，我希望工厂里这种全新的更轻松的环境能让这次转变更容易些。

协调人也需要进行调整。比如，一名备用零件主管年薪 12 000 美元，而一名工程经理年薪 85 000 美元。在旧体制下，这两个人必须经过许多中间层次才能交流。但现在他俩有同样的头衔，可能直接向同一个合伙人汇报。在每周一的例会上，他们会发现互相比邻而坐。他们的工资与他们参与决策的程度没有任何关系，每个人都有同样的投票权。

新体制也保证了一名伙伴的建议、要求或抱怨，能立即被反映到决策层即协调人那里，在下一次周例会时协调人就可以提出来，直接与一名合伙人进行讨论。因此生产区的工人能在几天之内得到答复，而在传统的体制下他们很容易被置之不理。

不管怎样，这就是理论。但是当我们开始实施新体制时，很快就遇到了“幽灵层级”的问题。比如说，几年前我们提拔一个机器操作员成为工头，他向一个主管汇报，而主管则向一个部门经理汇报。而现在，塞姆勒先生和他的圆环来了。在这三个人中，合伙人决定只让一个人即主管成为协调人。而工头是个优秀的工人，因此他重新返回原来的机器上工作，当然工资还是作为工头时的工资，这可以缓解一些他的痛苦。但问题是他的同事仍然把他当作领导，有什么事都征询他的意见，这或许是因为他知道得多，或许是因为旧习惯很难根除掉。

我们不能容忍这些“幽灵阶层”的存在，因为我们希望缩短做出决策或抱怨声传到高层管理者那里所经的路径。这个工头再次成为工人，但却仍然被他的同事咨询，表明我们以为已经消除的管理层级仍然存在。

慢慢地，我们把幽灵和妖怪都搜罗出来，但并没有到此为止。我们一直在问自己：“这个管理层做什么工作？那个管理层做什么工作？”就像其他公司一样，塞氏企业有财务部、行政部、营销部、销售部、零件部、生产部和工程部等，每个部门都有自己的财务经理、行政经理和财务主管等。在这些人下面，还有更多的经理在更多的层级上。每个人都向比他高一级别的人汇报，这就是传统的指挥链。当我们实施新体制时，我们把这些层级都剔了出去。这就好像一个大型的抢椅子游戏，座位总是越来越少。当音乐停止后仍然站着的主管们，有些人回到了原来的工作岗位，有些人主动离开了塞氏企业，还有些人不可避免地被解雇了。我们重新分配了他们的工作，但不是正式的，因为我们不再有具体的工作描述，而只有那 4 个头衔。我们只是说："这个人现在不在这儿了……"然后让涉及的人弄明白该做什么，就像在食品服务设备厂的员工所做的一样。

从工头到执行副总裁阿尔诺，我不知道我们失去的领导的确切人数是多少，也许是 30 个，也许更多。

"这只不过是符号学而已，"当阿尔诺第一次听我解释这些圆环时，他说，"它并不能真正改变什么。"

两年后他同意了我的观点，认为塞氏企业已经发生了如此巨大的变革，以至于连他自己的工作都是多余的——他处在了一个不必要的层级上，他诚实而勇敢地接受了这个事实。阿尔诺是一个优秀的管理者，我们花了几年时间才聘到他。现在他离开了塞氏企业，去邓洛普有限公司担任总裁。

让人感到难过的是，在这次变革中我们失去了很多人才，但这是一个我们愿意付出的代价。传统的公司把人才储备起来，等待有合适的职位空缺时再用，但你知道我们对此作何感想。不管怎么样，现在我们的员工能够读懂资产负债表，没有办法再储备年薪 10 万美元或者 4 万美元的人了。

如今的塞氏企业没有组织结构的特点让外人瞠目结舌。每当我们聘用一个不熟悉我们公司的顾问时，他通常都会首先要求看看我们的组织结构图。当我们告诉他我们没有组织结构图时，我们可以看到他额头上渗出点点汗珠。"那么，我们需要做出一个组织结构图。"他会居高临下地说。接下来的半个小时，我们向他解释说我们已经 12 年没有使用组织结构图了，而且现在我们也没有打算使用它。

组织结构图是一个企业的出生证明，仅此而已。通常只有对那些想弄清某一部门或某一职责的来龙去脉的人，组织结构图才有用。组织结构图在现代公司中占有一席之地——被锁起妥善保管在文件柜里。

让那些极其信赖这些结构图的人做这样一个测试：选择一个部门，然后让部门里的所有人按照经证实的能力和实际决策权力对他们的主管进行分类，把这个调查结果相应地转换成一张组织结构图，然后将它与正式的版本进行比较。如果它们很接近，我会感到惊讶的。事实是，**权力和尊重不能按照连点成线的方式简单地强加于人。**

虽然我说我们的组织结构是全新的，但其实它与 500 万年前人类还在狩猎时代时使用的组织结构并没有多大区别。第一个看到猛犸象的人就成为侦查员，追逐猛犸象时跑得最快的人就是跑手，投掷矛最准确的人就是射手，能够使自己成为领导的人就是首领。

秉承这种理念，现在塞氏企业有人晋升时，我们总是简单地递给他一张空白名片，然后告诉他："想一个最能说明你的经营领域和职责的头衔，然后把它印上去。"如果这个人喜欢用"采购经理"，那么没有问题。如果他希望用一些更文雅的词汇，可以在名片上这样说："掌管皇家物资供应的第一任法老"。不管他想印什么都可以。但在公司内部，只有 4 种选择。实际上几乎所有人都选择只印上他们的名字。

虽然当我第一次画出我的圆环时，对此持怀疑态度的人比比皆是，但甚至连最挑剔的观察者都惊讶地发现，一旦我们消除了金字塔及其所有层级和角色，事情就变得越来越好。几个月前还告诉我们"没有某某东西我们就活不下去"的批评家们，现在对我们的工厂在没有某某东西的情况下经营得如此高效，感到惊奇万分。

交通堵塞变少了。塞氏企业正在全速前进。

25 自主薪酬：信任与透明机制再进化

“你需要挣多少钱就能使你早上上班时感到自己的待遇不错，以至于你不会想找其他工作呢？”

“我认为每个人都应该自己设定工资。”我们的前任人事经理，现在的协调人，才智过人、决不墨守成规的保罗又抛出了一颗手榴弹。

如果是在其他公司，听到这样的话大家肯定会嘲笑的。但在塞氏企业，具有革命性的观念会被认真对待，因为你永远也不知道什么时候就采取了其中一个。因此当保罗在我们的一次“空中飞舞的蜜蜂”会议上冲口说出他这一朴实的建议时，大家都尽量去想象这种体制可能是什么样子。

“接着往下说，保罗？”片刻后马尔西奥说。

“我们已经实施了旋转金字塔计划，”保罗说，“我们已经废除了规则，减少了官僚层级。我们已经努力让我们的公司变得更透明，让我们的员工更自由。那么为什么我们不能信任我们的员工，让他们自己决定他们应该挣多少钱呢？这难道真的是不可行的吗？”

我隔着桌子望向克洛维斯。他的眼神里闪烁着光芒，仿佛在说：“我们又要出发了。”

塞氏企业高层经理的工资包括固定工资和浮动工资两部分，后者是作为奖金——在经营好的年份里，奖金平均是年薪的 25% ~ 50%——根据绩效而定。但没有人对这种奖金分配方式感到满意。

许多公司都有奖金制度，这没有什么新鲜的。大部分公司都是根据利润分配奖金。如果预算预期利润是 100 万美元，那么当达到这个目标时，一个经理可能会按某个百分比得到奖励，如果超出这个目标，就挣得更多。奖金也可以根据销售额和发票额来发放。但这种传统方案可能并不公平，并会降低生产效率。假设有一年公司经营良好，年底利润是原来预期利润的 110%，而这时有一个重要客户破产了，于是不得不做调整，这使利润降到了预期的 85%。那么这个忽然之间得不到奖金的经理难道不会变得消极吗？或者假设一项新的税法使本来平庸的绩效一下子上升为 120% 的利润，又会怎么样呢？如果奖金都被发放出去，难道股东们不会恼火吗？

我们在塞氏企业试验了五六种奖金体系，但都没成功。经理们在有的年份感到高兴，但下一年就会担心。我们曾尝试为每个工厂分别制定方案，把发放奖金时间从一年减少到半年再减少到一季度，但都没有效果。然后我们意识到，我们不需要再做什么尝试来解决这个问题了。既然现在民主已经成为企业文化的一部分，那么为什么不让我们的经理设定他们自己的目标，到年终时决定他们达到目标的程度呢？以此为基础奖励给他们自己适当的奖金，将会是一件相对简单的事情。既然是经理们决定自己的奖励，那么就不会有人敢抱怨体制的不公了。

有些对人性持怀疑态度的人认为，这样做会让一些人有机可乘，奖励给他们自己不恰当甚至离谱的奖金，但这种事情并没有发生。我愿意认为这是因为塞氏企业的每个人都是诚实和理智的。也许是这样，但我更相信是我们的透明制度起了很大作用——公开的工资制度对制止贪婪很有效果。

新奖金制度的成功给了保罗一个机会。他几乎从一踏进塞氏企业起，就梦想着实施自我设定工资制度。他以前参加过关于工资调查的课程，发现大部分制度从经验上看似乎合理，但实际上远非如此，自那以后他就有了这个想法。

后来保罗曾找我和克洛维斯直接谈过关于自我设定工资的事，但我们都认为塞氏企业还没有做好准备。现在两年过去了，公司里的少数传统分子还是犹豫不决。他们提醒我们，要不要在不同工作之间、不同公司之间、不同产业之间进行比较，列出所有详尽的实施日程表呢？我们应该把这些做法统统抛弃吗？

是的，我们回答说。我们相信肯定存在一种更好的工资设定方法，这种方法将让我们的员工在一直由单方面决定的程序中发挥作用。

我们意识到，如果我们允许人们设定他们自己的工资，那么同事之间的差异就会引起更多不快和破坏性。毕竟，传统的工资制度都在努力争取标准化，而我们正在策划的这种制度将是个性化的。而且还要把经理们召集起来根据价值进行艰难的定级和调整。如果某人缺乏经验，不了解同事的状况，而认为自己更强有力，会怎么样呢？如果一个经理因为提出的工资要求太低并只能得到那么多，是不是会让周围的人低估他呢？

当保罗和顾问们为此坐卧不安时，我叫来了自己的秘书。我问她："你要挣多少钱就感到生活过得舒服呢？"这时我看到她的脸变红了，棕色的眼睛充满着忧虑和困惑。我接着说："你需要挣多少钱就能使你早上上班时感到自己的待遇不错，以至于你不会想找其他工作呢？"

她坐在那里，好像不太相信她所听到的话，怀疑我的意图何在。我叫她好好想上一两天，然后给我一个数字，这个数字就是她下一年度的工资。"是的，我是认真的。"我告诉她说。我们还打算询问其他人同样的问题，然后按照他们的答案发放工资。

几天后她告诉我，她希望一年挣到 20 000 美元，这比她以前的工资高出一点。但在我看来这个数字有点偏低，于是我提高了 10%，然后我们就这么定了。

在对我的秘书进行试验后，我们把塞氏企业所有高层领导人及其直接下属召集起来，进行了同样的程序。我们之所以选择这些人，是因为他们都受过良好的教育，能够清楚地表达他们的观点，不会认为事情是被我们操纵的。

我们设计了一个评估表来帮助他们进行这一程序。他们在表上列出年龄、在塞氏企业工作的时间、目前的职责，以及如何利用自己的时间——工作时间中有多少用于做决策，多少用于会见客户，多少用于其他部门的工作，等等。由于我们已经废除了传统的头衔和大部分其他层级上的区别，不精确地询问经理们做什么就很难对他们进行区分。我们还问他们，如果他们要离开塞氏企业到别处寻找一份类似的工作，他们将会如何推荐自己。

每个经理填完这份调查问卷后，把它交给自己的领导，让领导也填一遍。这样我们就得到了对一个人的两套评价。

我们不希望把过程搞成这个样子，比如一个员工说："我想一周挣 1 000 美元。"而他的领导说："你只值 750 美元。"确定工资的过程不应被假想为一场谈判。我们希望每个经理都能关注自己在公司里的职责和自己的价值。因此，一个老板可能会这样跟下属说："你说你认为自己是一个老员工了，但我认为你还是一个初级采购经理。"我们希望他们能不断对话直至达成一致意见。

只有到那时才提到金钱的话题。**在他们告诉我们他们希望领到多少工资前，我们让他们考虑 4 个标准：他们认为他们在别处能挣多少钱；塞氏企业有类似职责和能力的人挣多少钱；有相似背景的朋友挣多少钱；他们需要多少钱来生活**。为了帮助他们弄明白前两个问题，我们向他们提供了一份塞氏企业的工资调查表和诸如普华永道这样的咨询公司编纂的国家调查数据。对于另外两个问题，他们必须自己去找出答案。

然后他们决定他们将挣多少工资，就这样。

MAVERICK THE SUCCESS STORY
塞氏企业辞典

工资调查：许多公司依赖外部提供的工资调查重新评价其工资级别表。就我所知，塞氏企业是唯一让员工自己进行这一调查过程的公司。他们访问其他可与塞氏企业相比较的制造业公司，采访相同岗位的人，把发现的信息记录下来。其结果是，没有人不信任我们的调查。不过，我们希望最终塞氏企业的所有员工都自己设定其工资。

其实也不完全是这样。我们原来计划，一旦一个人设定了工资，就不再改变它。如果工资太高，那么他将不得不适应全公司都知道他付自己高工资的事实。如果工资太低，他将不得不等下一年再提高工资。但既然这是我们第一次这么做，难免感到神经紧张，因此，如果能够在最终确定工资数额之前知道老板和下属之间有一些讨价还价的机会，将会让我们感到更心安一些。

事实证明，我们本就不必担心。除了 6 个人之外，所有人设定的工资水平都与我们的期望相一致。在这 6 个人中有 5 个人设定的工资水平要比我们想象的低，而且要让他们提高自己的工资也不是那么容易的。

乔斯是通过他的朋友安东尼奥被招聘到塞氏企业的，他说："我发现要确定我应该领多少工资很难。"

乔斯身高不到 1.6 米，体重刚刚超过 45 公斤，是我所遇到过的思维最清晰、最敏捷的人之一。他能在几秒钟之内解决一个业务问题或分析一张资产负债表。他刚来到公司时任助理会计，接着晋升为会计，之后是总会计师，接着是工厂财务主管，然后成为公司财务主管，还兼任另外一个地方的财务主管。后来他想经营一个业务部门，最终成为食品服务设备厂的合伙人。然后他又返回财务领域成为一名顾问，兼任公司财务合伙人。（明白我说的忙乱的职业生涯的意思了吧。）但同时，他仍然是一个乡村男孩，过于羞怯，不确定付给自己多少工资合适。

他那时的主管是阿利皮奥，他拒绝了乔斯提出的年薪 15 000 美元的建议。"你最好重新算一次，"他说，"因为如果是这个数字的话，我们甚至都无法开始交谈。"

乔斯把他的数字提高到了 18 000 美元。阿利皮奥还是不同意，他说正确的数字应该是 25 000 美元。这件事由克洛维斯决定，他认为阿利皮奥是对的。

在那些参与第一轮工资设定的人当中，只有一个销售经理给自己报了一个高得有点离谱的工资数目。他希望成为公司的合伙人，于是把他的工资设定在那个水平上，年薪 70 000 美元，比他当时挣的高出 30%，很明显他希望马上得到提拔。

我们觉得他有可能成为一名优秀的销售总监，但不是现在，而且我们已经有了一名销售总监。当我们把这个消息告诉他时，他平静地告诉我们，他正在考虑成为另一家公司的执行董事。他得到了那份工作，因此也许他对自己工资的设定是对的。

大部分工资设定都是合理的，这主要有三个原因。首先，每个人都知道其他人的工资；其次，高层人员——克洛维斯、马尔西奥和乔安——在他们工资的设定上都是谦虚谨慎的。从记录来看，或许我是较不谦虚的：我的工资在1989年经济繁荣时高达300 000美元，但最低时是120 000美元。作为一种企业理念，我们努力把高层人员的工资保持在最低工资的10倍以内，这与巴西其他公司形成鲜明对比，在那里，高层经理的工资可能是一个工人工资的80倍。

MAVERICK THE SUCCESS STORY 塞氏企业辞典

自定薪酬：给人们他们想要的薪酬看起来无疑会使自己的企业破产，但我们使用这一方法已经很多年了，我们没发现比这更好的办法。

我们的员工在工资方面总是很谦虚谨慎的第三个原因与自我保护有关。记得吗，在塞氏企业我们的经营预算仅仅有6个月，而不是通常的12个月。由于预期外增加的支出必须在短期内抵消，这就使得可支配利润很少。我们的员工知道工资在经营成本中占很大比重，因此当他们设定自己的工资时考虑到了我们的预算期。通过消除看起来过高的工资来解决预算问题是很容易的，没有人希望自己就是那个拿过高工资的人。

经过几年的实践，自我设定工资制度所产生的经济影响比我们原先预想的要小得多，提高10%都已经是例外了。巴西法律不允许降低工资，即使是自我设定的工资，但是当通货膨胀高涨而工资相对稳定时，实际工资水平就下降了。如果用这个指标来衡量，塞氏企业自我设定的工资在几年后有所下降。很明显，我们的员工一直在注意自己的工资，因为他们关心塞氏企业的福利。无论在公司经营状况好还是不好的时期，自我设定工资制度都促使我们的员工从公司长期发展的角度来看问题，这对一个公司来说是非常难得的。该制度的另一个好处是消除了员工对工资的抱怨，而这一直是公司最有争议的问题之一。

大约 5% 的员工参与了第一次工资制度改革的试验。现在参与的人数几乎达到 25%，包括大部分协调人。我想不出有什么理由让工厂工人不能在将来进行同样的计算。

既然我们的领导人都对自己的工资感到满意——或者说至少对工资负责——保罗又想到了另一个更大胆的建议。他称之为“风险工资”。

在 1989 年一次公司领导人会议上，保罗告诉经理们：“现在你们每个人都根据自己对自身价值的估计拿到了准确的工资，我建议你们工资拿得少一点，但作为回报将来可能挣到更多的钱。”

然后，他向大家解释了他的新点子。如果塞氏企业经营状况好的话，一个同意冒险把工资降低 25% 的员工最多能得到比原工资高 50% 的工资；如果塞氏企业经营状况差的话，他就要损失 25% 的工资。

那些固定开支不大的员工接受了保罗的建议冒更多风险，而那些配偶没有工作并有孩子的员工冒的风险则少一点。迄今为止，这种制度的结果对参与者和公司都是有好处的，因为在这项方案下，我们的部分劳动力成本随着公司的盈亏而起伏。当经营状况好时，参与这项方案的人挣到了更多的钱。当经营状况差时，他们帮我们削减了开支，降低了他们的工资曲线。

MAVERICK THE SUCCESS STORY 塞氏企业辞典

风险工资： 大约 1/3 的塞氏企业员工选择了这种付酬方式。将他们的工资标准降低 25%，如果公司那一年效益好，他会得到正常工资的 125%。反之，他只能得到正常工资的 75%。这种规划奖励勇于冒险的人，并使我们的部分人力成本随盈亏状况浮动。

26 总算圆了哈佛梦

“在乘地铁返回波士顿后，我买了一个纪念品。我把它放进我的钱包里，希望我被哈佛录取的那一天用它。”

在我们的新理念和新政策的指引下，塞氏企业一跃成为巴西增长速度最快的公司之一。过去销售额大约是每年 400 万美元，现在已增至 3 500 万美元，仅仅几年时间我们就从一个工厂扩张到 6 个工厂，员工人数从 100 人增加到 830 人。

塞氏企业在它所经营的每个产品领域都占据第一或第二的位置；我们的船用设备销售占巴西整个市场的 85%，水利水泵占 70%，商用洗碟机占 65%，在三年时间内我们的霍巴特天平的市场份额就从 3% 增至 23%——虽然这个市场有许多竞争对手，而且大部分都是大型跨国公司的分部。

更值得一提的是我们没有欠别人一分钱，因为我们没有债务。实际上，以前当我们向银行打电话时，银行副总裁的秘书总是告诉我们他们在开会，而现在这些副总裁总是给我们打电话，想和我们见面。在公司高速成长期，我们也没有接受过政府的任何帮助。

但成功不仅表现在年度报告中喜人的数字上。奥塞亚斯是圣阿马鲁工厂委员会的一名成员，曾组织和领导罢工来反对公司，他向巴西最大的一家报纸这样描述我们的变革：“开始时很难适应。你知道，过去人们习惯于生活在专制体制下，当最后他们把你放出牢笼时，你不能相信这是真的。在这里员工们对工作充满积极性。”

另一名塞氏企业的员工这样告诉一家杂志：“公司变成了工作的乐园。没有人想离开。”

这些成功足够让我冲昏头脑了。我猜确实是这样。于是在 1988 年年初，年仅 28 岁的我决定撰写自传。我和索菲娅前往我们山区的牧场，那里没有电话。在那 9 天时间里，我疯狂地奋笔疾书，一天写作 12 个小时甚至 14 个小时，忘记了白天和黑夜，常常为黎明的到来感到惊讶。所有的思绪都喷涌而出，10 年的大胆试验和疯狂举动，经历的挫折和快乐，都从笔尖汩汩流出。自从在塞氏企业试验安装计算机后，我就不是很信任电子装置，因此我用一个一端带橡皮的文字处理器——我的铅笔——来书写。

当我从山区回来时带着 750 页手写书稿，我把它命名为《扭转局面》(*Turning the Tables*)。我复印了几份，把它送到巴西主要的出版商那里，然后等待着。几周过去了，最后终于有一个出版商给我打了电话。我以为他就是我的最佳选择，因为他曾经出版过艾科卡和盛田昭夫（Morita）的作品。我们一起吃了一顿午餐，我回到家后还认为他会出版我的书，然而他没有。

其他出版商没有给我任何回复，于是我打电话过去询问。他们没有一个人对我的书感兴趣，虽然有两个人建议我不妨自己掏腰包印刷一些，然后把它送给塞氏企业的员工。

这时我想到了理查德·奇维塔（Richard Civita），我并不认识他本人，但我知道他的 Nova 文化公司，一家大型杂志分销商和中等规模的出版商。我打电话把我的故事告诉了他。他说他那天晚上要去纽约，可以在飞机上读我的书稿。两天后，他告诉我他愿意付给我 2 000 美元出版这本关于我的生活和我的公司的书。我很快告诉自己说，钱不是重点。我打电话给我的律师，叫他起草一份合同，并让他不要太苛刻，因为这是巴西唯一一家愿意出版我的故事的出版商。但这个律师是个严肃的人，他要求在合同中包含一个条款，每销售掉 10 万册书就增加版税。我和出版商都笑了，因为如果能卖出去 5 000 册我们就会很高兴了。

我们知道什么呢？《扭转局面》这本书后来卖了 40 万册，在畅销书排行榜上连续上榜 200 个星期，成为巴西非小说类销售得最好的书。似乎整个国家都渴望了解新观念。就像我常说的那样，我们坐在冲浪板上，当一个有组织的、不幸的巨浪把我们打翻时，我们成了大海中的一个小点，但我们只是站起来驾着冲浪板冲上海岸。

我是个敢于打破旧传统的成功经理人，并很快成为畅销书作家，这使我成了小小的名人。但我一直有另一个愿望：我想成为哈佛商学院的学生。

我在读高中时就开始想着有一天能去哈佛学习。几年后朋友们带我去了坎布里奇[①]，我对所见到的一切印象深刻，于是去哈佛的愿望就一直在心头萦绕。在乘地铁返回波士顿后，我买了一个纪念品。我把它放进我的钱包里，希望我被哈佛录取的那一天用它。

第二年，我向哈佛商学院递交了申请，而没有理睬一些本国顾问的判断，他们认为在美国学习对于我在巴西的职业生涯没有任何用处。他们也害怕如果我被拒绝入学（很显然他们认为这种可能性比较大），会对我膨胀而脆弱的自尊心造成打击。他们建议说，如果我一定要去美国读书的话，为什么不同时申请几所大学降低风险呢？

但愚钝的我只申请了哈佛，并焦虑地等待着决定。来自坎布里奇的信终于到了，你想象一个人双手合十打开信封的样子吧。

我原来以为我肯定会被录取，但我错了。我用了几周时间才从打击中恢复过来。我没有把这件事告诉任何人，省得听到那些安慰的话语又徒增悲伤：“这不是生活的全部，你知道的。”不过我总是时不时地检查一下我的钱包，确认纪念品仍然在那里。我不知道为什么，但我确信有一天我将会在哈佛学习，只要这个纪念品没有丢失。我也不能作弊把它放在一个安全的地方，如果它要发挥魔法，就必须待在我的钱包里。

两年后，我又一次申请了哈佛。这一次，我被给予了一次在学校面试的机

① 坎布里奇（Cambridge），美国马萨诸塞州东部城市，旧译剑桥，哈佛大学所在地。——译者注

会。我预约了一个和一次商务旅行同步的时间，出发去了波士顿。我在穿什么衣服上花了很多心思，最后选择了我到塞氏企业第一天上班时穿的服装，带素雅的白条纹的黑色毛料西装、一件白色衬衫和一条灰色领带。在经过长时间的内部争论后，我决定不佩戴与衣服相称的围巾了，但还是设计了一种别致的方式把外套优雅地披在胳膊上。在经过这么精心的准备后，你能够想象当我在面试前一天住进酒店，打开行李箱，发现我的西装皱成一团时，心情是多么糟糕。那时已经是晚上 11 点了——要熨平已经来不及了。然后我想起了我父亲用的一种旧方法：他把西装挂在淋浴器附近，让水汽抚平衣服。我松了一口气，当我的西装在放松时，我坐回到床上看电视里放的《陆军野战医院》[①]，然后约翰尼·卡森[②]出来了。然后我就睡着了。房间里的热空气突然把我弄醒了，我第二次惊恐地意识到现在已经凌晨 4 点，而淋浴还在开着。我冲到浴室，发现我的西装比吉恩·凯利（Gene Kelly）在《雨中曲》中穿的那套还要湿。

但我多么幸运啊，外面下着雪，因此到了上午我湿漉漉的样子正好合适。

我与教务主任助理的谈话进行得很顺利，至少我对自己的行为举止感觉不错。当我准备离开时，他建议我参加一次课程，我去了。教导员带有讽刺意味地向大家介绍我是“一位从巴西来的优雅绅士”，我猜这大概是因为我是教室里唯一穿西装的人。

我又一次返回巴西，等待着哈佛的裁决。几周后信来了，似乎单薄得让人丧气。我记得当时我把信举到灯光底下看里面是否有入学表格，我打开了信，在“亲爱的申请者”之后，我看到了“很抱歉”这个词。

直到许多天后，我才把信又拿出来从头到尾读了一遍。我竟然被拒绝了两次！而那个纪念品仍然在我的钱包里。

平生第一次我想放弃我的目标。然后我想起有许多次我把钱包落在了不同

---

① 《陆军野战医院》（*M*A*S*H*），又译《风流医生俏护士》。1970 年罗伯特·阿特曼导演的影片，后又拍成同名电视连续剧。——译者注

② 约翰尼·卡森（Johnny Carson），美国著名电视主持人，主持《今夜秀》（*Tonight Show*）30 年（1962—1992）。——译者注

的地方，但最后它都被原封不动地还回来了，包括那个纪念品。我已经买了几次新钱包，每次都小心翼翼地把纪念品换到新钱包里。这一定是一个征兆。一个征兆，我很确信。

几个月之后，有一天我因为失去一个订单变得非常暴躁，因此我决定向哈佛写一封略微不敬的信，告诉那所伟大学府的每个人我是怎样看待它的入学政策的。在第二封拒绝信中，他们曾告诉我说，即使我已经在塞氏企业工作多年，但我仍然没有足够的经验。因此我在信中告诉他们，要是按照他们的标准，恐怕在斯蒂夫·乔布斯创办苹果电脑公司的时候他们是不会录取他的。

几个月后，从坎布里奇来了一封信，我已经对可能的叱责做好了准备，但这封信只是要求我填写一些表格，贴上我的照片，这样我就能在下个学期被录取。多么可悲的时机啊！那时塞氏企业已经发生了许多重大变化，似乎留在公司更能受到教育。

不过，我最终还是成为了一名哈佛毕业生。几年后，在我领导塞氏企业6年后，我决定参加一个针对公司经理人的课程班，每年集中辅导一个月，共上三年。对正规的商业学科和技术，我仍旧有许多东西需要学习，但最起码我急切地想知道哈佛的人——教授们和其他公司的CEO们——是怎样看待我们在塞氏企业所实施的观念和方案的。他们会不会认为我们很奇怪，就像我认为他们很奇怪一样？

在为期三个月的学习中，我花了很多时间与别人讨论塞氏企业。几乎每一堂课上讲到管理组织理论、劳工关系或生产率时，都会提到塞氏企业。我认为我可以绝对有把握地说，当我向他们解释我们的圆环组织结构和自我设定的工资时，把他们都逗乐了。

他们总是摇着头说："也许我回去后也会尝试着这么做。"但我感觉得到，他们中的大部分人是不会这么做的。

27 春风得意时遭遇危机

“我和我的同事都被排到了各种‘最优’名单中。邀请函纷纭而至。我自己每年要做50场或60场演讲。”

工厂委员会拥有了实权；办公室的门总是开着，办公室之间的墙壁少了很多；资产负债表被公布在公告板上；规则手册被扔进垃圾箱里；备忘录不超过一页；“圆环”代替了“金字塔”；经理们的年薪由他们自己说了算；出版了一本畅销书。难怪塞氏企业开始引起大家的关注。

我和我的同事都被排到了各种“最优”名单中。邀请函纷纭而至。我自己每年要做 50 场或 60 场演讲。我的演讲风格是反传统的：我对铁路工人协会的演讲题目是“即将消亡的铁路产业”；我在初级秘书年会上讲“如何不做一个秘书”；财务总监大会上的报告则是“废除财务总监”。当我对巴西主要商学院的本科生演讲时，主题是“为什么商学院的本科生教育是不必要的”。

除此之外，我还接受了报纸和杂志采访，频频在电视和电台上亮相。我的哈佛同学或许会对此感到怀疑，但令我们感到惊讶而且高兴的是，来自全世界的公司经理人和商学院教授在我们的门口排着队来参观。我们的工厂周围变得如此拥挤，以至于一些工厂委员会领导人抱怨说这些参观者在妨碍生产。为了缓解这种压力，我们制定了“参观塞氏企业”方案。我们把这些参观请求累积起来，每月一次把一些公司的代表集合起来，带他们一起参观整个公司。当我们发现仍然不能应付这么多人时，我们把参观变成了每月两次，把每次参观的人数增加到了 35 个人。即使这样，参观的人还需要等上 5 个月。

一切都是那么令人激动和飘飘然，我想可以理解有一阵子我们忘了带给我们所有这些关注和名声的是什么——是我们的企业。意识到这一点后，我把我的演讲减少到每年 20 场，我们不鼓励人来参观，并减少了在媒体上曝光的次数。但这已经有点晚了，我们已经犯了许多错误。

食品服务设备厂员工的干劲让我们感到如此兴奋，以至于我们晕头转向地爱上了他们生产的一切。工厂虽然盈利，但等我们意识到它应该赚更多的钱时，为时已晚。把它称为虚荣心的代价吧，由于顽固地坚持生产机械天平、切割机、绞肉机和削土豆器，4 年内我们至少损失了 300 万美元。虽然这些东西还在不停地销售，但我们一直在想，我们本可使它们在同类产品中鹤立鸡群，这样它们就不仅仅是普通商品而已。

以机械天平为例。虽然每个月仍可销售 1 300 台，大约占整个食品服务设备厂业务的 20%，但由于该产品技术含量低，前景并不乐观，市场上 20 家竞争对手的排挤又使价格大幅下跌，利润空间很小，因此现状也不尽如人意。即使这样，我们还是花了几十万美元改变其外观设计、材料、供应商和生产流程，消耗了管理人员许多精力去修补那些最好丢弃的东西。我们从感情上都希望机械天平能起死回生。半个世纪以来它一直是霍巴特工厂的主要业务，已经成为巴西一半商店和超市的固定上架商品。

最后我们终于认清了现实，把生产机器、模具和模子给了那些想自己经营天平生意的员工。但我们的员工认为我们是在扔掉宝贝，因此用了 18 个月时间才把设备都转移出去，关闭了这条生产线。他们一直组成小组恳求我们再多给他们一点时间，以证明一种新的流程或者新的装配方法能让天平市场重现繁荣。

我们也在我们的 BAC 工厂生产的一种用于办公大楼的空调制冷塔楼上坚守了几年时间。在竞争对手已经把该产品原料从钢材转换成玻璃纤维或塑料后，我们仍然用钢材来生产该产品。我们一直告诉自己，钢材更结实，能防火，但它也容易生锈——尤其是在海边的大楼里。我们花了好多时间和资金，试图在客户转向玻璃纤维塔楼前说服他们接受我们的产品，但为时已晚。

我们在一种用于大型传送带的被称为液体连接器的机器上也遇到了麻烦。我们和一家名为 Fluidrive 的英国公司达成协议，联合起来为我们的产品在英国和巴西做广告，但我们的产品从来没有受到过欢迎。一家名为 Voith 的德国公司紧跟市场，每次我们与他们竞标时他们都削减价格。我们顽固地想与他们硬碰硬，但那时我们本来应该退出市场，为自己赢得时间，然后当客户对于只有一个供应商感到厌倦时，我们再进入市场争取成功的机会。

但我们过于冲动和固执，因此浪费了很多财力和人力。或许我们把自己在媒体上的宣传简报太当回事了。

同时在贾巴拉瓜工厂，菲亚斯科和罗热里奥创造了奇迹，生产效率大大提高，劳资关系堪称典范。他们的电子天平销售量已经从平均每月 150 台增加到 600 台或 700 台，最高纪录卖到了 1 000 台。我们的市场份额从不到 10% 上升到 35% 还多，利润也随之上升。这真是营销的天堂啊！

从伊皮兰加分离出去的举措是无可指摘的。贾巴拉瓜工厂的“小子们”结束了不能准时交付的困扰，解决了该部门长期以来存在的质量问题，还封住了天平仓库里能使蟑螂进入的一个入口。曾经，蟑螂一度在这里吃掉了它们能找到的所有食物，然后爬到集成电路上。

当我们看到我们取得这么多成绩时，我们做出了任何一家精明的公司都会做的事情，向这个新工厂大力投资。接着我们又遭遇了大萧条，忽然之间大家都不消费了。我们的分销商那里堆满了电子天平，销售量下降到了每月不到 200 台，有段糟糕的日子里甚至下降到 50 台、30 台。在这不久之后召开的一次周二合伙人会议上，菲亚斯科提出了一个计划。“我们把它称为‘无头的骡子’。”他说着把计划书发给了大家。

当我们看这份文件时，菲亚斯科坐在那里，嘴角带着一丝我们不太理解的嘲讽的微笑。计划书中首先对来年做了预测，表明这个部门将会有一点利润。考虑到电子天平工厂所面临的困难时期，这已经很了不起了。然后又列出了资产负债表，也预测将会达到收支平衡。不过，预测销售额并不很乐观，对新产品和机器的投资预计为零。那么这些利润从哪里来呢？我们都在揣摩。

答案在第二页纸上，上面列出了实施“无头的骡子”重组计划后所有将留在该部门的人员名单。名单上缺少罗热里奥、采购经理、销售经理和其他几个关键人员的名字。

“如果没有这些人，你怎么经营这个部门呢？”乔安问道，他认为菲亚斯科出于保全自己的目的愿意付出极大的个人努力。

“你在名单上看到我的名字了吗，乔安？”菲亚斯科回答说。

名单上没有他的名字，这时我们才领会到计划书标题的含义。全场有一阵尴尬的沉默。

“那么你将做什么呢？”过了一会儿，马尔西奥问菲亚斯科，“有另一份工作在等着你吗？”

“根本没有，”菲亚斯科回答说，“我听任公司差遣。我现在还想不出我适合去哪儿，但我们可以稍后再考虑这件事。我们的业务已经出现了暴跌的局面，当我感觉这个部门不再能养得起我时，我不能试图保全自己的工作。”

“这可能是暂时的，”克洛维斯说，“如果业务起死回生怎么办呢？过去就是这样，你知道的。难道我们要抛弃所有在你和你的人员身上的投资吗？”

“今天，克洛维斯，我的建议将是‘是的’。”菲亚斯科严肃地说，“如果是我自己的钱，我就不会对这样一个未来风险很大的业务再投资。”

“那是不是说你不相信天平业务了呢？”乔安问，“你认为我们应该把它关闭吗？”

“不，我相信天平业务，也相信我们的产品，”菲亚斯科说，“我不相信的是巴西能很快从经济低谷中走出来。如果你要问我的意见，我建议把该部门返交给伊皮兰加工厂。”

该建议立刻招来了所有人的反对。当初把该业务从伊皮兰加工厂分离出去的决策是我们的巨大成功之一，现在要我们摒弃这种方法是不可想象的。

该工厂在很短时间内就为我们赚了 100 万美元。麻烦的是，我们已经把这些钱的一半都投入到了大楼、设计顾问、样品和专业机器中。当我们为该工厂的未来争论时，菲亚斯科向我们证明，我们每年将必须投入 50 多万美元，才能使该工厂按目前设立的那样继续运行，直到经济复苏。削减人员，把电子天平工厂融进伊皮兰加工厂，至少能给我们一个机会，不用大力投资就度过萧条时期。

于是我们把它搬回到了伊皮兰加，但只有在满足特定条件的情况下才这么做。首先，除了缩小规模外，我们保留了该部门在贾巴拉瓜的生产结构。在伊皮兰加腾出了 15 000 平方米的地方来容纳这个新工厂，工厂所有的东西——包括库存、决策、经营，甚至入口——都是独立的。在贾巴拉瓜的 28 名员工中，有 20 个人随部门搬了过来。其他一些经理调到了塞氏企业其他工厂。顺便说一句，削减人员让我们多损失了 150 万美元，因为大部分人离开时公司都要支付半年的工资或更多。

那么“这头骡子的头”怎么样了呢？要失去像菲亚斯科这样在塞氏企业取得如此成功业绩并且如此了解我们文化的人，可真是一种遗憾，但我们没有合适的职位给他，鉴于我们反对储备人才，因此也不会把他放在一边待用。他在塞氏企业又待了几个月，帮助组织了这次搬迁并理顺了交接过程。然后，好像命中注定的一样，他成了萨西布公司（Sasib）的生产总监，这家公司是意大利生产饼干工厂的巨头奥利维蒂（Olivetti）的巴西分公司，与我们的圣阿马鲁部门是竞争对手。

“C’est la via.”[①] 一个法国人也许会这样感慨。或者也许会说：“Merde.”[②]

---

① C’est la via，法语，意为“这就是生活啊！”——译者注

② Merde，法语，意为“大粪。”——译者注

28 在贪腐的巴西如何坚守底线

“你要么做个成功的生意人，要么做个有德之士。”

你要么做个成功的生意人，要么做个有德之士。在拉丁美洲你可以听到许多这样的言论，它们都有充分的理由。贪污受贿并不是在这个大洲上发明的，但若作为助长这种风气最暖和的温室，或许只有非洲才能与之抗衡。在赤道下面这是一件平常事而已，从更广义的角度看它可能是民主的，因为只要大家愿意就能参与其中。这么多人都在贪污。通常护照要花几周才能办下来，但如果使用贿赂，只用一天时间就够了。建设许可证、机票、税收审计？都没有问题。

MAVERICK

the success story behind the world's most unusual workplace

我出生在一个富裕家庭，这对我产生了很大影响。生在有钱人家给我创造了拥有各种癖好的机会。我的癖好之一就是证明不盲目地遵从大家公认但却落伍的规则和传统（包括贪污贿赂）照样可以经营企业。

大部分大型拉丁美洲企业如果不用值得称赞的信条和金钱来交换某种东西，比如说为了建工厂改变城区规划或获取经营一个分公司的许可证，在一个没有诚信的政府（在过去100年中大部分政府都是如此）的重压下就难以生存下去。但在我接管公司三年后，出现了一个机会，让我证实了我的信念，那就是塞氏企业可以与众不同。

巴西的公司经常要受到常规审查，声称要检查公司是否符合建筑条例和其他规则。在我们对圣阿马鲁工厂进行部分翻修后就接到了这样一次拜访。法律规定，我们必须有一条带遮篷的过道，把工厂和工人们的更衣区分开，但我们没有。我不太明白为什么一定要有这么一条过道，我猜大概是一种监督吧。两个督察员对我们罚了数目不大的一笔款，然后给了我们 90 天时间来达到规定的要求。

但我们太忙了以至于没时间去做这件事。唉，当贿赂成为一种做生意的手段时，人们很少感到需要遵守主观制定的规则，因为他们相信最终所有的东西都会通过某种方式被证明是合格的。

两个督察员又回来了，这次他们说要对我们罚款 20 万美元，如果我们在 30 天之内不能修好这个过道，就要关闭我们的工厂。他们停顿了一下，接着说，或者他们可以给我们一些“咨询”，“咨询费用”是 2 万美元，这样就不会有罚款，也不会关闭工厂了，我们可以像往常那样做生意。

我和克洛维斯仔细地商量了这件事。要我们贿赂这两个督察员是不可能的，但是工厂可能被关闭委实太可怕了，让我们想都不敢想，而在 30 天之内我们无论如何也不可能做出改变。于是我们决定揭发他们。

我们知道这么做的风险。很快我们就会成为所有这类督察员窥视的猎物，而报复是他们的特长。

我们给市长办公室打了一个电话，然后这件事就被交给一位高级政府官员来处理，我们通过了解知道他是一个诚实的人。

于是我们去见他，我们知道这两个督察员的名字以及我们认为是他们上司的人的姓，他姓罗塔。这个官员热情地接待了我们，对这个案子表现出极大的兴趣。他说他正寻找机会铲除本市的贪污受贿官员，对于我们向前迈出这一步感到很高兴。“我想让领导反贪小组的人来听听你们的故事。”说着他拿起了电话。

克洛维斯和我交换了一下眼神。“你好，”这个官员对着电话说，“是的。您能马上到我的办公室来一趟吗？我这里有两位先生正告诉我一件贿赂的事。”

几分钟过后，一个满头白发的高个子男人大步走进办公室。“哦，现在我们的人来了，”这个官员对我们说，“塞姆勒先生和克洛维斯先生，我很高兴向你们引荐罗塔先生。”

从那之后，两位督察员来访的次数越来越多，但我们不确定罗塔是否与此有关系。大部分督察员似乎都是诚实的，而我们则尽力遵守规则。

1989 年的一天，当一位税务部门的官员来到圣阿马鲁工厂开始审计时，我们并不是特别担心。他大约 60 岁或者快 60 岁了，非常傲慢。后来，我们了解到他曾经做过教授和律师。通常税务检察官会待一周，然后，如果他们诚实，一切都没问题的话，就会离开。这个人在我们这儿待了一周后什么也没发现，然后他又待了一周，然后又待了一周。5 个月后他仍然在工厂里待着。5 个月！在这期间，我们所有员工都谨慎地按照他的指示来做，把他想要的一切材料都给了他。

最后，这个督察员去见我们的会计，说他发现了“几处违规”。他说，如果他把这些报告上去，塞氏企业除了补交税款外，还要支付 70 万美元的罚款。会计把他的报告浏览了一遍，简直气坏了，这个督察员想到的只不过是一些行政上和文书上的小错误，而它们都是无关紧要的。写着某一日期的发票放到了账簿中代表另一个日期的夹子中：无辜的错误，就这样。

“这很荒唐。”我们的会计愤怒地说。

让他吃惊的是，督察员同意他的意见。“但如果我对你们罚款的话，”他就事论事又补充说，“你们为自己辩护将需要花掉一大笔律师费。当然你们会赢得官司，但付出的是什么代价呢？”

现在我们了解他的意图了。如果我们肯给他 15 万美元，他就能让我们免去所有这些麻烦，为我们做一份审计报告，让我们三年之内从其他督察员那里得到的报告都是安全的。这个督察员说，他们都在一起工作，因此可以保证我们不被打扰。

我们召集高层经理开了一个简短的会议，大家都一致决定再尝试一次检举。我给当时在财政部的一个朋友打电话告诉了他这件事。他为我引见了一位高级政府官员，由他来告诉我们应该怎么做。巴西关于诱捕的法律是不易变通的，只有被敲诈的受害人才能布置圈套。警察必须等到贿赂发生时才能进行逮捕。

克洛维斯买来了录音设备，工程师奥斯瓦尔多把它安装好。乔斯将与督察员做最后谈判，并实施贿赂。我们的计划是他与督察员再进行一次会面，告诉督察员我们愿意接受交易并约定支付的时间和条款。

会面安排在了周五下午三点。“今天我可以笑着谈这件事，但当时我真的非常紧张。”乔斯回忆说，“会面的办公室在我们总部大楼的地下，门当然是关着的，但我要旋转门把手两次，这是向克洛维斯和奥斯瓦尔多发出的信号，意思是可以开始录音了。”

乔斯那天似乎有点疯狂，他在办公楼里紧握拳头跑上跑下。但是当督察员到来时，他表现得无懈可击。

“我说由于塞氏企业没有用于那种目的的‘非正式’银行账号，因此要付给他钱不是那么容易。然后他告诉我怎么做。我假装不明白他的意思，让他重复说一遍，因为他说得越多，对我们就越有利。我说要马上筹到所有钱真的很困难，他说我们可以分 10 次付款。”

这个督察员甚至告诉乔斯可以减免 10%，他说按照惯例，与他做交易的人可以从中得到一笔好处。

“我说我不愿拿这笔钱，”乔斯回忆说，“这让他很紧张。他说他也只从中提取 10%，剩下的 80% 保留在‘系统’中，这是他对受贿的措辞。我不得不说我将会考虑的。”

乔斯安排了下周一的另一次会面，还是同样的时间和地点，他答应说他将把第一笔款准备好。督察员说他将会写一篇报告，只说塞氏企业轻微违规，而对此我们很容易进行抗辩。“不要担心，”他说，“我将会让你知道如何做。”但乔斯是一个细心的人，他坚持说督察员应该给我们一份清白的账单。督察员变得紧张起来，但是乔斯的态度很坚决。他说：“要么带着它，要么就别来。”

那时候我们都在隔壁，听到了断断续续的谈话。我说断断续续是因为传声器出了点问题，有一阵工厂里的一个压缩机在运转，声音盖过了一切。

到周一时我们修好了录音设备，并安排压缩机暂停工作。同时我们在这间屋子的角落里藏好了一台摄像机。大约下午两点钟时，两名警官和两名调查员坐着一辆没有标志的小车到了。过了一会儿，巴西最大的一家报纸的记者和摄影师也来了。我们邀请他们对这次逮捕行动进行实录，以防政府官员们让我们失望。

这次行贿定在下午三点。当时正值盛夏时分，这个没有空调的大楼里格外热，尤其是在洗手间里，有 6 个成年男子隐藏在那里。

我们盯着时钟：三点钟，三点十分，三点二十， 三点半。这个督察员一向都很准时。难道他识破了我们的意图？为了平复紧张的心情，乔斯往家里打了个电话和他妻子聊天。三点四十，三点五十了。警官伸了伸懒腰，看了看表，开始想他们是不是应该离开了。

终于，保安打电话说督察员到了。大家慌忙各就各位，都感到非常兴奋。督察员向乔斯道歉说因为他妻子身体不好，所以他迟到了。

乔斯直奔主题。"你确定你想这么做吗？"他问道，努力想让督察员把这个计划从头复述一遍，这样就有利于录音，作证，直到最终在法庭上使用。督察员说他确实想这么做，并拿出审计单让乔斯签字。同时，他告诉乔斯他妻子在周末下楼时如何摔断了腿，现在正在住院治疗。

好啊，乔斯暗自想。几分钟后他将会被捕，他的生活将被毁掉。

在他们完成书面工作后，乔斯拿出一张发票说："这是第一笔款。"

"支票？我想要现金。"

乔斯说，他不可能提取那么多现金。督察员想让乔斯和他一起去银行，而乔斯说他不愿意。最后，督察员拿起支票把它放进了一个小钱包里。

搞定了。乔斯邀请督察员去三楼喝杯咖啡，这是向警察发出的逮捕信号。乔斯原以为警察会全副武装破门而入，但其实门是被慢慢打开的，一名警官平静地走进了房间。当督察员意识到所发生的一切时，脸色变得苍白，然后他转向乔斯开始咒骂。警官把录像带和录音带拿走，封装在了一个证据袋里。当他们走向停车场时，乔斯尽量不去看督察员。督察员要求和他儿子讲话，他儿子当时正在外面的小车里等着他。然后大家都去了警察局。

乔斯被这个插曲弄得有些心神不宁，于是请了一段时间的假。我上电视台讲了话，鼓励其他经理人也来帮助根除贪污受贿。这个督察员最后因为敲诈勒索罪被判入狱两年。

不过，我们并没有理由感到高兴。这个督察员在录音带里提到的上司甚至都没有被带去询问。我收到了一些表示支持的信件和电报，但是当我提议建立一个中心来与贪污受贿做斗争并为企业界提供法律援助时，没有一个经理人公开支持我。

不久后，我们的一个职员到一个政府部门取文件，被告知说："告诉你们的老板，他现在要担心的不仅仅是一个督察员，而是 10 万个督察员一起反对他。"看起来好像是这样。要运到塞氏企业工厂的货物在机场和码头被扣押了好长时间，塞氏企业的卡车在州界被拦住接受审查，各种证书、许可和表格都要花好长时间才能办下来，这就是诚实经营企业的代价。

一年半以后，当我和索菲娅正在外地度蜜月时，几个督察员出现在我们正在修建的房子里，要求得到 6 000 美元的贿赂金。他们扬言说，如果不交这笔钱的话，他们就要把这个工程延期好几个月。他们不知道房子的主人是谁。

承包商早已习惯了这种贿赂，于是跟督察员谈判确定了一个数目。他的计划是在我度蜜月回来之前付给他们钱，但他知道我不会同意这件事，所以想等事情过去很久以后再把账单给我。但在他给督察员付钱之前我们就返回来了。我一到达工地，就问一个工头工程是否进展顺利，他热情地点头并咧嘴笑着补充说："尤其是那些督察员不再来巡视后。"我马上警觉起来，询问承包商究竟发生了什么事。

我打电话把这件事告诉了市长，她以诚实而闻名。她问我是否愿意再进行一次逮捕，我说是的，于是我们又重新进行了一次。这一次，巴西各大电视网络对整个过程进行了现场直播。但我没有参与这个过程，事后也没有接受采访。市长办公室对所有事情进行了处理，甚至很少有观众知道这就是我的房子。

可是，当然，这位督察员的朋友们知道。在接下来的施工过程中，不断有督察员带着电子检测设备和厚厚的建筑规则手册来找我们，这些手册恐怕他们已经好多年没有读过了。官僚上的小障碍层出不穷，虽然有那么多复杂、不合理的建筑规则，但这反而更坚定了我们建房子的决心。制定这些规则无疑助长了贪污受贿行为，在巴西，我们将之称为“为了销售简单而创造困难”。

现在我们骄傲地拥有一座房子，它简直可以和博物馆媲美，因为它可能是巴西极少数达到所有规定的建筑之一。

29 奇思妙想三剑客

“尽管其他人抱怨塞氏企业发展太快了，但这三个始作俑者却对我们的缓慢、笨重、浪费和官僚作风感到恼火。”

我们的圣阿马鲁工厂紧挨着一座墓地，我们中有些人称它为沉默的伙伴。

“看见那个草坪了吗？”我父亲过去常常说，“那里埋葬的都是对公司不可或缺的人。”

他坚持将来死后也要埋在那里，面对着这座工厂，“监护它”。

他幽灵般的警觉并没有阻止我们最富于自由思想的三位工程师，他们提出了一个迄今塞氏企业所碰到的最奇怪的建议。他们想邀请公司所有合伙人到墓地，在那里大家身穿黑色服装聚集在一个棺材周围，棺材上面装饰着一个醒目的写着“塞氏企业”的丝带。这将是公司的一次象征性葬礼。

尽管其他人抱怨塞氏企业发展太快了，但这三个始作俑者——奥斯瓦尔多、马尔科和罗热里奥——却对我们的缓慢、笨重、浪费和官僚作风感到恼火。敲锣打鼓地埋葬这些恶习就是他们唤醒我们的方式。我们没有举行他们提议的葬礼，但这三个工程师——他们在整个塞氏企业也因其为技术创新核心小组（Nucleus of Technological Innovation，NTI）而闻名——又一次实现了他们的愿望。

MAVERICK
THE
SUCCESS
STORY
塞氏企业辞典

技术创新核心小组： 一小组员工，多数是工程师，他们从日常的生产和管理中解脱出来，用全部时间来发明新产品、改良旧产品、设计市场战略、发掘降低成本和提高效率的潜力，甚至设想新的业务线。他们的报酬有一部分与他们开创性工作的成果挂钩。

有一次，这三个人在和我、克洛维斯、劳拉及马尔西奥会面时，亲自提出了成立 NTI 部门的建议。他们的想法是挑出几个由塞氏企业文化培育并熟悉公司人员和产品的人——自然是他们——让他们获得自由。一旦他们从日常事务中解脱出来，就不用再担心生产问题、账单、库存及出毛病的机器，或者下属想加薪的问题。他们将用所有时间进行自由思考。

他们相信，这样被解放之后，他们将会发明新产品，改良旧产品，设计市场战略，发掘降低成本和提高生产效率的方法，甚至凭空想出新的业务线。

在我们看来，这三个工程师是值得信任的。他们表现得既富有创意又坚韧执着，对公司的几乎所有事物都提出质疑。

奥斯瓦尔多 30 岁，下巴留着胡须，每次当他思想中“我发现了！”的机器开动时，他那双爱眨巴的眼睛就会放出光彩，而有这种新发现对他来说是家常便饭。他刚开始在法国机械工具公司 Brevet 担任制图员，后晋升为助理经理，然后我们把他挖了过来，成为我们的首席工程师，接着成为工程经理。在我们的“组织大重组”中，他成了一名协调人，管理一个高科技团队，他们设计用于泡泡糖和火箭燃料的大型搅拌设备。他喜欢说当他睡觉时潜意识一直在活动，这样一醒来就有了答案。

马尔科是一个电气工程师，高高的个子，眼睛向外突出，头发凌乱，他有着强烈的“反对派倾向”，常常与同事和客户产生摩擦。他是一个聪明的技师，发明的电缆规划方案除了他以外没人能明白。他为联合饼干厂设计的饼干机器线有 10 公里长的电缆，事实上，还带有几百个控制点和几千个开关。公司的工程师们称它“抵得上一架波音 747”，并向我们吐露说他们本来可以承接一些订单，比如波音 707。

由于“无头的骡子”计划，罗热里奥离开了电子天平工厂，之后他成了我们的首席电气工程师。就像奥斯瓦尔多一样，他也经常被一些潜在的雇主笼络争取，但他都断然拒绝了他们待遇丰厚的邀请，似乎 NTI 让他的忠诚充满意义。

我们都很喜欢他们成立这个部门的主意，但增加了 5 条基本原则。第一，NTI 成员没有老板。他们无须向任何人汇报；第二，反过来说，他们也不能雇用任何下属；第三，他们可以自由地安排自己的日程，写下自己的工作描述，决定自己的行动，并且只要他们愿意，就可以在任何时间以任何理由改变行动方案；第四，他们向合伙人汇报他们的工作，一年两次，由合伙人决定是否在接下来的 6 个月继续保留他们的工作；第五，他们继续领工资，虽然要比他们曾作为高层经理时少一些。但是他们可以分享自己想出来的主意或创新的成果，不管是他们所设计产品的利润分享，还是他们开发的新产品的销售提成，或者是从他们想出来的降低成本方案中所节省的金钱的某个百分比。提多少由他们说了算。他们也可以把咨询服务销售给其他任何想要这种服务的人。

这三个人的年薪原来大约在 25 000 ~ 35 000 美元之间。作为 NTI 成员，在经济繁荣时期他们挣得要比原来多，但如果他们做老板，挣得会更多。反过来，在经济衰退时期他们所遭受的损失要比他们自己单干时少，因为他们背后有一个闻名遐迩的大公司的名字。总之，我们估算他们现在的年薪大约是 15 000 ~ 80 000 美元之间。

我们同他们一一握手告别之后，这三个获得解放的工程师就回家去休息了。从第二天起他们将不得不开始为了生存而思考。嗯，不管怎样，奥斯瓦尔多将要思考，因为罗热里奥和马尔科都度假去了。

这个三人小组搬进了我们圣阿马鲁总部办公大楼的一间小套房里工作，拆掉了工作区之间的隔墙，放上了制图桌。各种文件开始从全公司运送到这里，包括我们的产品和流程的技术信息。这三名工程师搜集了各种各样的记录和文件，探测他们可能转变为机会的薄弱环节。很快他们就搜集到了许多备用零部件——螺栓、废料金属碎片、古怪的发动机传动轴以及和面机的一个排档——所有这些东西都堆积在他们楼层的中央。在一些人眼里这些东西看上去就像垃圾，但对 NTI 成员来说，这就是灵感的来源。

这样充实他们的小窝后，这个小组就开始过一种决不循规蹈矩的生活。他们早早到达这里，阅读这些文件，不断思考。然后他们进行更多的思考。就像一个孤立容器中的物体一样，他们整天游荡，不受公司沉重的束缚，也不被行政事务分散精力。

对马尔科来说，这件事过于美好了。他开始想念以前为他的机器制作电缆、重新设计并试验他的想法、下属为他做些小事的时光。仅仅坐在那里思考让他感到太紧张了，于是他又返回到他原先的部门去工作。

劳拉在那时已成为负责培训和组织开发的一名协调人，她接替了马尔科的位置。奥斯瓦尔多和罗热里奥专注于工业方面，而她则集中精力于非生产方面的事宜，即关注塞氏企业的“软件”，以此来平衡整个公司的运转。

起初，这三个人在整个塞氏企业横冲直撞：他们称之为“刺入伤口”。他们抱怨营销部门不够积极主动。为什么一定要人力资源部负责“参观塞氏企业”的项目呢？难道不应该每个部门轮流扮演东道主的角色吗？他们想让合伙人启动一个项目，让我们随机地给客户打电话，询问他们是否对我们的产品满意。

“我们干涉所有人，从主管到工人。”奥斯瓦尔多回忆说，他几乎抑制不住他的笑容，“现在仍有些人不喜欢我们。”

一天下午，奥斯瓦尔多、罗热里奥和劳拉坐在一起研究我们的一个搅拌器。这个搅拌器使用一根搅拌棍缓慢地绕圈搅动，使一个大容器里的油漆和颜料混合在一起。劳拉在机械方面是新手，她询问颜色变化后如何清洗这个容器。

“把这个搅拌棍提起后，有人来擦洗这个容器。”奥斯瓦尔多回答说。

“应该发明一个巨大的牙刷来清洗容器。”劳拉说。

于是他们做到了。新产品有一个类似刷子的附属件钩在搅拌器上，能够自动清理容器的侧面和底部，消除了手工作业。

不久，我们的奇思异想三剑客开始吸引塞氏企业以外的注意力，巴西最大的商业杂志《试验》(*Exame*)上刊登了一篇文章对他们进行了报道。自那以后他们又提出了许多发明，包括——这是我最喜欢的——看起来像一把微型伞的一种装置，在鼻子里面打开后可以清理任何“障碍物”。

他们把鼻子清理器放下不做了，不过即使这样，到了对他们进行第一次 6 个月评估时，还有 18 个新项目在进行中。此后 NTI 成员就更加多产，仅仅几年他们就发明了各种东西，比如能在火车全速运行时为货物称重的天平、医生检查病人咽喉用的纤维观察管，以及用来控制小装配线的电子系统等。

这个小组还成立了一个环境咨询公司，建议客户对废物进行循环再利用，在收购时对待收购公司的环保意识进行评估审计。这最终变成了一个独立的业务部门，即塞氏企业环境资源部，该部门除了有 25 个专家是长期雇员外，还有 40 个生物学家、地理学家、水利工程师和经济学家作为顾问随时可以咨询。

NTI 成员在塞氏企业内部也进行了许多变革，他们缩短了机器的停工期，提高了生产流程的效率，减少了装配次数。他们还对我们的油漆搅拌器进行了彻底的重新设计，改变了钢制包装箱和汽车的滑轮系统，这使我们可以把价格降低 32%，从而进入从前由于高成本而退出的出口市场。他们还改进了我们的和面机，过去装配一台和面机需要 10 个小时，14 个步骤，而现在只需 3 个步骤，不到 1 个小时。汽车排档以前是按传统方式生产的，现在则根据现成的汽车排档做了调整，这是 NTI 成员节省成本的另一个点子。

我们甚至开始实行 NTI 的初级版本，我们称之为“太空漫游”计划。每年(假设是好年份)我们都从商学院或工程学院甚至高中那些申请工作的人中挑选至少一个年轻人。这些幸运儿没有工作描述，没有上司，也没有设定的职责。他们可以在公司里自由地逛荡一年，但他们至少要在 12 个部门工作过，并努力创造收入来弥补我们支付给他们的工资。即使是一个实习生也可以做财务分析，搜集市场信息，从事生产或销售工作。在当年年底，他们可以自由地与他们服务过的任何一个部门谈判能否获得一个更长久的职位。

通过“太空漫游”计划，我们发掘出一些特别有才华的人。其中一个年轻人在我们这里待了两年后去了巴西壳牌公司，担任项目经理，当时他只有 25 岁。

随后他到巴黎担任布朗公司（Brown’s）欧洲地区销售经理，该公司拥有 4 000 家服装连锁店。

我们将让他在跨国公司经历更多的磨炼，然后再把他从“太空”中召唤回来。

MAVERICK THE SUCCESS STORY
塞氏企业辞典

太空漫游：每个好年份我们都要挑选几个刚进公司的年轻人，给他们到处跑的自由。他们没有工作描述，没有上司，没有设定的职责，他们可以自由地到处逛荡，直到他们在头 12 个月里至少在 12 个部门工作过为止。然后，他们可以在这些部门中的任何一个寻求一个长期职位。

30 流水线上的弹性工作制

“如果一个工人早上4点半出现在漆黑、荒凉的伊皮兰加工厂，那是怎么回事呢？”

系统化与标准化是现代工厂的灵魂，而标准化的轮班则是标准化的灵魂。如果一个工人早上 4 点半出现在漆黑、荒凉的伊皮兰加工厂，那是怎么回事呢？

由于上下班路程较长，再加上交通堵塞，公共交通设施不够完善，因此许多工人提出，要求他们每天都把路上的时间算好从而准时到达工厂是完全不合理的。然而所有的公司都这么要求，甚至在圣保罗这样拥有 1 500 万人口的大都市里，大部分人好像都是同时出现在路上。

很久之前，我们让我们的办公室员工自己决定他们上班和下班的时间，成为巴西提供这种自由的 6 家企业之一。1988 年，我们尝试着把这种制度延伸到我们的工厂工人身上。如果他们想和孩子一起吃早饭或送孩子去上学，我们凭什么不让他们这么做呢？除此之外，灵活的工作时间也表明我们是为结果而不仅仅是为他们的时间付工资；我们不关心那些结果是如何取得的。我们的观念是，就我们的共同目标达成一致，然后放手让我们的员工去实现它。

如果工人在上午 8 点准时上班，下午 5 点准时下班，但在这段时间里他的工作效率却很低，又有什么用呢？我们认为，有了灵活的工作安排，就可能在不用机械记录人们每天几点到公司的情况下，完成我们年度想要的业绩。

这种自由在以前甚至现在的工业界都闻所未闻。至少我们不知道在巴西或别的地方有工厂实行弹性工作制。当保罗提出这个想法时，几乎塞氏企业的所有人都反对，包括许多该计划的受益人。我们公司成长非常迅速，当时有 40% 的工人在塞氏企业工作还不到一年，他们在其他公司的工作经验使他们认为公司提出的任何建议都值得怀疑，甚至灵活的工作时间。而且，他们的工会领导人由于总是爱发表一些关于老板应该如何给予工人尊严和尊重的演讲，所以若公司做出一些“有利于”工人的姿态，他们会不自然地产生不安全感，甚至有点嫉妒。当塞氏企业发起一项违背常规做法的行动时，他们就会拖后腿，直到他们确信自己理解了行动的所有意义。

因此，在我们考虑经理们的疑虑之前，就发生了两次罢工反对弹性工作制。事实上，我们的许多产品都是工人们以小组形式按照自我管理的生产单位方式来装配的，工人们也自己做出许多过去由老板制定的决策。即使这样，在多数情况下这些工人还是必须差不多同时到达工厂。否则，生产秩序就会被搅乱，有些工人会无事可做，等待负责前面生产步骤的同事。

保罗用了三个月时间对弹性工作制进行了一项可行性研究，希望证明这种制度能降低缺勤率，并改善绩效。他最好的资料来源之一是我们的“再见采访”，每个下岗、被解雇或自愿离开公司的人都有机会告诉我们他的想法。“我的家离单位太远，上下班路上花的时间太长了。”许多人这样告诉我们。“我已经有好几年没有和我的孩子们共进早餐了”或者“我经常为了上班迟到和我的老板吵架”。从所有这些调查中，保罗得出一个结论：上班时间是老板和下属之间产生冲突和误解的一个主要原因。他相信，工人们会对刻板的工作时间安排产生怨恨，直到在关键时刻爆发出来。

保罗把我们的高层经理召集到一起对他们说，如果我们采用弹性工作制，就可能把缺勤率降低到零，同时极大地减少加班时间。“只有极少的几项作业相互间具有非常高的依赖程度，不可能在一个生产步骤和下一个生产步骤之间间隔 15 分钟或 30 分钟。”他告诉他们，“在那些情况下，我们不会采取灵活的工作安排。你们将会对结果感到满意的。主管之间的冲突将会减少，时钟也不再会被看做一个怪物，工人们将感到更受尊重——他们的生产效率将会提高。”

可是他们不相信保罗的话。面对他们的反对意见，保罗说我们可以成立一个任务小组来缓解工人们在上班时间上的冲突（事实上这一点还没有做到）。经理们仍然不相信，但在保罗的敦促下，他们决定试验一下。

纳科斯－尤尼达斯船用产品工厂是保罗的实验室。虽然这个工厂 1988 年才成立，但我们的一些老工人，也是最了解我们的人，都已经调去那里工作。我们把工厂委员会成员和工会领导人召集到一起，由于我们的计划需要在合同中进行重大变动，因此他们很自然地把他们的律师带了过来。

在我们策划的这个计划下，每个人仍然一天工作 8 小时，但他们可以在早上 7 点到 9 点之间的任何时间来到工厂，然后在下午相应的时间离开。

现在当我们的工人到达工厂后，大部分人都先去更衣室换上工作服，然后下楼到餐厅吃面包卷，喝咖啡，也许还读读报纸，然后开始换班。不过，直到他们实际开始工作才计时。我们不想改变这一点。但工会领导人对弹性工作制的态度却是：“没有人会忽然让人们想什么时候来就什么时候来。我们不知道这到底怎么回事，但这里面肯定有鬼。”但由于他们找不到证据，因此就找机会要求工人一到工厂就开始计时。

那种家长制的观念认为“一旦你进入我们的大门，你就在我们的羽翼之下”。我们很高兴看到我们的工人在塞氏企业感到很随意，鼓励他们打牌、消磨时间、读报纸，等等。但我们不会改变当他们到达机器前开始计时的政策。

在经过多次会谈之后，双方都没有做出让步。因此工会尽其所能想让工人们相信在这种环境下弹性工作制是一个糟糕的主意。他们坐在一辆卡车上，拿着一个扬声器，大声重复着众所周知的那种老调：“小心点，同事们！老板们不会做任何对工人有好处的事情。”

但他们没有占到上风，或许这是因为我们的员工对我们非常了解的缘故。在食堂的一次大型集会上，工人们投票决定试验一下该计划。

大部分工人在早上 6 点半到 7 点半之间到达工厂，这很好，因为这个工厂里没有装配线。

让我们接着看看伊皮兰加工厂。工会也立刻在那里发动了进攻，向工人宣布说，劳动法规定他们有权利一天迟到 5 分钟，或者一周迟到 30 分钟。他们控告管理层试图剥夺这种宽限期。我们争辩说同样在劳动法规定下，如果工人迟到超过 5 分钟就可能被克扣工资甚至停薪留职，而我们除了给工人自由外，还让他们免于这种不合情理的处罚。

我们成功地对抗了工会的进攻，可是最后却遭到经理们的反对，他们认为工人没有自我控制的能力，想在计划实施之前就让它成为泡影。这个工厂确实曾出过不少风头，部门内的小组和工人自己制定各种决策，但别忘了它也经历了被拆分为三四个部门的痛苦历程，那里的工人与许多新老板打过交道。当然，还有那次罢工带来的创伤。

但是，在苏雷亚斯的领导下，工厂委员会拯救了我们。首先，他们说服工人们尝试一下该计划。然后他们又成立了一个工人小组专门记录时间以打击那些破坏新规则的同事。在第一个月月底，违规的人被公布出来并被警告说，如果他们不遵守该计划，他们就不用担心什么时间来上班了，因为他们将失去工作。

伊皮兰加工厂的一名焊接工人决定早上 4 点半来工厂上班。但是独自一人在天黑时出门很危险，因此我们希望他重新调整时间，他同意了。最终几乎一半的生产工人决定在 6 点半来上班，这样洗碟机装配线就不会受到干扰。许多人沿着同一条铁路线上下班，在那个时间有一趟火车几乎是空荡荡的。

在圣阿马鲁机械厂推行该计划则更为困难。那里的工会领导人爱闹事，也不负责任，他们说服工人们投票否决了该计划，再一次控告我们试图废除每周 30 分钟的迟到宽限期。但是一年后，工厂委员会成员对其他工厂实行弹性工作制取得的成功印象深刻，于是他们召集所有工厂工人举行了一次会议重新考虑这个主意，最终以九比一的投票结果采纳了弹性工作制。

MAVERICK THE SUCCESS STORY 塞氏企业辞典

弹性工作制：很多公司让自己的办公室工作人员自行设定上班时间。而就我所知，我们是唯一将这一自由权利扩展到工厂工人的公司。由于每个生产区里工人的工作都离不开其小组成员，我们这种做法有潜在的导致混乱的可能。但是，我们的人员总是将个人喜好让位于团队的生产进度。

而在我们的空调厂，情形就又不同了。该工厂位于迪亚德马（Diadema）镇，该镇有一个大型金属工人中心区，他们是一群好斗的人，这个工厂的工人和工厂委员会成员比塞氏企业其他任何地方的人都更为激进，对别人也更为不信任。几年后他们终于改变了立场，他们的领导人达席尔瓦在一家电视台上说："巴西只有一个值得信任的老板——里卡多·塞姆勒和塞氏企业。"

但在这之前，他们并不想尝试弹性工作制。实际上，直到 1991 年他们才最终接受了这个制度。

01 **变化**

塞氏企业是个时时都会发生巨大变化的地方。别为这种变化担心。我们认为变化是健康而积极的。不要心怀恐惧地看待这些变化。这是我们公司的特点。

02 **交往**

塞氏企业及其员工必须努力开诚布公地交往。你必须完全信赖你的同事。当你心存疑虑时，就要对交往中的透明性提出要求。

[03] 塞氏企业中的女性

女性在巴西的就业率、提升的可能性和在经济上成功的机会比男性低。在塞氏企业，妇女们发起各种活动，来减少这种性别歧视。“塞氏企业妇女”计划已广为人知。

如果你是女性，请参与。

如果你不是女性，请不要害怕，也不要与之唱对台戏，请努力去理解和尊重这些活动。

04 **工作保障和年龄**

任何人如果已在我们这里工作了三年，或已经超过50岁，就享受特殊保护，只有在经过一系列漫长的批准之后才能被解雇。这并不意味着塞氏企业有一个不解雇政策，但这有助于提高我们员工的安全感。

05 **建议**

塞氏企业不设立建议奖。我们希望每个人都说出其想法，我们欢迎所有的意见，但我们认为用奖项或金钱奖励这些建议是不健康的。

第四部分

合作平台

MAVERICK

THE SUCCESS STORY BEHIND THE WORLD'S MOST UNUSUAL WORKPLACE

高中时，我曾一度迷上了跳高，或许这是因为别人都没有迷恋它的缘故吧。跳高就好像我一直在用横杆来衡量自己。横杆放在两个支撑物上面，似乎很高兴阻碍我穿越它。

开始时，1.52 米对于我就是一个很大的障碍了。在发现了我对跳高强烈的兴趣之后，教练决定教我背越式跳高的技巧。经过几乎一年的训练后，我的成绩达到了 1.7 米。每 1 厘米都让我着迷。我和横杆之间进行着孤独而持久的比赛。有时候当我乘坐校车回家时感受到的挫败感是难以用言语来表述的。有时候就轮到横杆垂头丧气了。越过 1.8 米成为当时我生活中最重要的目标。我总是擦着横杆而过，然后屏住呼吸躺在垫子上，凝视着横杆看它是否会从边上滚下来。后来终于有一次我跳过去了，横杆纹丝不动。我脸上露出傻傻的笑容，得意了好些天。

几年前，当我争取机会收购一家拥有 5 个工厂和 2 000 名员工的公司时，我不禁问自己："为什么我们想扩张？""我们会让它变得更好吗？"这让我想起了高中时的那种感觉。"为什么我总是把自己抛向横杆？是不是有一个极限呢？"

所有这些都关乎毅力，对吗？但这种毅力和迷恋是从何而来的呢？多高才算高？多大才算大？当然，对于任何企业来说，要赶超竞争对手并为人们提供新的工作机会，有些成长是必需的。但常常是权力和贪婪以及不折不扣的固执，使更大一点的东西看起来更好。

31 凝聚力：应对经济危机之道

“在塞氏企业，我们挣扎着度过了几个月零销售额的时期，然后政府决定实行国家开放政策鼓励进口。”

在我领导塞氏企业的头 11 年里，巴西有两年是好年份，3 年是过渡时期，6 年是经济衰退期。通货膨胀，拉丁美洲苦难的根源，平均每年达到了 400% 以上，从最高 1 600% 到最低 100%（中间还有一段时间的通货紧缩）。1986—1990 年，这个国家遭受了 5 年的经济动荡，两次在其货币单位后添了三个零，有两次把整个货币体系全改变了。[①] 在最严重的经济衰退期股票市场飙涨，而在经济繁荣时期却跌到台底；当通货膨胀上升时，银行赚了几十亿美元，然后当通货膨胀下降时，又解雇了 15 万员工。

在这种几乎难以想象的复杂和艰难的经济环境下，巴西 1.5 亿人几乎一直不知道该如何应对。每月工资上涨 10% 似乎很吸引人，可是官方统计数据表明通货膨胀率已达到 15%，证明上涨幅度还不够。供应商和客户之间的关系紧张，因为双方都想从自己的利益出发改变支付条款。无论销售什么，竞争都十分激烈，但是在我们员工的帮助下，塞氏企业经受住了最危险的动荡。曾经有几年

---

① 历史上巴西的货币名称及面额变化较多，特别是由于近年来沉重的外债负担及恶性通货膨胀，其货币变动更为频繁。巴西是拉美国家货币贬值最大国家之一。——译者注

我们的销售额上升了 80% 甚至 120%，但在下一年就下降了 20%，然后是 35%。

当 20 世纪 80 年代——专家们称之为“迷失的年代”——结束时，巴西经济跌到了谷底。1990 年工业产值下跌了 9%，国民生产总值下降到了自 70 年代以来的最低水平。在圣保罗市，有 50 万人失业，到 1992 年这个数字几乎翻了三番。

正当我们认为形势已经不可能再糟糕时，它却还是变得更糟了。巴西新总统费尔南多 · 科洛 · 德拉尔多（Fernando Collor de Mello）上任，并任命一位年轻的经济学家泽利娅 · 卡多佐 · 德拉尔多（Zelia Cardoso de Mello）为财政部长。她开始试验一些新理论，其中一个理论是，在流通领域有太多的金钱，这些钱归少数人拥有，他们把这些钱用于太多的投机活动。她的理论认为，由于这个原因，没有足够的金钱投资到工业中去，这导致了通货膨胀和经济停滞。

因此她认为，可以从这些钱中取出来一部分交给政府。1990 年一个晴朗的春日，她在电视台上宣布银行放假。政府掌握了储蓄账户、支票账户、存款证明、公司基金，以及所有相关的事物。每个巴西人，不管他的资产有多少，都要留出 800 美元或者他所拥有财产的 20%。比如说，如果某人有一个 1 000 美元的支票账户，那么现在他只能消费 200 美元。这位女士说她将在一年半后，通过官方指数来调节通货膨胀，在 12 个月内分期把钱还给大家。

这一政策所引起的反应用混乱一词都不足以描述。在接下来的 12 个月内，工业产值又下降了 14%。企业没有足够的钱来发工资，更不用说做生意了。在塞氏企业我们挣扎着度过了几个月零销售额的时期——当企业不知道它能否支撑得了一周时，哪个企业会购买 10 个月才能交付的机器呢——然后政府决定实行国家开放政策鼓励进口。国外机器的关税从 45% 下降到了 35%，然后是 30%，到 1992 年年底下降到 20%。因此我们不仅在几乎失去一半份额的市场上竞争，还必须应对来自国外的日益加剧的竞争。

在如此动荡的环境中翻滚，我们开始与工厂委员会商讨能让塞氏企业度过难关的对策。严峻的经济形势沉重打击了我们，很显然我们不能再像以前那样雇用那么多人了，销量这么少的情况也不允许我们这么做。问题是，我们怎样才能齐心协力把损失降到最小呢？

没有什么比失业更能腐蚀、降低员工的积极性和生产率了，在过去多年里我们都努力不让我们的员工在巴西激烈动荡的经济中遭受损失。首先，我们尽量不雇用人在那些我们知道生命周期很短的产品上工作。如果成立了一个呼拉圈分部，可能会让你在短期内暴富，但当这种风潮最终衰落后，你却可能不知道如何处理那些生产呼拉圈的工人。这是冒险家的策略——**冒险家没有未来，只有现在。**

我们也从来不许诺任何人有工作安全保障。实际上，如果优秀的经理人要求签订工作协议，我们就尽量不聘用他们。没有什么事情是确定无疑的，总是会有一方或另一方必然要遭受损失。看看那些金色降落伞[①]给公司士气带来的伤害吧，更不用说对资产负债表的损害了。

当经济衰退时，几乎所有人都不再招聘员工，而当经济好转时，几乎所有人又都放松了。当销售额上升后不久，秘书、办公室助理、汽车司机、分析员、接待员及许多其他岗位的人都鱼贯而入；而当销售额下降时，他们都要被“重新评估”，这让那些能逃过不可避免的肃清的幸运儿也感到很沮丧。即使政府刺激经济增长，订单非常多时，塞氏企业也像经济不景气时期那样严格控制雇用人数。虽然这么做，我们可能会失去市场份额，但是当需求下降到原来的水平时，我们不必让许多新人失业。**当缺少食物时，街上的野猫都可以保持苗条的身材；技巧是当食物充足时就保持苗条。**

然而，1989—1991 年间塞氏企业的销售额下降了 40%。我们已经在公司采取了有力措施，最起码部分地避免了经济波动造成的损失，但当你失去几乎一半业务时，你和你的人员所能做到的也只有这些。对我们的一些工厂来说是没有出路的。

20 世纪 80 年代后期，我们的圣阿马鲁船用产品分部承揽了 1 400 万美元的订单。既然一年只生产价值 500 万美元的产品，那么我们三年内的生意是有保

---

① 金色降落伞（Golden parachute），合同中规定的保证高层雇员因公司被收购而遭解职时可获得一大笔钱的福利。——译者注

障的。我们决定投资 50 多万美元在大楼重建和新水泵检测设施上，工人们帮忙设计了大楼富有创意的外观，同时还有价格不菲的。当生产率上升到不可想象的高度时，这一切似乎都有意义。

但是“泽利娅旋风”的打击来了，造船工业首当其冲受到重创。曾经在 1981 年以巴西石油公司订单救过我们的 Emaq 造船厂倒闭了。接着 Verolme 这个曾连续 5 年从我们公司订购水泵的造船厂也倒闭了。只有三个造船厂活了下来，他们通常要晚几个月才能支付货款。塞氏企业有 150 万美元的应收账款再也无法收回，更糟糕的是，造船厂不再买得起我们准备交付的价值 400 万美元的产品了。我们需要 1 800 平方米的地方来存放这些没人要的水泵、半成品的包装箱和 300 马力的发动机。库存达到了 45 米高。

我们把员工召集到一起，商量该如何做。其中一个建议是为了避免裁员，把公司所有人员的工资下调 20%，直到经济复苏。但是许多员工手头已经很拮据了，甚至工资减少一点都会让他们难以承受。他们也认为这好像是“用筛子来挡太阳”。他们想让我们马上解雇一部分员工，因此投票否决了我们的这个建议。

我们尝试了我们所能想到的所有削减成本的措施——咖啡时间减少到一天一次，复印机被锁了起来，电子消费被监控，购买新工作服的计划被推迟，所有开支都被许多双鹰隼一样的眼睛监视着。但是我并没有抱很大希望。我并不是很提倡削减成本的计划。我更愿意认为即使在经济繁荣时期我们也没有花费不必要的钱。而且，你如何衡量由于销售代表的汽油津贴减少所引起的销售额损失呢？如果收账员无需削减电话开支，那么现金流会是什么样呢？甚至如果工程师不在绘制蓝图的摄影复印件上削减开支，又能够避免多少小错误和误算呢？当这种愚蠢的节省开支的做法结束后，大家又都像往常一样返回到业务中去——直到又有人认为开支过多，开始新一轮的成本削减，并且始于那些为弥补以前成本削减运动的短视而需要的开支。

我们圣阿马鲁工厂的员工精打细算，非常节省，但这远远不够。于是我们开始郑重对待市场上的变化。我们把工厂工人分成小组，派他们到码头上去销售代用零部件。由于进港的船只无论在经济繁荣期还是衰退期，都需要更换磨损的叶轮、机轴和损坏的鸣铃等，所以这是一个稳定的市场。但是许多小机器作坊已经意识到了这一点。我们把这些小作坊称为“非法仿制者”，因为他们仿照塞氏企业的产品制造质劣价廉的零部件，然后通过给他们船上的“朋友”丰厚的回扣卖掉它们。我们的工人尽自己最大的努力与他们竞争，但他们打不过这些油滑、奸诈的人。

同时，我们在船用产品工厂的食堂举行了一次工人集会，再一次提出了减少工作时间和工资以让所有人都有工作的建议。我们说，这一次，我们将实行迂回曲折的工资削减计划，因此那些低工资的工人不会损失很多。

在巴西，劳动法一直都是家长制的（由于一些巴西商人的贪婪，这样显得很合理）。如果一名工人一周赚 250 美元，他的公司就必须在圣诞节额外给他 1 000 美元，在假期额外给他 1 300 美元（4 周带薪，再加 300 美元奖金），每月在一个储蓄账户里存进相当于他工资的 8% 的钱。如果一个员工被解雇，那么他就可以得到那个账户里的所有钱，再加上 40%，再加上没有请的假期的双倍工资。然后还有服务工资，比如我们的许多员工已经在塞氏企业工作了 10 年、15 年，甚至 30 年，他们的服务工资加起来相当于两年的工资。

这个提议并不是金色降落伞，但是由于船用产品分部的许多工人都认为我们的生意不可能很快复苏，因此这也算一笔不错的交易。为什么要在工资被削减后工作一两年，最终还是失业呢？因此就像圣阿马鲁工厂的工人一样，他们投票否决了我们的工资削减计划，解雇了他们的一些同事。

就在这一时期，我去伊皮兰加工厂会见阿利皮奥，他那时是工厂合伙人。我们的工业用大型洗碟机的销售量已经从每月 40 个下降到 25 个，然后又降到屈指可数的 5 个，大量库存和工厂开支几乎让我们难以为继。如果这种情况得不到改善，那么不必我告诉他，他也知道这家工厂将不得不关闭。

我那天离开工厂时是如此聚精会神地想问题，以至于没有注意到工厂委员会领导人苏雷亚斯，当时他正站在焊接棚前面，但是他看见了我。

苏雷亚斯了解前景暗淡，但他很坚定。这家工厂曾经证明，当工人被当作成人对待，并被鼓励自己做决策时，能取得什么样的光辉业绩，它不能被关闭。

现在不能被关闭。在我们曾取得优良业绩后，不能被关闭。

“告诉我，苏雷亚斯，”我说，“如果这家企业是你自己的，并且你知道在下一季度你只能每月卖掉几台洗碟机，而不是像过去那样卖掉40台，你将会怎么做？”

“那正是你的问题所在，”他回答说，“你只想到接下来的三个月。如果我们有机会继续发展会怎么样呢？或者你认为我们永远也不会再发展了吗？”

“不是的，苏雷亚斯，不是那样。但是这个部门已经有段时间没有赚钱了。”

“但有些事情是我们能够做的。”他说。

机器已经停工了。我听见一些工人在轻声互道再见准备回家。

“我把这儿交给你，”过了一会儿我对苏雷亚斯说，“还有工厂委员会。想出一个计划，和阿利皮奥及其他人讨论一下，然后我们可以尝试一下。但要好好想一想啊，苏雷亚斯。如果你有能力每月生产40台洗碟机，而只能卖掉几台，你将如何处理所有那些人呢？经济可能需要几年才能复苏。”

我暗自想，扔石头比当窗户容易得多啊。

苏雷亚斯回到了他圣保罗市郊外的房子里——这所房子是他9岁时在里约热内卢的马拉开纳（Maracana）足球场卖冰茶和花生时从来不敢想象能拥有的。他思考到深夜，为这家工厂的命运担忧。整个周六和周日他都在思考。在很大程度上，塞氏企业就是他的生活，他的婚姻一年前破裂了，其中一个原因就是他待在工厂的时间太长了。

苏雷亚斯回忆起了在加入我们公司之前工作过的几个严酷的工厂。其中一个工厂的厕所门是半开的，这样工人就逃不过工头的眼睛。在另外一家工厂，如果他迟到一分钟，就会被扣掉一整天的工资。他在他的小卧室里来回踱步，想到他现在的生活是多么不同啊。他回想起在第一次工厂委员会会议上，他和他的同事吓得都不敢说话。还有他们得到的福利——健康保险。自我决策带来的令人陶醉的感觉，而这是在传统的工厂里见不到的。苏雷亚斯想，食品服务设备厂的工人取得了多少成绩啊。接着，这一点触动了他。这就是他们的出路所在。

他周一到达伊皮兰加工厂时，把所有150名工人都召集到生产区，告诉他们，他有一个想法可以挽救工厂和他们的工作。但工人们要自愿把他们的工资减少30%，并放弃他们本来应得的10%的加薪。他们也要放弃补贴餐费、交通津贴和其他福利。这是该计划的基础部分。转折在这里：工人们要承担工厂所有原来由外部承包商和第三方提供的服务，由他们亲自来做这些事情，削减公司成本。苏雷亚斯说，在食堂，工人们要自己采购，自己准备饭菜。他们要自己把守工厂大门，当一天工作结束时自己清理办公室和生产区。他们要亲自把成品送到客户那里，把代用零部件卖给饭店和宾馆。

作为回报，工人们将和管理层分享经营工厂的权力，双方一起制定所有业务决策——这是对他们的牺牲不会被浪费掉的一个保证。所有战略、政策和投资——每一张支票——都要得到老板和工人双方的同意。哦，对了，老板们必须同意也把他们的工资削减40%。

当他阐释完自己的计划后，他的同事都沉默了。然后一个妇女说："清理洗手间吗？绝对不行。我以前从来没有做过这样的事，现在也不打算去做。"

"我将成为第一个清理洗手间的人，"苏雷亚斯说，"一天花半个小时清理洗手间并没有什么问题。办公室也一样。听着，如果我们实行这个计划的话，公司就不必把任何人送走了，我们就不会有员工离开了。"

当他要求投票表决时，100多只手举起来表示赞同。

正如猜想的那样，工厂的经理们对于苏雷亚斯的主意没有什么热情，但逐渐地他们开始支持这项计划。阿利皮奥已经开始考虑创办自己的企业，不久就实施了一项自己的"无头的骡子"计划，几年内他就第二次把自己置于失业的状态。

有些变化在不断发生，甚至是在拉锯式地前进。管理层仅仅在开始的两个月内接受工资下降40%，以后只接受下降30%。为了保护低工资的工人——永远的乐观主义者，这次工资下调是迂回式的，除了塞氏企业合伙人（SemcoPar）提供的23%外，工人还获得15%的利润共享工资。这样塞氏企业就开始了第一次劳资共同管理的试验。

仅仅一个月，一个月过后，我们简直不能相信看到的结果。工人们节省下来那么多开支，以至于额外利润共享条款实际上得到了实施，这弥补了下调的工资。

第二个月形势就更好了。到第三个月月底，员工的工资已经完全恢复到以前的水平。工厂保持每月销售 12 台洗碟机的不错业绩，不仅如此，卖掉的备用零部件也比以前要多了。

虽然共同管理作为一种光辉的试验帮助我们避免了一轮裁员，但它并不是经营霍巴特工厂或任何工厂的长久之计。在这种方法下，盈利依赖于非常低水平的开支，反过来还依靠员工额外的努力，而这种努力是不可能持久的。

还有其他一些原因使我不相信共同管理。就比如支票上的第二次签名应该由一名工人来签。他们会随意委派一个人来签名吗？如果他们挑选了一个不与管理层合作的人来领导他们，会怎么样呢？苏雷亚斯非常适合处理我们在食品服务设备厂遇到的问题，但是如果那里的工人决定选择一名激进的工会领导人或者某个对我们公司文化不熟悉的人会怎么样呢？

共同管理需要劳资双方的努力，而不仅仅是高效地经营。领导人太多也许比太少还要糟糕。当我们在塞氏企业撤销了多余的管理层时，已经证实了这一点。我们绝不能回到从前。

总之，我们在自己的经营领域里比其他公司更好地经受住了经济衰退，而大部分公司都解雇了 30% ~ 40% 的员工。我们经受住了销售额下降 40% 的波动，甚至没有增加债务。但是在工资单上我们保留了许多多余的工人，在没有旧订单现金流入的情况下完成新的订单，使得我们耗去了几乎所有的积蓄。

在经过几个月的讨论之后，我们认为巴西经济不会很快好转，因此继续走这条路是危险的。我们不想改变我们的理念，不想改变我们的长期战略，但是如果我们要生存下去，需要一些新的策略。

是啊，我们创造了一个非常灵活的公司。如果没有别的东西可夸耀，那么我们可以说，塞氏企业已经得到重新设计以适应变化，并且是快速适应变化，而没有预想的“这是这里的做事方式”的方法。现在我们就要检测其适应性了。

32 “卫星计划”：让员工自己做老板

“我们没有把业务外包给陌生人，而是决定把它包给我们最熟悉的人：我们的工人。”

佩德罗踱来踱去，几乎踏破了圣阿马鲁工厂食堂外面大厅的油地毡，展示了他被称作“子弹”的原因。他正面临着他一生中最大的决策，而他只有一个小时可做决定。

佩德罗身材矮壮，头发漆黑而凌乱，一双眼睛总是扫视着四周。他于1979年加入塞氏企业，最初是操作大型机器的车床操作员，这些机器把金属条切割成水泵、搅拌器和发动机上用的机轴。这需要相当的技术，因为一个错误的移动就可能使几十公斤价值不菲的铜或者不锈钢成为碎片。佩德罗成了我们最好的操作员之一，然后参加了一个为期9个月的培训项目，研究机器并学习阅读工程师计划。自那之后，他就晋升到我们要求最高的车床上，这个车床可以将5米长的钢制气缸切割成用来提炼金的搅拌器的机轴。

1987年，佩德罗成为一名协调人，管理着50多个工人，他们切割和擦拭搅拌器和水泵用的纯金属。由于他获得了蓝领工人迅速决策奖，因此对他精通此道我们一点也不感到惊讶。

但现在虽然我们努力使人员工资紧缩，成功地减少了不必要的开支，生产率得到了意想不到的提高，塞氏企业仍然存在问题。我们有太多的工人，在太多的工厂里，制造太多的产品——而客户则太少。不管通过什么方式，我们必须进行改变。我们已经在互相信任和互惠互利的基础上，与我们的工人建立了真正的合作伙伴关系——我是指我们的“伙伴”。但在这种剧烈变动的经济环境下，我们需要互相分离——当然是与集体财产的友好分离。

在我们的“午餐聊天”会议上，在工人集会上，在公司上层接受杂志和报纸的采访中，佩德罗已多次听到水平化这个词。我们一直在探讨和争论塞氏企业应该继续做什么，应该把什么活动外包出去。我们对此思考得越多，就越确信我们不想再做其他地方也可以做的事情了。

但塞氏企业总是会有创新之处，对吧？我们没有把业务外包给陌生人，而是决定把它包给我们最熟悉的人——我们的工人。我们要帮助他们开办自己的公司，使他们从雇员变成合作伙伴。于是，“卫星计划”就这样诞生了。

“如果你想少花钱多办事，那就亲自去做。”这是那些“越大就越好”的公司的符咒。但有多少企业在成长过程中迷失了方向呢？亨利·福特钟情于垂直化经营，他种植树木来生产T型车的侧板，购买铁矿和货船，甚至在亚马孙河流域寻找生产轮胎的橡胶厂厂址。公司的官方历史并没有对此大肆宣传，但因为凡事都自己做，福特后来不得不解雇了6万名工人。

把工作外包给专家、承包商、咨询顾问和各种各样的第三方可以避免许多问题。首先，这样做降低了固定劳动成本。它也有助于减少库存，因为公司通常储备的原材料和备用零部件散布到了新的供应商那里。像我们这样的公司，由于制造产品需要复杂而精密的生产流程，因此把许多资金搁死在了储藏室和库房里。当经济走下坡路时，这没有什么好处。

最重要的是，当人们拥有自己的企业时，就会表现得不同。如果可以让自己的企业生存下来，那些原来争取多几分钟休息时间的工人将会工作至深夜，甚至在周六和周日也工作。在塞氏企业，我们取得成功很大程度上是因为我们提高了员工的参与程度。当然我们的员工已经工作到很晚，并且在周末也加班，而不需要老板的敦促。但通过鼓励他们开办自己的企业，我们将会把他们的参与感提升到更高的水平。

从理论上来说，把工作外包出去意味着损失垂直化的利润，但只要问问亨利·福特就知道答案了。因此随着巴西经济的衰退，我们决定汲取老亨利忽视的教训。很少有公司比得上我们 5 米高的车床，这种罕见的机器能够切断巨大的金属圆柱体；或者比得上我们的垂直的铣床，它可以用来在钢质包装箱和房屋上打造对称和光亮的表面。很少有公司拥有焊接巨大制冷塔内匝的技术，为我们的搅拌器制作特殊的排档，或者在联接器上覆盖一层钛。如果把这些操作外包出去，成本会很高，因此我们将继续做这些工作。我们也将保留高度专业化的设计工程师，他们能使我们的产品满足客户的特定需求，不管客户需要的搅拌器是用来做汤还是泡泡糖。同样我们也将保留计算机辅助设计工作人员，他们不仅需要昂贵的设备，而且还知道我们关键的商业秘密。

但是用墨水绘图的工作呢？在巴西有成千上万个绘图师，与我们的绘图师一样懂得这门技术。金属片加工呢？如果没有几千，也有几百个巴西公司可以轧平搅拌器机身的钢盘。法律工作和软件开发呢？难道这些不都可以外包出去吗？

外包有它自己的问题。第三方需要非常了解客户公司的业务，而了解一个像我们这样具有独特风格的企业不是很容易。还有“技术流失”的因素，因为外包就有让外人知道你的专有技术的风险。但就我们而言，这两种担忧都不存在：在卫星计划下，我们将和那些我们已经熟悉和信任的人合作，反之亦然。

但是，我们如何能够说服几百个员工在经济动荡时期离开塞氏企业这个安全的鸟巢而成为企业家呢？这时巴西那些家长制的解雇（离职）条款发挥了作用。当员工离开时，我们要支付给他们额外 6 个月、10 个月，甚至 20 个月的工资，外加塞氏企业这么多年的额外福利，这些都是看得见的金钱。当然，没有员工愿意接触这个“卫星计划”，除非他们被解雇。因此我们要解雇他们，然后帮助他们利用他们的解雇金来建立自己的企业，为我们提供原材料和服务。为了达成协议，我们开始时以零成本把工厂里的机器租给我们的工人，后来当他们的企业开始盈利时，又以极其合理的条件租给他们。

一旦工人们成立了自己的企业，那么当经济形势好转时他们赚到的钱就可能比他们在塞氏企业时多出许多倍。是的，这是一个很大的假设。如果经济衰退持续下去，他们也可能赚得比在塞氏企业时要少，但假设他们继续留在塞氏企业工作——我们的许多员工都对形势感到失望，他们一天比一天更加怀疑——他们也不一定能逃脱失业的命运。

当佩德罗和圣阿马鲁工厂的其他协调人被召集起来与高层管理者进行"严肃谈话"时，他一点也不感到奇怪。他知道生意很糟糕。

佩德罗已经逃过一轮裁员，他与经理们核对数额，帮助起草了一份被解雇员工的名单，和工厂委员会讨论可能的选择，然后把这个消息一个一个地告诉了员工——在中间留出时间使他恢复镇静。

佩德罗知道"卫星计划"，但他认为这种事情只会发生在其他人身上。于是他从我们的提案中抽身而退。我们建议将那些经历了困难时期还在佩德罗管理下的员工中有一半留在塞氏企业。他们留下来进行复杂的操作，那是我们的技术核心力量的一部分。我们希望许多剩下的员工将被一个可能称为"佩德罗和朋友有限公司"的公司雇用。

佩德罗对这个建议感到很吃惊，他要求给他时间考虑一下。大约一小时过后，他停止了来回踱步，返回到董事办公室，在那里经理们正在等着他。他后来说，当他走进办公室时，感觉"就像即将成为一个新娘子"。

"好吧，"他深吸了一口气说，"我做。"

他公司的实际名字叫 JBL 机器和金属有限公司。J 和 L 分别代表塞氏企业的另外两个同事。这三个人用了好几天时间寻找厂址，最后在离工厂几个街区的地方找到一处合适的地方。他们列出了需要的机器，然后我们把所有这些机器送到他们的新厂址，在改造出一个小商店之后，佩德罗和他的同事开始为我们供应连接器、齿轮盒、传动装置、金属机轴、搅拌器的涡轮机桨叶，以及船用水泵的机器包装箱。

他们的生活发生了极大的改变。在塞氏企业时，佩德罗每天总是下午 5 点半回家；而现在他的妻子有时候晚上还要把咖啡送到他的小商店去，当他回家时还经常把文件带回去。塞氏企业成立了一个经理人小组来教我们的小企业家们如何控制成本、制定价格、管理库存和维修，以及如何处理那些日常行政事务。既然我们和他们做生意，那据我们所知，他们的问题将永远没有尽头。“我把同样的发票送给他们两次，”佩德罗回忆说，“他们打电话问我是不是我把价格提高了一倍而没有告诉他们，然后我听到电话那端传来了一阵笑声。”

但我们会不厌其烦地帮助他和其他人。我们很高兴地向其他潜在客户打电话推荐他们。

就像其他卫星公司一样，JBL 既有好年份也有差年份。它的员工人数曾经扩张到了 10 个人——上帝知道他们如何安置这些员工——然后又下降到 5 个人。但他们从来没有丧失热情和乐观精神。实际上，他们刚刚开始了一项利润共享计划。

没有人被强迫开办卫星公司，我们所有员工都可以得到解雇金而不带任何附带条件。有些人领到这笔钱就离开了，而有些人则努力想留在公司。

但我们让员工开办公司的建议几乎是不可抗拒的。我知道有许多公司告诉他们的供应商，不许把商品销售给竞争对手，或者控制价格和利润率。我们告诉那些“卫星”们，他们可以自由地把他们生产的任何产品卖给任何人，甚至我们的竞争对手。反过来，我们也可以自由地从任何公司采购。对双方来说都没有保证条款，这样可以确保我们都富有竞争力和创新精神。

卫星计划迅速从一个工厂传播到另一个工厂，从一个办公室传播到另一个办公室。实际上是白领员工率先实行了这个计划，尤其是我们的税务人员、人力资源部的人和绘图员。我们解散了法律部门，把工作外包给了几家拥有不同专业能力的公司，其中一个公司是我们以前的一位律师创立的。我们的一些会计人员也成立了一个公司。计算机编程人员出去开办自己的公司来为我们生产软件。

从圣阿马鲁工厂的佩德罗和他的同事开始，卫星计划迅速蔓延到食品服务设备厂和制冷系统工厂的蓝领工人中。我不敢说这个计划一点瑕疵也没有，但我可以说，我们有一个业务部门包含 5 个生产单位，其中 4 个与母飞船分离，作为卫星进入他们自己的轨道。对我们来说，保留剩下的一个单位没有任何意义，我们只会与其他 4 颗卫星竞争。

另外还发生了一些令人意想不到的转变。由于厌倦了污染和交通拥堵，保罗一直都想把他的家从圣保罗市搬到他的故乡比比德罗镇（Bebedouro），这是一个距离圣保罗市 240 公里的小镇。但我们不想失去保罗，他是我们一些最富有创意的计划的设计师。卫星计划是他的机会，也是我们的机会：保罗在比比德罗镇成立了自己的咨询和招聘公司，每周二到周四来圣保罗市为我们工作。

劳拉也出去自己单干了，她成了一名人力资源顾问。多明戈斯一直坚持经营着自己的企业，尽管有段时间这位年轻的企业家为了养家糊口不得不开起了小公共汽车。阿利皮奥和几个塞氏企业的同事以及两个机械师一起开办了一个公司，销售和服务于圣保罗市霍巴特工厂的产品，他经营得很好。

迄今为止，在塞氏企业的帮助下已经有二十几家卫星公司成立。我们把以前公司内部一半的生产任务都移交给了他们，我们相信未来几年还可以把 10% 甚至 20% 的业务外包出去。到今天为止，没有一家卫星公司倒闭。有些公司在寻找合作伙伴，有些公司在努力扩大产品线。有些公司就像是小的塞氏企业，围绕着民主、透明和信任的理想进行着管理和发展。有些公司则是完全传统意义上的，就像小的福特公司或者 IBM（我们希望这是一种短暂的痛苦）。几乎所有这些公司都有除塞氏企业以外的客户，这对我们来说没有问题，毕竟这是他们的企业。

卫星计划发挥了非常好的效果，是因为它建立在这样一条原则上：与公司利益息息相关的人一定会更积极主动地工作。结果就只有好的事情发生：成本下降，质量提升，创新增多。人们会看着一个零件说：为什么它必须是这样的呢？为什么不能制造得更好一点呢？或者更便宜一点？或者更快一点？

对塞氏企业来说，卫星计划意味着非常大的灵活性。我们只在有需要的时候才购买产品。从生产工作中解脱出来之后，我们可以专注于设计、工程和更好地装配产品。我们不再因为那些昂贵的机器摆在那里而感到必须去使用它们，因此我们不再局限于程序和流程。

从更基本的意义来讲，卫星计划是我们授权理念的延伸。毕竟，我们新的企业家对他们的企业拥有完全的控制权——至少拥有任何所有者所拥有的控制权。他们制定所有决策，包括决定他们的工人应该制定多少决策。他们几乎都比在塞氏企业时效率更高。

实施卫星计划不是那么容易或立即见效的。但我想，卫星计划帮助我们把塞氏企业改造成了这样一个公司，它能够在汹涌的海上漂浮，而不用与水流较量，或者必须强迫船员们弃船。

MAVERICK THE SUCCESS STORY 塞氏企业辞典

卫星计划：这是一种通过新思路把我们的基础制造业外包出去的活动：相对于和外边的人合作，我们帮助员工成立他们自己的公司，将他们从员工转变为合作伙伴。为了使这种转化更容易，我们把我们的生产设备以优惠价租给他们，为他们在价格、质量、税务等方面提出建议。他们也有向我们的竞争者进行销售的自由。

33 分散与联合：塞氏企业联邦的新生

“哪个公司会购买一家工厂，花钱重新整顿它，然后引进新项目提高了生产率，让这个地方焕然一新，然后又走开呢？”

忽然之间，我们曾经在一起努力工作过的工厂有一半都变得空荡荡的，那些机器和操作机器的人都已经散布到各处。我们环视四周，然后问自己：“我们还需要其他工厂吗？”到了该搬出去的时候了。

没有一个工厂是可以说关就关的，但最困难的是食品服务设备厂，自我们收购它后营业额和销量已经翻了 4 番多，甚至当管理人员减少一半时亦然。关闭这个工厂并把剩余部分迁到圣阿马鲁让我们损失了近 100 万美元，这是一个骇人的数字，让曾经在那里长期工作的一些工人难以理解。“哪个公司会购买一家工厂，花钱重新整顿它，然后引进新项目提高了生产率，让这个地方焕然一新，然后又走开呢？”这样的问题我们被问了不止一遍。但是把食品服务设备厂搬走要比他们留在原地的开支更少。单单租用这家旧工厂的费用就达到销售额的 6%，是通常百分比的 3 倍。

位于迪亚德马（Diedema）的 BAC 部门，为食品和饮料行业制造制冷设备，为空调机制造制冷塔，它也很难关闭，因为它的业务开展得比其他工厂好得多。

它的主要客户是啤酒和软饮料厂商，相对来说，他们受经济萧条的影响较小。这个部门面临的国外和国内客户的竞争也不是很激烈，虽然也有些痛苦，但它的主要客户仍然在不断生产苏打水或啤酒。

但随着卫星计划在制冷系统部门的流行，我们看到仍有可能把工厂60% ~ 70% 的工作外包出去，而质量并不会下降。虽然当地工会（算得上一个激进的组织）的领导人试图劝我们不要离开（我们把它看做对我们的极大赞扬），但搬到圣阿马鲁已成必然之势。这个地区驻扎着福特、通用汽车及其他许多公司，员工有好几万，因此工会不怎么担心我们迁走的 100 个工作。但工会一直用塞氏企业及其实施的计划作为与其他公司谈判的范例，如果我们离开了，他们就失去了讨价还价的砝码。

克洛维斯和其他人都感到关闭工厂是向错误迈进的一步。从理智上来说，他能看出卫星计划是我们最好的战略，但他的心与这些古怪的工厂连在一起，工厂五颜六色的墙壁，机器之间的灌木丛，几乎不需要老板的工人，这些都使他不愿看到工厂被关闭。

这对我来说并不是个痛苦的决策，因为我已经远离了公司的日常管理事务，我也不用像工人那样费力地运送家具和装置。这就是作为一个总经理与他人的差异，你永远看不到第一线。尽管这可能导致像加利波利半岛那样的灾难，但通常是那些距离枪杀地点较远的官员能做出更好的战略决策。

事实上，几年来我一直在考虑关闭这些工厂，巩固我们在圣阿马鲁工厂的运营。这个想法最初遭到了所有人的反对，包括乔安、乔斯、马尔西奥和克洛维斯。即使处于经济衰退时期，明显可以看出我们的命运会怎样，我也花了几个月时间才说服大家。我知道，许多人觉得塞氏企业做决策前商量得太多。他们认为像我们这种规模的公司应该开始通过掷硬币来决定取舍。我承认这一点：我们做决策可能用的时间比通用汽车公司都要长，而后者的规模是我们的 10 000 倍。**但如果说我们总是为了一个决策而讨论的话，那么一旦我们下定决心，通常实施得都比较迅速，因为所有人都会完全投入进去。**

当我们关闭我们的工厂时就是这样。即使克洛维斯也认同，最好的办法是保留我们独有的文化。我们想要一个能持续很多年的公司，一个能经受住经济波动的公司。如果我们必须保持一定的销售量，或者必须依靠削减成本来弥补大量员工和满是机器的工厂的固定开支，我们就永远达不到那种稳定状态。

1987 年的塞氏企业有 830 名员工，在 5 个经营场所有 9 个业务部门，4 年后的公司人数削减到 300 人，只有两个经营场所的 6 个业务部门（再加上卫星公司大约 200 名员工和全职咨询顾问）。我们对圣阿马鲁原来的工厂进行了重建和扩张，把我们的分部安置在那里各就各位，同时纳科斯 – 尤尼达斯工厂的一部分地方被用来检测船用设备兼作为仓库。

但是我们这些工厂联合起来后，一点也没有影响其组织结构。我们仍然是一个分权的公司。我们保留了这些部门的精髓——自主权、独特性、独立的工厂委员会、组织内部团队、个性。从某种意义上说，我们的这些部门根本不是在同一个地方。我们把空间进行了分摊，他们之间没有来往。每个部门都有它自己的地盘、入口、仓库和运输码头。

这些部门可以随时自己内部进行商议改变布局。如果搬走对业务有利，他们甚至可以自由地离开。最近，一个名为迪菲特科斯（Difitex）的刚成立的小部门（这通常是两三个在我们的轨道上处于萌芽经营时期的部门之一），认为在圣阿马鲁开销太大了（每个部门都要根据它的面积大小，为大楼支付一定的费用，包括安全费、清洁费、电费、水费和保险费）。于是，这个以进口纺织机器为业务的部门的领导人决定搬到圣保罗市中心的某个地方。他们没有告诉我地址，因此我现在仍然不知道他们搬到了哪里。但这没有关系，当我需要和他们交谈时，就发一份传真，他们也会发回传真给我。

虽然我们把塞氏企业缩减到了只有销售、工程、设计、材料处理、采购和装配人员，但我们的工厂看上去仍然像以前那样忙乱。以前的员工总是来圣阿马鲁工厂推销软件，提供税务建议，推销球轴承、焊接零部件、切片机和扇形天平，然后由我们销售出去。数以百计的人在公司里走动，其中许多人我已经与之一起工作了多年，有一些人我则根本不认识。他们可以用我们的桌子、电话、电脑，也可以在我们的停车场停车。

当一些咨询顾问（我们不时地从他们那里寻求关于战略、组织行为和营销方面的建议）听到我们要联合时，建议我们同时收缩产品线，只保留那些赚钱的商品和服务，比如船用部件和水泵、大型洗碟机、食品和饮料制冷设备、专业的饼干机器、高科技的搅拌器，以及环境工程和审计团队，而消除那些较弱的产品，比如霍巴特切片机、扇形天平、土豆削皮器、切肉机、油过滤器，以及空调设备。但我们认为这些产品仍然很好，只是我们没有以具有竞争力的价格生产它们。这就是那些天然具有较低管理费用的卫星公司入手之处。我们收购他们的产品——有时候是成品待售，有时候是需要最后装配的零部件——贴上我们的商标名称，用我们的销售队伍以合理的价格去销售。

联合也提高了我们的创新能力。我们仍然从事大部分产品的最后装配工作，这正是你在生产过程中发现问题和机会的时候。我们仍然控制着工程和装配之间的关键环节。我们能够随时使产品从纯金属变为陶瓷，或者从不锈钢变为塑料，没有机器会因为一个转变就变得无用而遭到废弃。

同样，20 年来我们一直在为油漆厂商生产一种颜料搅拌器，该搅拌器带有一个大型带齿钢盘进行搅拌。我们的竞争对手转变成生产陶瓷材质搅拌器，它不生锈且更便宜，但我们没有考虑转换，因为我们拥有生产钢质搅拌器的机器。一旦我们把这台机器租给一个卫星公司，我们就可以自由转换了。

批评家也许会起诉我们把废弃的设备骗卖给了我们新的供应商，但基本上不是这样的。不要忘了，他们是以特价得到这些机器的。

这次联合花掉了塞氏企业 200 万美元，再加上由于取消的船只订单造成的 400 多万美元的损失，本来应该把我们扔进银行家们的狮子笼里的。巴西的经济危机使许多优秀的企业都倒闭了——平均每月有 800 家公司破产。塞氏企业不仅生存下来，而且还为工厂关闭、裁员和重新调整支付了巨额费用，且没有举借更多债务。在最糟糕的年份我们努力做到了持平，在普通年份里我们赚了不少钱。1980 年我们员工的人均年产值是 10 800 美元，现在是 92 000 美元（经通货膨胀率调整后），相当于国家平均水平的 4 倍。按照增值的标准来算，生产率提高了 6.5 倍。销售额从一年 400 万美元增加到大约 2 000 万美元，而员工人数只有原来的1/3。是的，与1987年35 000万美元的高峰时期（那时有830个员工）相比，我们有所下降，但在如此悲惨的经济形势下，这已经是相当好的一个增长率了。确实，到1992年年底，我们的钱柜里有6个月的活动资金，而没有一笔银行贷款。乔斯手头几乎有一打银行经理的名字，他们都希望安排和我们见面，说服我们“纠正”这种情况。我们提前支付供应商，并提高了员工的真实工资——即工资增长幅度大于通货膨胀率——提高了7%还多。而且，1992年几乎所有协调人都领到了丰厚的奖金，我们还开展了两项新业务，一个是工厂维修服务，另一个是办公室废物处理和再循环经营，包括在每个楼层安装容器系统，把玻璃、纸张和塑料分开，然后自动对它们进行再循环利用。

你说对了，我们本来应该预见到这一切的。我们确实预见到了。不管怎样，我们中的一部分人预见到了。

在巴西经济崩溃，塞氏企业开展“卫星计划”然后进行联合的三年前，我们公司40个高层经理曾举行了一次周末休闲度假。这是典型的劳拉的成果：灯光昏暗，德彪西的《大海》在播放。我们让所有人都躺在地板上，放松，甩掉日常的烦恼。我感到很惊奇，就连平时冷冰冰的工程师都进入了状态，他们脱掉了鞋子，以各种姿势在地板上伸展开。我早就应该知道，不能低估劳拉的。

关键的活动是“想象”公司的未来。我们让所有参与者想象一下塞氏企业在2010年将会是什么样子。工厂将会变成什么样？将有多少人在那里工作？你知道怎么回事了吧。

经理们沉思冥想，然后当灯光亮起时，他们写下个人的预测。然后要求每个人与另外一个同事分享，把两个人的预测融合成一个。

我在房间里来回走动着，偶尔听到他们谈话的只言片语。

“我看到自己坐着一辆火车去上班，火车上有传真机和计算机。”一个人说，他的同伴在向他做鬼脸。

“我的办公室里到处都是绿色植物，就好像一个热带雨林。”另一个人说。

“生产区的地板像舞厅一样光可照人，”有个人说，“装配线上的工人一个个都穿着雪白的工作服。”

然后每一组经理和另外一组重复这一融合的过程。然后 4 个一组再与另外 4 人组进行融合，依次类推，直到所有这些疯狂的想法得到筛选，剩下的就是我们的高层经理对塞氏企业未来的一个集体愿景。

那个愿景是什么呢?

我们原来预计，由于我们的年增长率在 20 世纪 80 年代中期是 40% 甚至是 50%，在经理们的心中，2010 年的塞氏企业可能有 15 000 名员工。然而，虽然他们预想产品质量和员工生活质量都大大提高了，但他们所描述的公司规模并不比现在的塞氏企业大。我们的人不想要一个更大的公司，他们想要一个更好的公司。

在这个公司里，人们可以在家办公，从传统的组织结构和日程安排中解放出来；在这个公司里，员工可以自由流动，以至于分不清谁是员工谁不是员工。他们不想我们的企业产生污染；他们想让我们的工厂足够安全，以至于他们可以把自己的孩子带来工作。

从某种程度上，一个更小、更流畅、更灵活、限制更少的公司的愿景基本上已经达到了。我们不再像青春期那样渴望更多的人员、更多的工厂、更多的产品和更多的收入。我们已经度过了成长期的诱惑，尽管付出了金钱、时间和胃炎的代价。

想要扩张仅仅为了变得规模更大的想法来自儿童游戏的沙池。当然，对几乎所有企业来说有些扩张是必要的。企业可以对产品和市场进行多元化经营，这是保证一个公司生存的最好方式之一。由于它在整个公司进行变革，所以能为员工创造更多机会，提高员工的积极性和生产率。

但是要小心。扩张机会总是有很多，应该像尤利西斯对待歌声曼妙但致命的水妖那样。[①] **许多扩张实际上都与虚荣心和贪婪有关，而不是企业战略。**在塞

① 在欧洲，传说水妖以充满魅力的歌声迷惑行船的水手，使船触礁沉没。古希腊的荷马在《奥德赛》中记载，尤利西斯为抵御海妖的诱惑，用蜡封住水手们的耳朵，让他们把自己绑在桅杆上，最终战胜了迷人的海妖之歌，通过了魔岛。尤利西斯通过自缚，既听到了海妖的迷人歌声，还抵御住了诱惑，保证了航行的安全。——译者注

氏企业我们起初寻求收购公司，是因为我们自己的很大一部分潜力已经实现了。我们研究了 100 多家公司，与 15 家公司进行了谈判，最后收购了 4 家。我可以用三句话来总结我们投资的几百个小时和几百万美元：

通过收购来扩张是激动人心、富于刺激的，但也能导致溃疡。

你收购的公司与你认为你所收购的公司不大一样，与他们告诉你的公司就更不像了。

收购小型家族企业是肯定能跳过溃疡直接接受手术的一种方式。

就我们而言，我们收购了跨国公司的分公司，它们绝大部分都履行了自己的义务，上帝保佑它们。它们通常都有准确的账簿，不像家族企业那样背后常有不可告人的隐情。但当你收购任何公司时，在把手伸进汤里之前，你都必须观察并了解这个公司，时间至少是一年。

我们的大部分收购最终都证明是成功的，但现在我们有意识地停止做出扩张决策。我们的人想确定他们生产的产品是必需的，想确定他们喜欢生产产品的感觉。他们希望满怀成就感来结束自己的职业生涯。

我们的经理们与我们分享的愿景最初是令人惊讶的，但它给了我们信心去联合。每年仅仅获得 4 000 万美元、5 000 万美元、1 亿美元甚至 2 亿美元的收入是没有任何意义的。我们的经理们告诉我们，他们想构建这种公司，如果你愿意冒险，积聚收入比构建这种公司容易得多。今天我们仍然在扩张。记得我曾告诉过你，当我们刊登了一则招聘工程助理的广告时收到 1 400 份简历吗？在未来的几个月内，我们将和他们中的 150 个甚至更多人签协议。但他们大部分都不是全职员工，而是我们的合作伙伴。同样，我们将通过卫星公司、咨询顾问和合作伙伴扩大我们的销售力量。

我看到过无数公司迅速扩张，然后像流星一样陨落。那些“此生难逢”的建议总是会有，对吧？每当我被一笔交易诱惑时，我就会想起普华永道的雷伊过去常说的话：“一个小洞就能使一艘大船沉没。”

34 轮值CEO

“对一个公司及其员工来说，很大程度上按照一个铁腕人物的意愿来做事，并且要关注他的太多习惯，当需要挑选继任者时，不稳定又会占主导，这真的好吗？”

大部分公司，甚至传统的金字塔结构的公司，都至少实行某些形式的咨询型民主，即在 CEO 做出决策之前，重要的经理人可以讲出他们的想法。

这比根本就不听任何建议好，但这距离民主还远得很，在真正的民主下，所有员工，而不仅仅是经理们，都对公司决策有发言权。

为什么有那么多公司都认为有必要甚至渴望有一个人来做最后决策呢？我想他们可能认为这样做效率更高。但权力集中是一项高风险的主张。亨利·福特因汽车制造业的先锋而闻名（虽然其他公司也在以较小规模制造汽车），但他同时也是一个顽固的独裁者，由于在 T 型汽车市场收缩后仍然错误地坚持继续生产该汽车，导致不得不解雇了上千名员工。通用汽车公司的阿尔弗雷德·斯隆也许被认为是工业界最有能力的领导者之一，但他也是一个短视的模式主义者，他创建的公司缺乏灵活性，所以不能应对来自日本经济型小轿车的威胁。

福特和斯隆知道操纵绝对权力的感觉有多么棒。但对一个公司及其员工来说，很大程度上按照一个铁腕人物的意愿来做事，并且要关注他的太多习惯，当需要挑选继任者时，不稳定又会占主导，这真的好吗？

我一直告诉自己，没有什么比民主更困难了。我不记得上次我独自做出一项公司决策是什么时候，我也数不清有多少次我的意见被否决掉。但是当我不同意一项集体决策时，我很乐于闭嘴，因为我相信，与凌驾于我们的经理人之上，把你带回以跷跷板和沙池为重的年代相比，没有约束的民主更加重要（甚至从长期来看更为盈利）。

有个具备民主思维的一把手还有一个好处：处于第二、第三、第四、第五等领导地位的人能马上发挥有意义的作用。在传统企业中有太多副总裁感到自己是个无足轻重的角色，当他们不能有所作为时就不得不离开。好多有才能的人就这样流失了。

考虑到这一点，再加上塞氏企业经过重组后更能经受住经济波动，**我决定真正消除我们的另一个管理层：我自己所在的层级。**

> **MAVERICK**
> the success story behind the world's most unusual workplace
>
> 他们每个人拥有公司1%的股份，并且在年终分红。这不仅仅是表达感谢的一种方式，我还想在高层管理者中培育这种企业家精神。我选择1%是因为这已经是公司相当大的一个股份了，对他们每一位经理人都有意义，他们联合持有的5%的股份也是很重要的了。

塞氏企业的最高层不再是一个人，而是由我们的顾问组成的委员会来经营。我相信，无论从专业上还是性格上，他们都是一个非常平衡的团队：克洛维斯，一个父亲形象，对我的思想产生了很大影响；乔安，一位经济学家、产业经理、工程师，最重要的是，他是一个富有思想的人，把时间用在了思考一切事物上；马尔西奥，他有力地推动结果的产生，比克洛维斯和乔安更严厉一些；乔斯，他有一流的财务头脑而又脚踏实地；阿里格纳尼，一个有才华的工程师和天生的领导人。他们的年龄在40多岁到55岁之间。

他们利用周二的会议来讨论并制定所有重大的经营和战略性决策——也就是那些伙伴或协调人还没有做出的决策，或者在每个部门的周一会议上没有解决的问题。有时基本不需要顾问们做什么决策，而有时似乎其他人都决定不做决策。

一名顾问轮值担任首席执行官6个月，协调合伙人和业务部门的活动，在法律事务上代表公司行事，有时会见那些坚持要见公司最高层领导的客户。这一制度避免了过多的政府部门常见的集体思维模式，给每个顾问机会使他们在公司留下印记（每个人轮值时间很短，因此这个印记不会是不可磨灭的）。

因此，现在我仅仅是一名顾问。但我的工作并没有改变——我努力促进事情发生，就像催化剂一样。我推行我相信是正确的东西。当我认为我能有些用处时我就加入，当我对一件事感到厌倦或当其他顾问对我感到厌倦时，我就退出。只有当我被邀请时，我才出席周二会议，大约是每两三周一次。否则，他们可以自行其是。如果我没有抛出一些不着边际的想法的习惯的话，或许我会被更多地邀请参加会议。同时我习惯使用自上而下的方法，这个习惯也会破坏这一制度。当我不守秩序时，他们就把我从公司中剔除出去。就像黑手党成员一样，他们中没有人告诉我新近的发展情况。

这很好。不谦虚地说，我一直担心我对塞氏企业施加了过多的影响。重要的是扔掉那种只有我在公司里公司才能生存的想法。

如果他们做出一个我不喜欢的决策怎么办呢？可以说至少有20%的时候，我都不同意他们的意见，或许30%。这包括去年或前年做出的一些重大决策。比如，1991年我们的账簿表明我们盈利了，虽然按照巴西最大的商业杂志的说法，那年对于机器制造商是最糟糕的一年。就在我们的资产负债表即将在报纸上公布之前，乔斯打电话来说，一个客户账户的调整将使利润那一栏变为亏损9万美元。

“报告这么少的亏损数目，看起来多傻啊！”我对乔斯说。

“但是利润也很少。”他反驳道。

“我知道，我知道，”我说，感觉有点被激怒了，“但它们是不同的类别。亏损是亏损，利润是利润。”当我这样说时，意识到这听起来就像“母亲总是母亲”一样。

周二会议就在第二天召开，那天过后就要准备年度报告。克洛维斯问我是否想参加这个会议，在会上将会做出最后决策。

“你们是原来就打算邀请我呢，还是仅仅因为这个资产负债表？”我问道。

“嗯，如果明天讨论别的事情，我们本来不打算通知你的。”他说。

“那么我就不参加你们的会议了。我将从家里给你传真一份备忘录阐明我的观点。”

在备忘录里，我提到我们的轮船客户账户上可以做出一系列调整，还有，我们的审计员说我们可以把一项重要的货款包含在今年或明年的预算中。我不明白为什么我们现在不能利用这些完全合法的调整来抵消这一小小亏损，从而得回我们的利润。毕竟，许多人都在等着塞氏企业出错。我提醒我的合伙人，有一次我们在船用产品工厂解雇了 60 名员工，而报纸上报道说我们“在一个悲惨的下午解雇了 1 500 名员工”。没有新闻发布能挽回已造成的伤害。因此我告诉我的同事，让我们不要因为如此小的数目就把自己置于被伤害的境地。

我把传真发出去了，满怀信心地认为我的论点将会占上风。他们举行了会议，最后仍决定报告 9 万美元的亏损。他们已经把这个消息告诉了我们的员工，他们解释说，如果报告任何别的数字，都会看起来好像他们在篡改账目。

乔斯打电话告诉了我这个消息，他说合伙人会向我当面解释这个决定。我问他我的论点是否被公开讨论了，他向我保证他们讨论过了。这使我感到好过一点。当合伙人要求我对年度报告上的资产负债表写评语时，我欣然同意，并解释了为什么我们决定披露这一小小亏损。

我并没有难过的感觉。这只不过是在民主办公室度过的又一天罢了。

除了得到金钱和特权外，我相信大部分 CEO 都喜欢经营企业这项运动——设计战略和产品，摆弄数字，冒险，插手别人的生活。感觉自己好像五星上将一样。

如果我想每天早上 7 点去上班，每天午夜离开公司，我敢肯定我会忙得团团乱转，就像我到 Lahey 诊所之前那样。但是，虽然大部分 CEO 都说喜欢自己工作的 70% 或 80%，但我怀疑更准确的数字应该是 30%。总是有开不完的会议、打不完的电话，还有乏味的午餐和行政上让人头疼的许多事情。

这就是我现在花在塞氏企业的时间，30%。我要说这是让人满足的 30%，因为我几乎不做任何我不喜欢的事情。一年内我参加的商务午餐不超过两三次，我从来不在下午 6 点之后离开办公室（不管是在工厂还是在家），在每天接到的 20~30 个电话中我只回不到 5 个。

我通过手写便条来答复剩下的电话及大部分信件，然后从家里的传真机上发出去。当我刚开始一周有半天在家工作的时候，我猜想大家会认为这只不过是老板的儿子在游泳池消磨时光的借口而已。对于这种怀疑，我并不为自己辩解，只是让那些到我家取报告的人给我提出意见。但很快，从我家顺利传出文件的事实表明，在家工作实际上效率相当高。现在我一周在家工作 3~5 个上午。

有时候我仅仅插手一些问题，我就感到自己要回许多电话，发很多传真和备忘录。因此除非我是唯一能处理某一问题的人，否则我将轻装前行。我不愿意让自己被人需要，然后不能抽身而退。我可以骄傲地说，我不再知道塞氏企业的支票是什么样子，因为我几乎有 8 年没有在支票上签过名了。

事实上，公司现在的日常运营几乎很少需要我。塞氏企业赖以建立的理念基础也不是我个人的观点，这些理念贯穿于公司文化中，属于塞氏企业的每一个人。我一点也不反对资本主义，虽然有些批评家这样说。我很珍视我在塞氏企业的股份，但它真的已经不再是我的公司了。

我甚至已经想得更远，确保这种分离将延伸到下一代。我感到这个公司太宝贵了，所以不能冒着让我的子女或孙子对它经营不善的风险。不管怎样，从长远来看我不信任家族企业。家族企业越来越难以吸引有才华和有抱负的专业人士，他们意识到无论如何晋升的标准都不可能坦率明了。确实，任何人找时间计算一下延续四五代的家族企业所占的百分比，就会马上鼓励他的儿子或女儿去上医学院。因此，我的孩子们将不会在塞氏企业有一个牢靠的位置。我知道所有企业主都会这么说，但我是认真的。我已经确认，我的任何后代如果没有得到塞氏企业董事会 3/4 的批准通过，都不能得到晋升。

即使在我死后，他们的境况也不会改变，因为塞氏企业大部分股份都将归属于塞氏企业基金会，这个基金会由另外一个有 21 个成员的董事会来管理，他们包括员工和外部人士，但没有家族成员。通过这种机制，塞氏企业将最终拥有自己的个性，完全独立于任何塞姆勒姓氏的人。

当我想到传统的 CEO 时，我经常想起我的父亲。当我想起我父亲时，总是回忆起詹姆斯 · 泰勒（James Tylor）的一句歌词："生活的秘密就在于享受时光的流逝。"大部分人要么生活在过去的记忆中，要么生活在对未来的希望中，很少有人生活在现在。

我一直都希望我父亲能享受他赚的钱，但他从来都没有，他总是在担心。在他晚年被诊断出患有癌症后，每当做完放射性治疗，他就在花园里散散步，他告诉我母亲，他以前从来没有真正注意过花儿和鸭子。73 年的时间，再加上不治之症，才让他看到这些生活中微小而迷人的细节。

当我十几岁的时候，父亲总是在每年年底带我们全家去欧洲度长假。对他来说，这一半是去滑雪，一半是出差。我记得我们总是在宾馆餐厅吃晚饭，餐厅墙上有一个指示灯，它亮起时会显示房间号码，表明来电话了。我们的房间号码总是不断地出现。欧洲上午 8 点钟时在巴西是下午 4 点钟，塞氏企业的人总是一个接一个地给他打电话，讨论那天出现的问题。他们总是向上级汇报，因为我父亲明确表示他希望了解公司的一切事务。不管他离办公室有多远，他都不能离开它。

1985 年，我父亲在印度海岸的一艘轮船上因肝癌引发了中风。这是他第一次做长途航行。这时他认为他终于可以远离企业，独自待一段时间了。

回首往昔，我想我本来应该早一点远离塞氏企业的。但是对于一个公司的主人来说，公司就好像是一个青春期的孩子。你想让它长大独自面对这个世界，却又时刻担心它会撞车。

我承认当我长时间离开公司时，还是会有一点担心。在巴西，形势总是在不断变化，而且通常不是往好的方面。但我的恐惧一直都是没来由的，因此我努力压制这些恐惧。**坚持不懈只有在指向正确的方向时才是一种美德。**

那么当我不在塞氏企业工作时，我其他 70% 的时间在做什么呢？我每周日为 110 万读者写一篇报纸专栏文章，我向世界各地的公司和商业团体讲述塞氏企业的故事。我对政治感兴趣，是重要政治党派巴西社会民主党委员会的成员。我一周至少看三部电影，购买贝尼亚米诺·吉里（Beniamino Gigli）、比利·霍利迪（Billie Holiday）、菲利普·格莱斯（Philip Glass）和肖斯塔科维奇（Shosta-kovich）的唱片来听，参加钢琴、高尔夫、汉语和烹饪学习班。我一年读 50 本书，大部分是关于战争和帝国的历史书籍，许多个世纪的成功和失败就在书里。只要花几美元，你就可以买到宽恕拿破仑的解释。不用一个巨无霸的价格，你就能发现日本幕府时代的德川家族的将军们犯下了把军营留在奈良没有守卫的错误。用不了一次油钱，你就能明白丘吉尔在第二次世界大战后没能再次当选的原因。我也一天读 4 份报纸，它们就更便宜了，但我不在报纸头版上花太多时间。伟大战争的起因、股市崩盘的早期征兆，还有创新技术的出现，这些在头版上都找不到——至少不是马上就能找到。通常最重要的消息都隐藏在里面。

然后我列出了自己的目标清单。大约 15 年前，我偶然看到一个电视节目，这改变了我的生活。这个节目采访了一个名叫约翰·高达德（John Goddard）的 61 岁的美国人。我从来没有弄清楚他是谁，自那之后也再没有听说过他的名字。高达德列出了 100 多个目标，打算实现它们。到那时为止，他只有 19 个目标还没有实现。这些未实现的目标包括登上月球，活到 2000 年，等等。而他已驾驶过一架超音速飞机，开过一艘潜水艇，乘坐独木舟在尼罗河上漂流过，在刚果河上航行过，登上过智利的阿空加瓜高峰。

我想，对他行得通的对我也一定行得通，只不过目标的范围更小一点。我挑选了 16 个目标，现在我已经实现了一半。我相信我已经把塞氏企业变成了人人都想去工作的企业。我已经创立了一个基金会来帮助巴西的穷苦人家。我希望自己可以流利地讲 6 种语言，现在已经学会了 5 种。

就像高达德一样，我也在不断地旅行，并且总是睁大眼睛。当我回想起 20 世纪 80 年代初期我和哈罗为了让塞氏企业生存下去所做的那些可怕的旅行时，就感到不寒而栗。现在我和索菲娅去中国西安参观两千多年前就埋在地下的 6 000 个兵马俑，在肯尼亚进行气球游猎，在坦桑尼亚露营，在塞舌尔群岛深潜，穿越撒哈拉大沙漠，在泰国的沙滩上晒日光浴，在尼罗河上漂流。

这与一天跑三个城市，然后红着眼睛返回来的生活真是有天壤之别啊。

35 塞氏经验，你也学得会

“我发现，只要坚持不懈，勇往直前，塞氏企业的管理风格可以在最守旧的环境中茁壮成长。”

我刚刚结束在巴西南部的一场讲演，一位身穿白衣白鞋的男士要过麦克风，问了最后一个问题。“您讲的故事都非常有趣，”他说，“但我在这儿坐了两个小时，想听到一些我可以用到我的医院和药房里的方法，但我觉得，我没得到适用的东西。”

1 200 双眼睛转向了我，我看到，有些已经向外走的人站住了。我能对这位好医生说些什么，从而不让他失望而归呢？

“让我们用你的一个药房做例子吧。”我说。

“但它们都太小了，”他打断了我，“都只有两三个员工，如此而已。”

“那已经足够大了，”我说，“谁决定将盒子里的药品上架呢？”

“我的合作伙伴。”

“怎么上架？”

“他们当然是按字母顺序。这样，他们找起来方便。”

“我还不是很清楚，”我继续说，“但请再回答我几个问题，然后，我可以提出一个建议。”

大家都坐回座位上，期待着结局的到来。

“员工的工作日程表是怎么制定的？”

“我们的人力资源部做的。很简单，这是个轮流值班表，这样，当我们周六、周日、晚上和其他节假日上班的时候，就总有人值班。”医生解释说。

“这些人拿的是固定薪水，对吧？”

“从来都是如此啊。”他回答说，有一点警惕。

“好，这样吧。请把电话号码给我，我会和你的员工通话。请给我些自由活动的余地，让我来激发他们的想象力。”他露出了怀疑的表情，“然后给他们时间，让他们按自己的想法决定怎样经营药房，然后把他们所做的告诉我。”

人群中响起了叹息声，人们意识到我们这出小剧不会很快收场了。

“并且，”我加了一句，“我们将告诉今天在座的所有人事情的结果。”我转向一个坐在前排的记者，“您愿意为这件事写一篇报道吗？”

她点了点头。

“现在，我们只需要医生的许可了。”

“我愿意和你试试，”他说，“让我们从最小的药房开始吧。它的销售额不足我们总销售额的 1%。”

“那么我得到了你那 1% 的信任。”我说，听众都笑了。

我们在会后又见了面，我了解了药房经营中存在的一些问题。然后，我给他的员工们打电话，给他们讲塞氏企业的故事。接下来的那一周，我又和他们通了几次话，并送给他们一本我写的书。那位医生信守诺言，让员工们自由地去尝试他们想做的事。他们对我讲了一些想法，但随后我便失去了和他们的联系。

大约半年后，医生拿着关于他的报道给我打了电话。那个药房里有三名员工：两位有商店售货经验的女士和一名年轻的男药剂师。三个人都是单身，都不喜欢不规律的工作时间，因为这干扰了他们的社交生活。于是他们开始试验，首先提出修改他们的工作日程表。日程表修改后，他们每人都工作同样长的时间，但新的排班有利于每个人安排自己的业余时间。

很快，他们将药品盒重新摆放。他们改变了按字母顺序摆放的习惯，因为这使得大家常常要爬上高高的梯子。按新规则，药品按它们的需求频次摆放。这意味着，阿司匹林紧挨着维生素，治胃热的药则放在较低的一层。

然后，他们给每种产品标了一个号码，并弄来一台很便宜的计算机来掌握库存。他们会在晚上或节假日顾客较少时列出清单，并以利润最大化为目标，按自己觉得必要的数量重新订货。他们还建议药房供应更多产品，包括棉签、绷带、防晒霜、去头屑洗发水和其他医院药店一般没有，到普通药店才能买到的东西。开始时，这几个员工对顾客固执己见，甚至不知怎的搞得紧张兮兮的。但最终，他们掌握了适宜的销售技巧。

最后，我听说，那几位员工已经建议制定一个利润共享计划，而那位医生正在他的医院里传播塞氏企业的福音。

当然，那位医生像我一样，拥有自己的企业。我从处在公司或机构的中层或最底层的人们那里得到了很多问题。他们不能通过发号施令进行变革。他们想知道，他们能为改变现状做些什么呢？

而我不久以前就处在中层的位置，那时我应邀加入了在巴西飞扬跋扈的圣保罗州工业联合会。而我发现，只要坚持不懈，勇往直前，塞氏企业的管理风格可以在最守旧的环境中茁壮成长。

该联合会的成员都是这个国家最有实力的企业家，清一色的保守主义者。如果巴西总统提名一个财政部长之前，不向这个60岁的俱乐部请教，他就是不明智的。诸如劳动部长，中央银行、巴西银行、国家社会经济发展银行行长等位置的人选，若没有这个俱乐部的祝福，也很少能通过。

当塞氏企业的名气越来越大时，我已经开始在有着40万读者、巴西最大的保守派报纸上写文章。这份报纸是这些精英们的一个精神支柱，所以它看起来是我向这些大佬和他们的联合会发难的理想阵地。

我设想着这些老卫士们会怎么想，他们坐在俱乐部皮椅上，抽着cheroot[①]：“你看，这么一个小公司！”“他是从父亲手里继承的，对吧？”“他有一天会变

① 一种缅甸方头雪茄。——译者注

得像我们一样的，这是在这个国家的企业界谋一席之地的唯一办法。”

但我的专栏在一开始引起了所有反响中最糟糕的一种——根本就没有任何反响。

所以，当我被邀请在那个我从未驻足过的 16 层金字塔形（还能有什么别的形状）的大厦里，在这个帝王般的集团里担任一名官员时，我真的吓了一跳。邀请来自我的一位朋友乔安·明德林（Jose Mindlin）博士，同时他也是少数几位认为这个联合会应该从石器时代走出来的联合会董事之一。明德林德高望重——他是前文化秘书，是巴西的知识分子领袖之一，拥有巴西最大的私人图书馆（馆藏珍稀版本就超过两万种），经营着年营业额超过两亿美元的汽车配件生意。明德林告诉我，联合会官员的选举即将开始，他已经向该组织的主席马里奥·阿马托（Mario Amato）推荐我，把我加入候选人名单。阿马托同意了，后来我才得知，他是在明德林游说了他和其他几个不那么抵触的董事之后才点头的。也可能另几个董事想，一旦被塞进这个神龛，我就会闭上嘴巴。

“我知道你对联合会的看法，”明德林说，**“但当你在门外的时候，没人听你说话。”**

我有点半信半疑，直到他强调说，我将成为联合会有史以来最年轻的董事，而且我们可以一起密切合作来改变现状，我才立刻接受了他的建议。

我的工作是管理技术部，技术部负责巴西国内工业设计的各种研发行为和国际贸易谈判。我很快就看明白了，我们这个代表机构在联合会里无人过问。我必须个人批准购买办公用品，提前支付，我们缺少各种表格和一切。那里总是有铺天盖地的信件、备忘录和等待我签署的文件，搞得我从来没法计划做点事情。我问联合会的官员们，为什么技术部的全职经理霍伊塞·莱亚尔（Joyce Leal）不能签署这些文件。他们使劲朝上翻着眼球，问道：“什么？让普通员工做决定？”

有一天，我从我的文件堆里拿出一些递给霍伊塞，“这些由你来签署，”我告诉她，“我会附上一个说明，说这是技术部的新安排。”霍伊塞内心里也是个叛逆者，她同意了。

我们不断收到放在公函里寄来的未批准的文件。自从我们的提前付款形式和其他每件事都挂上钩以来，明德林和我甚至要自掏腰包让技术部的员工出差，但我们并不放弃。实际上，我和联合会之间的战争在不断升级。技术部需要一台新打字机，但我知道，如果我们按规则行事的话，打个报告就得等几个月。于是，明德林从他公司里拿了一台给我们先用，同时我们在等着申请批下来。在我们等待的时候，那台借来的打字机坏了。我们把它修好后，把账单送到联合会手中，他们厚着脸皮把它送给了明德林。

按照联合会的规定，迟到的员工要被扣不少薪水。既然如此，很多人下班后一分钟也不想多待，就没有什么值得奇怪的了。我们让我们部门的员工按自己认为合适的时间来上班，我们改变了他们的合同，使他们成为非全职员工，从而免遭联合会打卡机的折磨。当然，他们工作的时间和原来一样长，工资也和原来一样。但现在他们能在自己想工作的时候开始工作。就像我们塞氏企业的员工一样，他们的能动性和生产率提高了。

即使在我们部门内部，彼此的交流也是一片混乱。总的来说，几乎每个人都被塞进一个小办公室和大房子中隔出的小间里，对别的同事在做什么一头雾水。于是，我们拆掉所有的墙，介绍大家互相认识。然后，我们把一些不适应新工作方式的员工转到联合会其他部门，解雇了少数能力水平不够的人。但我们没再找人替换他们，这使我们有更多的钱付给那些留下来的人，他们不仅做好了他们原来同事的工作，而且效率非常高。

这一系列行动和其他一些变革让这个金字塔里的一些人咬牙切齿，但联合会不能开除我。我所做的正在发挥效力。全巴西的企业都在对阿马托讲，我们部门帮助他们解决了这个或那个问题。我们举办的国际技术管理专家研讨会占满了联合会的所有会议室。我们部门的报告和形势分析被政府的政策制定者和立法者引用。

同时，按照我一贯的领导艺术，当技术部充满活力之后，我开始退向幕后。这里没有个人崇拜。几个月后，我不再签署任何文件。我开始每周只来一次，然后每两周来一次，然后每月来一次。当然，没人注意到这一点。一旦我不再让官僚主义找霍伊塞他们的麻烦，他们就不需要我了。

两年后，联合会要进行新一轮选举。几个董事想说服阿马托把我弄到候选人名单的最底下去，但他还是站在我这边。最后，我当选为副主席，这个结果验证了我从塞氏企业这些年的变革中得到的一个教训：**以行动得到谅解永远比请求批准要好。**

不久后，我甚至得到了来自工商业团体的更多支持。每年，《商报》（*The Gazeta Mercantil*）——算得上巴西的《华尔街日报》，和一些有号召力的期刊向精心挑选的能代表巴西经济的 54 000 家公司进行调查，请经理们匿名投票选举年度工商业领袖。这是一项值得尊敬的调查——或者至少到 1990 年都是如此，那一年，我得了第一名。

我从被抛弃者一跃成为领袖。

我每年做 15 ~ 20 次演讲——本来会更多，但我漫天要价以控制这一数量——听众从通用汽车、IBM、联合利华、飞利浦这些巨型公司的经理到只有两人的特许经营店老板。我也在各种会议上发言，比如加拿大通讯会议和在里约热内卢召开的胃肠炎医师大会。

几乎每次演讲后都伴随着源源不断的问题，大约一半的提问者都像那位医生一样，在寻找对自己适用的经验。这也是很多经理跑到我们门前的原因。

我们没有让他们失望。我们在塞氏企业开发的计划可以在超市、广告公司、钢铁厂、棒球队、大学等机构实施。几家银行已开始实行逆向评价。巴西国有电力单位在增加中级岗位前要征求员工意见。一家里约热内卢的银行开始用塞氏企业的方式进行利润共享。通用汽车的一个子公司德尔科（Delco）正在实行逆向评价。一家博物馆实施了民主决策，一家医院的行政管理人员办公室开始开放。我在哈佛的一个同班同学诺埃尔 · 金斯伯格（Noel Ginsburg），重组了他在美国科罗拉多州丹佛市的集装箱工业公司，重组的基础是我们在宿舍里的讨论。和我们一样，诺埃尔给他的员工提供信息和自由，他为他看到的成果感到欣喜。

而且，我相信，军队领导们能从与部队坦率的讨论中得到很多东西，尽管我被迫向外界报告说，当我在巴西高等军事学院礼堂里对一群扛着好多星的将军们演讲时，有些人不赞成。去掉官僚主义后，宗教领袖也可以有更多时间为他们的全体教徒尽义务。当然，如果员工们在其工作中有发言权，正处于增长期的服务行业也可从提高的效率中获益。我在联合会任期内的情况证明了这一点。

但是，被所有模仿过我们的公司所恭维，这也使我感到有点不安。首先我承认，塞氏企业还有很长的路要走。我们需要将制定决策这一环节，尤其在关系到企业战略的时候，更深地推进到组织中去。我们的员工也需要更好地理解我们的资产负债表。我们希望在我们的公司董事会中有我们的工人代表，他们能够有完全的选举权，而不像在一些欧洲国家那样被看作二等公民。我们希望塞氏企业的每个人都自己设定自己的工资。

即使我们是完美的，任何公司也不应该逐个方案地复制我们。是的，标题备忘录削减了文件量，灵活的工作时间提高了生产率。我相信，类似岗位轮换、自定薪酬、逆向评价等方案，能够帮助任何公司进步，但它们不可能和塞氏企业完全一样。如果我们的方案使其他公司也接受自由的哲学，并信任那些启发了他们的人，那会使我看起来不那么像一个叫卖蛇油的商人。

现代的经理们正在探索与寻觅。小公司在仿效大公司，认为那些大公司一定是做了一些恰当的事才会变得那么大。反之，大公司对那些小而灵活的竞争者满怀妒意。亚洲的企业变得越来越西方化，而全美洲的工业界都怀着恐惧和希望望着太平洋地区。

因为不顾一切地追求快速解决之道，太多的经理们一头扎进关于管理的时髦词汇之中，仿佛它们是对付下跌的生产率的灵丹妙药。质量圈、适时交付、看板生产体系、网络化、直接成本计算、全面质量——你能时时听到这些时髦词语。

移植亚洲的价值观，比如从土耳其的士麦那转移到美国的田纳西州，就像在推销家用塑料制品的晚会上穿一身和服。可能除了相信年龄比能力更重要之外，再没有什么比对一个公司完全效忠的观念更加东方化了。如果你一定要从日本引进这种观念，别忘了用波音 747 装上满满一飞机的日本人来填满你的工厂。

有一天大清早，我参观了石川岛播磨重工业公司[①]在里约热内卢的造船厂，看到所有员工都在院子里唱着公司之歌一起做体操。我掐了自己一下，确信自己不是在京都。他们把一种有 2 500 年历史的活动移植到另一个大陆上一个年轻的工厂中。如果你认为，成功意味着造船厂一半的员工之所以做操，是因为他们认为这是最好的晋升手段，那么这就算是成功。如果这样做的目的是为了同化员工，培养对领导的尊敬，并谋划着加强公司在每个员工生活中的重要性，那么这一切便都是错误的。

① 石川岛播磨重工业公司，即现在的 IHI 株式会社，日本重要的重型机械和远洋轮船制造商。——译者注

36 部落共存：将命运托付给员工

“在德国打工的土耳其人能说出标准的德语，他们就能被当地人接受吗？”

我知道有这样一个加工优质英国毛料的纺织公司。它的 200 名员工在一个塞满机器的工厂里工作，工厂设在一个可能叫远郊工业园的地方。公司的大老板兢兢业业，以身作则，每天早来晚走，制定所有重要决策。工厂被划分成各个专门的生产区，每个生产区都有自己的老板。依此类推，每个老板都有一批工头来监管工人。处于中间的会计和销售人员向各自的部门领导汇报。一切都遵循严格的等级制和金字塔结构。

当我不久前在一个国际通讯大会上描述这个公司时，我能看出礼堂里人们的表情越来越迷惑。怎么啦？他们似乎觉得很奇怪。这不就是一个普通的企业吗，它似乎没有任何特殊之处。

唯一特殊的地方是，这家纺织厂存在于 1633 年。这个故事要告诉我们的是：我们在技术上的进步远远超过了我们在精神领域的进步。

这些听众每年从根本上改变着我们应用的技术，对于他们来说，这是个特别合适的信息。这些人让人们随时与中国同行举行电话会议成为可能，使得人们能在太平洋上空的波音 747 机舱里给家里打电话。但绝大多数企业今天的组织形式仍与1633年毫无二致：令人厌烦的自上向下的专制管理，不信任的近距离监督，只有极小的空间留给创造性。我相信，这种先进科技与古老精神的冲突，是现代工作场所令人不满、沮丧，感到僵化和压力巨大的重要原因。

要是思想像机械那样容易改变就好了。我敢打赌，发明新一代集成电路要比让一代中层经理改变驱使他们每天工作的那套老办法要容易。技术一夜之间就可以革新，观念方面的变革却要用几代人。如果我们认为技术将治愈所有工作场所的病痛，谁会指责我们呢，毕竟接受技术是较容易的。

计算机网络、自动化机械、快速的新产品开发、方便快捷的通讯都使一个企业现代化起来，但仅此而已。究竟什么是现代化呢？冲到加勒比海边做一周的喘息，和300名不堪重负的办公室员工分享着沙丁鱼罐头一样的机舱隔间，全都吃着塑料盒饭，给公司打飞机电话，梦想着懒洋洋的绿松石色的海水和未被污染的海滩，接下来，你就要和另外10架巨无霸客机此前扔到沙滩上的那群占地为王者抢夺地盘了。

毫无疑问，对我们来说，1633年至今，技术已增长到极限，生活质量却被消耗殆尽。我们这些年所做的就是加速了我们的运转故障，提高了我们交流不畅的强度。

让我提出一个新的定义：**真正的现代公司避免被技术所统治，将生活质量放到首位。**

我们花了些时间才弄清楚这一点，但现在在塞氏企业，我们集中精力于能使我们更好地一起进行工作的创新，而非仅仅试图接受下一代等离子计算机或利用计算机辅助设计和计算机辅助制造的机械中心。

既然我在自命权威地谈论此事，那就让我进一步做出论断：从长远来看，如果将利润设定为最重要的目标，那么没有任何公司能够成功。

这就是以下这一个故事想说的：一些企业界人士忘记了自己的身份，将其变成了他们应该为之开发票的东西。我最近在圣保罗参加了一次午餐会，30位企业家要成立一个委员会，以选举一个工业联合会董事的轮值候选人。当所有这些强大的男人在一张 U 形桌旁落座后，有人提议我们先做一下自我介绍。

第一位站起来说：“我是某某人，来自某某公司，我们每年销售额两亿美元，有 2 000 名员工。”然后坐下。第二位接着还是这一套。依此类推。这些叼着大雪茄的小个子男人们骄傲地站起来说，他们的销售额比自己前面那个人多了一倍，或者垂头丧气地承认比前一个人少卖了几亿美元，他们的样子看上去的确很滑稽。你可以想象，当这帮人里个子最矮的一位（大概只有 1.6 米）站起来，宣布他公司的营业额是 25 亿美元时，其他人是多么难受。当我看到我的同行们那一张张敬畏和嫉妒的脸时，我唯一能做的就是尽力不让自己笑出声来。过了一会儿，有人拿着一个计算器宣布，我们的总销售额是 50 亿美元。不管怎样，我们的联合会董事轮值候选人计划流产了。

说到底，钱到底有多重要？企业家说，利润是他们存在的理由。在哈佛大学的那些日子里，我碰到了一些像我一样每年交钱去学习一些课程的企业家。在第一个学期，我注意到，他们中有些人对个人理财课程特别感兴趣。他们显然有卖掉自己公司的念头。

此后，有几个人把公司换成了现金，实现了他们对一座岛或一艘帆船的梦想，可能甚至每天都去打高尔夫球。但在第二个学期，这些自由灵魂中的几位已经感到百无聊赖。第三个学期，那些卖掉自己公司的人几乎都重新成立或购买了新的公司，欢天喜地地又去工作了。他们做生意不再是为了钱。

我父亲也是这样。他早就计划 55 岁退休。可到了 55 岁，他又将期限推迟到 60 岁，然后是 65 岁。当我开始在塞氏企业工作时，他 70 岁生日都过完了。

没有什么比这更好理解的了（尽管我那时也不理解）。收入尽管十分重要，却不能在其本身中找到令人满意的终极目的。我哈佛的同班同学们发现，你卖掉你的公司，可能会比经营它多赚 12 或 16 倍的钱，但你并不快乐。

冒着被认为是以屈尊俯就的态度对待他人的风险，我还是要说，金钱同样也不是员工的唯一目的。我们努力让塞氏企业的人比在其他地方挣得多，当然我们还有利润共享。但那并非是很少有人离开塞氏企业的原因。我们给员工提供在我们的企业里成为真正合作伙伴的机会，使他们具有自主精神和责任感。

这就是我们的一些核心人员轻蔑地拒绝一些高薪聘书的原因。

如果金钱不是全部目的所在，那么我相信，信息就是一种被严重低估的商品。在权力存在的地方，某些人知道别人不知道的某些东西，这就可以解释，为什么管理者经常不愿和员工共享信息。

你不相信我的话？那好，你下次开会时可以做个试验。当涉及到某个重要问题时，你对大家说，最好现在不去讨论它，因为就在同一天上午，一个将极大改变现状的议题已被决定。然后，意味深长地沉默片刻，你接着说，你现在不想讨论这个问题。

假如接下来你的办公室里没有公司的最高领导造访，那我可要大吃一惊了。你知道别人不知道的一些东西——至少他们是那么想的。

但是，当有某些事秘而不宣时，交流就会不完善，而焦虑、误解、不安全感，以及最终的敌意和对抗就要亮相了。不管有多少“我们都在一起，因为我们是个大家庭”之类的口号都将于事无补。

这就是我们在塞氏企业开始信息共享的原因，这种共享产生了深远的影响。高级别的人不能再依赖老一套，必须提高领导技能和知识，来赢得尊敬。权力的中心转移了，以前默默无闻、不参与政治的人获得了声望，那些善于拉拉扯扯、制造流言蜚语的人最终离开了。而且，尽管他们会引起留下来的人的某种不快，当他们离开时，我们还是老老实实地在公告板上说明他们离开的原因。

关于现代人的一个最大的错误观念，就是认为现代人从某种程度上和他们的祖先不同。我敢说，人们总是生活在部落之中，而且这种状况将永远继续下去。不管这些部落是按种族、宗教、政治或职业来划分，它们都是使我们稳定下来的锚。不论作为佛教徒、全国步枪射击运动协会会员、野外鸟类观察者、电子游戏迷、“扶轮国际”成员，还是 3K 党成员，它们都会给我们一个身份，不管这身份是好还是坏。

人们也从他们的公司那里获得他们的身份，三菱或摩托罗拉的工作帽上的标志就像人的姓氏一样。在公司内部，人们可以属于各个亚部落，每个亚部落都有自己的着装和举止标准。就像你永远不会弄混一个正统犹太教徒和一个印度教教徒一样，你也不会把穿西裤打领带的财务经理们错当成衬衫口袋的塑料护胸里牢牢插着多功能笔的车间男工。

公司和组织必须被重新设计，以适合各部落的安然存在。它们制定制度的基石必须是共存，而非某些无法到达的和谐理想。不同的部落永远不可能完全融为一体，这就是为什么试图在工作场所创造一种“我们都是一个大家庭”的气氛是愚蠢的。固定的工作时间、组织章程和规章手册所起的作用都是如此消极。它们抹杀了自由，反过来只带给人们一种对纪律和归属的错误感觉。他们提升官僚主义者，给顺从之徒罩上尊贵的光环。不管怎样，你应该提倡设立一个共同目标，但要意识到差别的存在，要让大家自己确定到达目标的道路。

我相信，“各部落共存”这一议题对我们当下的生存是很重要的。迄今为止，对于第一世界来说，保持和第三世界的距离很容易，他们可以把南半球看得很遥远。但技术把每个人、每个地方拉得越来越近。像巨大火山喷出的熔岩一样，各部落正在向生活标准更高的地方流动。几十年后，第一世界所拥有的就只剩下寥寥无几的超级富人居住区，一个被悲惨的贫穷之海包围的奢侈的小岛。在巴黎将出现很多个开罗，在科罗拉多将出现很多个墨西哥，在瑞士将出现很多个叙利亚。而第三世界将以冰川般缓慢的速度向北移动。它将把索马里、孟加拉、科特迪瓦这样的国家抛在后面，而这些国家将构成一个更加凄苦无助的第四世界。

大多数公司和组织对新世界秩序都没有准备好。它们的第一个反应是试图使一切同质化，它们煞费苦心地制定复杂的培训计划，教移民者用英语说“今天过得不错”“小心点”等等，指望最终能从他们里面培养出棒球迷来。就像两个越南办事员、一个香港会计、六个加拿大工厂工人能够一起工作那样。看看那些德国和法国的所谓“客籍工人”吧。在德国打工的土耳其人能说出标准的德语，他们就能被当地人接受吗？我想，大多数人希望自己宽宏大量、平等待人，但如果他们认为自己的家庭、工作或者社区受到了威胁，他们对部落共存的宽容就烟消云散了。

既然歧视和部落制度联系在一起，它就将始终存在，但我们可以努力消除其影响。在塞氏企业，我们建立了一个没有一等、二等公民的组织。我们工人的衣领色彩各异，不仅仅是蓝色和白色，我们不能容忍显示权力和特殊化的东西，诸如经理餐厅或预留停车位之类。

20 世纪 20 年代，一个名叫德福雷斯特（DeForest）的工程师去见哈里 · 华纳（Harry Warner），好莱坞大名鼎鼎的华纳兄弟之一。德福雷斯特设计了一种同步配音系统，能使声音和影像步调一致。他说，这能使无声电影变成有声电影。华纳听了之后问他："你疯了吗？谁愿意听演员说话呢？"

亨利 · 福特说，顾客可以将买到的 T 型车漆成任何他喜欢的颜色，但 T 型车永远是黑色。传奇之处在于，他采取了这一简化生产、降低成本的单色哲学。迄今为止，福特一直被视为市场英雄。对福特的传奇，我有一个修正主义的视角。事过境迁，老亨利的顽固思路使福特丧失了美国工业界老大的位置。数年后，规模较小的通用汽车公司的威廉 · 杜兰特（William Durant），决定向市场提供各种颜色的车型。很快，通用就从自己的后视镜里看福特了。

还有一位切斯特 · 卡尔松（Chester Carlson）先生，他走访了 IBM、通用电气和美国无线电公司，去推销他的新发明。他们感谢他付出的时间，但表示遗憾，因为在他们看来，他的想法没有前景。卡尔松是个固执的人，他不放弃。最后，他遇到了经营着一家叫哈罗德的小公司的约瑟夫 · 威尔逊（Joseph Wilson）。威尔逊看到了设备的潜力。接着，他甚至用这种设备把他的公司重新命名为"施乐"。

很多公司都是糟糕的短命鬼。即使在稳定和相对繁荣的美国，从现在算起，只有不到 5% 的公司有机会连续 50 年保持较好的位置。这些警世的故事证明了我的观点，即任何企业面临的最大挑战是变革。尽管经历了一些能想得到的最严酷的经济状况，塞氏企业还是成功了，因为我们已经学会看到变革的需要，并已有足够的智慧，通过寻求我们员工的帮助，来实施这些变革。

一个企业要想在今天这个时代生存下去，建立一个适应变革的组织结构是首要前提。这种组织应让部落的传统得以发扬，并培养一种并非来自规则，而是源于尊敬的权力。换言之，成功的公司将生活质量置于首位。做到这一点，其余的一切——产品质量、工人的生产率、利润等——都将迎刃而解。

在塞氏企业，我们取消了对“怎么做”发号施令的限制，而为差异性提供肥沃的土壤。我们给大家机会去试验、提问、提出异议。我们让大家确定自己的培训计划和自己的未来。我们让大家按照自己希望的时间上下班，如果他们愿意，可以在家里办公，他们可以设定自己的工资额，选择自己的上司。我们让他们改变他们和我们的观念，当我们犯错时证明我们的错误，使我们更谦虚。这种体制让人们从变革中尝到乐趣。公司的洗脑行为已经把历史辉煌的巨型公司带向前途莫测之境，而这种体制是对付这种洗脑行为的唯一解药。

人们常常以为，塞氏企业有严格的选择程序，来保证为我们工作的人在哲学理念上和我们的制度一致。实际上恰恰相反。我们需要的是人们的能力，其他都无所谓。我们的一些员工经常质疑我们的理念。即使在塞氏企业也有那种很独裁的部门，喜欢在那种环境下工作的人慢慢地转移到那里去了。但我们怎样才能将和我们思路不一致的人锁在外面，而又听不到他们说：“这不是我们这里做事的方式”呢？

塞氏企业不仅仅是新奇的计划或程序，重要的是我们的开诚布公，我们对我们员工的信任和对教条的不信任。我们从各种体系和制度中汲取最好的因素，来重新组织生产，同时使集体的思维不至于凌驾于个人之上，使之无法展翅翱翔；领导艺术并未迷失在对一致性没完没了的寻找中；人们可以按自己喜欢的时间表工作；老板们不像父母一样，工人也不像孩子。我们大胆实验的核心是一条朴素的真理：**一个公司要信任地将命运托付给员工。**

不，塞氏企业不是一种模式，它没有可以毫厘不差地照搬的程序，没有提高参与度、生产率和利润的诀窍。塞氏企业邀请大家一起行动。我希望，我们的故事能使其他公司重新审视自身和自己的员工，全力以赴去构建这样的组织，它可以应对最困难的挑战：让人们每天早上都渴望去工作。

01 **私生活**

每个人都拥有他自己的生活，公司认为一个人的私人事务是神圣不可侵犯的。塞氏企业从不干涉大家下班后做什么，只要他们做的事不影响工作。当然，当你需要时我们的人力资源部会为你服务，给你任何帮助与支持。

02 **休假**

塞氏企业不是那种相信有人不可替代的公司。你们都应享受每年30天的休假时间，这对你们的健康和公司的繁荣都有好处。没有任何借口好到足以使你把假期攒到以后再休。

03 **公司借贷**

如员工遇到意外急需用钱，公司会借贷给他们。而员工因购买住宅、汽车或其他可预计性支出需要资金时，公司不予借贷。但公司想让你知道，当你突然陷入不可预见的财务困境时，公司会助你一臂之力。

04 **自豪感**

只有当你有自豪感时，你才值得在一个地方工作下去。为此，你要保证你所有工作的质量。不要让任何一件达不到最高标准的产品出厂。不要写任何一份不诚实的信件或备忘录。不要降低你的尊严。

05 **不拘礼节**

在工作日结束时发起一次生日聚会，即使没接到邀请也闯进一些会议里去，或彼此以绰号相称，都是我们公司文化的一部分。别那么腼腆或死守着规矩不放。

致谢

MAVERICK

the success story behind the world's most unusual workplace

献给安东尼奥·库尔特，

他的灵魂永远栖息在公司总部。

献给索菲娅，

她永久地守护着我的心灵。

首先要感谢里克·莱维纳（Rick Levine），他对本书所付出的时间多得他记都记不过来。感谢ICM的苏珊娜·格卢克（Suzanne Gluck），她天真地以为我们可以骗到一个出版商；感谢里克·霍根（Rick Horgan）、莫琳·埃根（Maureen Egen）和他们华纳图书（Warner Books）的同事；感谢英国兰登书屋的盖尔·雷布克（Gail Rebuck）；感谢世界各地所有愿意分享我们热情的其他出版商。不能忘记的还有外表严厉、内心柔软的埃斯特·纽伯格（Esther Newberg）、希瑟·施罗德（Heather Schroder）以及伦敦的罗格斯、科勒瑞治和怀特公司（Rogers, Coleridge & White）能干的女士们。当然，我最要感谢的是塞氏企业的65名员工，他们让我对他们进行了长时间的采访，当然在我的致谢中无论如何不能少了我们公司其他数千名员工，他们使得这个故事——以及我们的这么多梦想——成为现实。

里卡多·塞姆勒

于圣保罗

译者后记

MAVERICK

the success story behind the world's most unusual workplace

一个巴西人和他企业的故事伴随着译者度过了几个月的时间。

巴西球员漂亮的脚法和在足球场上的创造性令人叹为观止。塞姆勒先生的为人和行事也让人联想到天马行空、不按常规出牌的足球桑巴。塞氏企业的变革者们恰如一支满脑子奇思异想的球队，以其怪异而简练有效的球风笑傲绿茵。我们两个译者作为读者，也从书中得到了些许启发。

翻译中，译者遇到了很多难题。比如原书名为“Maverick”，这个词就让译者费了不少脑筋。词典里maverick有如下释义：在美语里指未烙印的牧区牲畜（尤指小牛），NBA达拉斯小牛队的英文名即Dallas Mavericks。这一义项多少让人联想起中国的俗语“初生牛犊不畏虎”，本书作者和他的一些同道也确有些勇猛的“小牛”气质。Maverick亦有行为不合常规、特立独行之意，塞氏企业的一些令人觉得匪夷所思的做法的确有点离经叛道、呵佛骂祖的味道。当然，塞氏企业也有很多和其他企业相同的经历，只是他们的思维角度与众不同，到现在，译者也未找到一个词，能完全表达出原文的味道，的确遗憾。

翻译本书也给我们带来了许多快乐。作者时不时幽我们一默，让我们在键盘前禁不住乐出声来。如果读者读了我们笨拙的译文，也能会心一笑，塞姆勒先生大概就不会很怪罪我们了吧。

译文分工如下：师冬平译第1～34章，欧阳韬译第35、36章及附录，两人共同进行了统稿。

译者水平有限，错误在所难免，尚望读者诸君多多赐教。

未来，属于终身学习者

我这辈子遇到的聪明人（来自各行各业的聪明人）没有不每天阅读的——没有，一个都没有。巴菲特读书之多，我读书之多，可能会让你感到吃惊。孩子们都笑话我。他们觉得我是一本长了两条腿的书。

——查理·芒格

互联网改变了信息连接的方式；指数型技术在迅速颠覆着现有的商业世界；人工智能已经开始抢占人类的工作岗位……

未来，到底需要什么样的人才？

改变命运唯一的策略是你要变成终身学习者。未来世界将不再需要单一的技能型人才，而是需要具备完善的知识结构、极强逻辑思考力和高感知力的复合型人才。优秀的人往往通过阅读建立足够强大的抽象思维能力，获得异于众人的思考和整合能力。未来，将属于终身学习者！而阅读必定和终身学习形影不离。

很多人读书，追求的是干货，寻求的是立刻行之有效的解决方案。其实这是一种留在舒适区的阅读方法。在这个充满不确定性的年代，答案不会简单地出现在书里，因为生活根本就没有标准确切的答案，你也不能期望过去的经验能解决未来的问题。

而真正的阅读，应该在书中与智者同行思考，借他们的视角看到世界的多元性，提出比答案更重要的好问题，在不确定的时代中领先起跑。

湛庐阅读 App

思想者的
声音图书馆

倡导亲自阅读

> 不逐高效，提倡大家亲自阅读，通过独立思考领悟一本书的妙趣，把思想变为己有。

阅读体验一站满足

> 不只是提供纸质书、电子书、有声书，更为读者打造了满足泛读、通读、精读需求的全方位阅读服务产品 —— 讲书、课程、精读班等。

以阅读之名汇聪明人之力

> 第一类是作者，他们是思想的发源地；第二类是译者、专家、推荐人和教练，他们是思想的代言人和诠释者；第三类是读者和学习者，他们对阅读和学习有着持久的热情和源源不绝的内驱力。

CHEERS

以一本书为核心

遇见书里书外，更大的世界

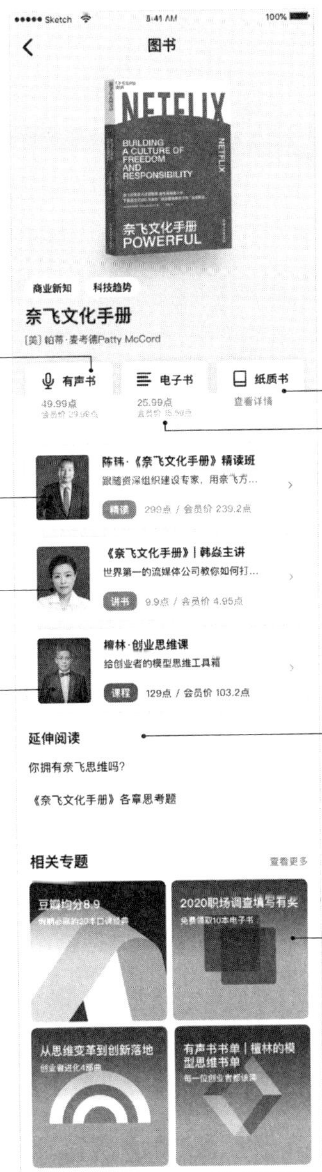

有声书

随时随地，有温度、
有感情地听本书

纸质书

湛庐纸书一站购买
还有读者专享福利

精 读

2~4周，带你读完、
读懂、读透一本好书

电子书

最新最全的湛庐电子书
随时随地亲自阅读

讲 书

30分钟
大咖给你讲本书
让你挑书不费劲

延伸阅读

编辑精心制作的内容拓展
测试、视频、注释、参考文献
只为优化你的体验

课 程

权威专家带你快速浏览
一个领域的知识概貌

专 题

主题式阅读书单
让你与更多好书相遇

湛庐文化获奖书目

《爱哭鬼小隼》
国家图书馆“第九届文津奖”十本获奖图书之一
《新京报》2013年度童书
《中国教育报》2013年度教师推荐的10大童书
新阅读研究所“2013年度最佳童书”

《群体性孤独》
国家图书馆“第十届文津奖”十本获奖图书之一
2014“腾讯网•啖书局”TMT十大最佳图书

《用心教养》
国家新闻出版广电总局2014年度“大众喜爱的50种图书”生活与科普类TOP6

《正能量》
《新智囊》2012年经管类十大图书，京东2012好书榜年度新书

《正义之心》
《第一财经周刊》2014年度商业图书TOP10

《神话的力量》
《心理月刊》2011年度最佳图书奖

《当音乐停止之后》
《中欧商业评论》2014年度经管好书榜•经济金融类

《富足》
《哈佛商业评论》2015年最值得读的八本好书
2014“腾讯网•啖书局”TMT十大最佳图书

《稀缺》
《第一财经周刊》2014年度商业图书TOP10
《中欧商业评论》2014年度经管好书榜•企业管理类

《大爆炸式创新》
《中欧商业评论》2014年度经管好书榜•企业管理类

《技术的本质》
2014“腾讯网•啖书局”TMT十大最佳图书

《社交网络改变世界》
新华网、中国出版传媒2013年度中国影响力图书

《孵化Twitter》
2013年11月亚马逊（美国）月度最佳图书
《第一财经周刊》2014年度商业图书TOP10

《谁是谷歌想要的人才？》
《出版商务周报》2013年度风云图书•励志类上榜书籍

《卡普新生儿安抚法》（最快乐的宝宝1•0~1岁）
2013新浪“养育有道”年度论坛养育类图书推荐奖

图书在版编目（CIP）数据

塞氏企业 /（巴西）塞姆勒著；师冬平，欧阳韬译．—杭州：浙江人民出版社，2016.4（2022.9重印）

ISBN 978-7-213-07226-0

Ⅰ.①塞… Ⅱ.①塞… ②师… ③欧… Ⅲ.①机械设备–企业集团–工业企业管理–经验–巴西 Ⅳ.①F477.764

中国版本图书馆CIP数据核字（2016）第053491号

浙江省版权局
著作权合同登记章
图字：11-2016-46号

上架指导：畅销书 / 企业管理

塞氏企业

作　　者：[巴西]里卡多·塞姆勒 著
译　　者：师冬平 欧阳韬 译
出版发行：浙江人民出版社（杭州体育场路347号 邮编 310006）
　　　　　市场部电话：（0571）85061682 85176516
集团网址：浙江出版联合集团 http://www.zjcb.com
责任编辑：朱丽芳
责任校对：张志疆 俞建英
印　　刷：唐山富达印务有限公司
开　　本：710mm × 965 mm 1/16　　印　　张：18.5
字　　数：26.8万　　插　　页：1
版　　次：2016年4月第1版　　印　　次：2022年9月第6次印刷
书　　号：ISBN 978-7-213-07226-0
定　　价：59.90元